色·物象·变与辩

——首届『曲江壁画论坛』论文集

文物出版社

责任编辑：李　睿
封面设计：程星涛
责任印制：张道奇

图书在版编目（CIP）数据

色·物象·变与辩：首届"曲江壁画论坛"论文集 /
周天游主编 . —北京：文物出版社，2014.7
　ISBN 978-7-5010-4047-6

　Ⅰ . ①色… Ⅱ . ①周… Ⅲ . ①壁画—美术考古—西安
市—文集 Ⅳ . ① K879.41-53

中国版本图书馆 CIP 数据核字 (2014) 第 154134 号

色·物象·变与辩——首届"曲江壁画论坛"论文集

周天游　主编
＊
文物出版社出版发行
（北京市东直门内北小街 2 号楼）
http : //www.wenwu.com
E-mail : web@wenwu.com
北京宝蕾元科技发展有限责任公司制版
北京燕泰美术制版印刷有限责任公司印刷
新　华　书　店　经　销
889×1194　1/16　印张：20.5
2014 年 7 月第 1 版　2014 年 7 月第 1 次印刷
ISBN 978-7-5010-4047-6　定价：290 元

目　录

序

周天游

　　2013 年 10 月 24 日，西安曲江艺术博物馆举办的首届"曲江壁画论坛"圆满落幕。在送别来自中日及联合国教科文组织的近 60 名专家之后，三天中一直悬着的心终于落了下来，于是感到无比的轻松与欣慰。毕竟这是一个新建才一年有余的民办博物馆所主办的国际性论坛，也是继 2012年 7 月 12 日成功举办中国唯一的"色挂形象穷神变——中国古代壁画源流展"之后的又一盛举。这在一定程度上推动了中国古代壁画保护、研究、推广、展示等相关工作，对此本馆上上下下可以问心无愧地说：我们努力了，尽心了！所有的付出得到了应有的回报，为此我们感到自豪。

　　中国古代壁画是中国文博界里一类重要却又遭到漠视的文物，也是既古老而又年轻的一个科研对象与课题。说它重要，是因为古代壁画是中国古代社会最为直观也是最为真实的历史再现，极大的弥补了文献的不足。它的存在系统而完整，几乎每个朝代都不存在缺项；同时还传承有序，具有十分鲜明的时代特征，是我们了解中国古代社会与历史不可或缺甚至是不可替代的宝贵文化遗产。但是业界出于认知、技术、经费、管理等方面的原因，或者在考古发掘中，常常被忽视。好一些的会拍下照片，留下资料，部分内容会得以发表，大多则存为档案，很少为人所知，所用。而其本体在回填中惨遭毁灭是常有的事。另外，从先秦典籍开始，我们都会看到或繁或简有关壁画的记述，显露出人们对壁画的重视。比如唐张彦远《历代名画记》，就用较多的篇幅记录下唐代两京的寺观壁画，所述作者中不乏阎立本、吴道子、尹琳、韩干、尉迟乙僧、李思训等著名画家。而卷四所言自轩辕至唐会昌年间凡 370 余名画家中，大多都从事过壁画的绘制工作。然而近代以来，除张大千、常书鸿等以临摹敦煌壁画著称之外，人们往往醉心于宋元明清的纸本之作，忽略了对壁画的研究，甚至出现壁画出于匠人，不值得过问的错误论调。建国以来，不要说很少有人去蒐集古代文献中的有关资料，甚至考古发掘后公布的壁画资料一度十分有限，研究专著更是寥若晨星。改革开放以后，国外研究者热心推动该项研究，其中日本的平山郁夫，美国的巫鸿等专家热心推动相关交流，很大程度上影响了国内学界。而国内学界也开始系统整理已有发现，同时关注并推动大型壁画图册的出版，而如贺西林、李清泉著《中国墓葬壁画史》一类有份量的学术专著也陆续问世，尽管深度又待提高，但势头较猛，令人欣喜。

与之相关的是壁画保护工作，这是比历史或美术史研究更为重要的壁画研究项目。上世纪六、七十年代，陕西关中唐墓壁画被大量揭取，仅保存在陕西历史博物馆内的就有 540 余块近千平方米之多。但也引来很多批评，认为脱离了原址，影响了它存在的价值。经过数十年的实践证明，在原址无法保存的情况下，揭取不失为一个明智的选择，而只要再给上一个恒定的环境，是可以延长壁画的寿命的。在对其进行有效的保护之后，它的合理利用具有广阔的前景，会对相关学科的研究起到重要推动作用，也有利于中外的文化交流，并且在不断的交流中，进一步提高修复水平与管理能力。尽管近十年来，保护工作有了长足的进步，不必讳言的是，真正能够独立从事壁画修复的人才，仍十分缺乏。而能够主持指导壁画修复的人才更是屈指可数。目前少数被揭取的墓葬壁画仍沉睡在库房之中，长期得不到及时处理。残存在地上建筑中的古代壁画，除如敦煌研究院、龟兹研究院等少数单位外，往往管理松弛，甚而任其自生自灭。更可怕的是，在基础建设和城镇化建设的过程中，壁画惨遭毁灭时有发生。这种状况，令人触目惊心，难以释怀。可喜的是，随着国家古代壁画保护研究培训中心在敦煌落脚，许多大学也纷纷设立文物保护专业，西安还出现了一所文物保护专修学院，为中国的壁画保护事业带来了希望。壁画保护需要有一批有志之士去开拓，去奋斗。我们是在和时间赛跑，抢救壁画，时不我待！

当年在陕西历史博物馆任馆长时，被唐代壁画所深深吸引，为之着迷，总想做一些力所能及的事。在全馆上下的共同努力下，唐墓壁画馆的筹建开始了，有关中日、中意合作保护课题实施了，有关的研究成果也陆续发表了。特别是在 2001 年 10 月 20-24 日，成功举办了"唐墓壁画国际学术会议"，有来自美国、英国、法国、意大利、丹麦、荷兰、日本、韩国、德国及中国大陆与台湾的学者 96 人济济一堂，展开了热烈的讨论与交流，取得了大家都满意的结果。会议闭幕时，大家有一个共同的愿望，希望这种会议能一届一届的办下去，让更多的研究者和实践者能从中受益。可惜的是，这一心愿落了空，只留下一段美好的回忆。

本次"曲江壁画论坛"的召开，可以说是对一个往昔承诺的弥补，也是一个难得的契机和转机。我衷心的祝愿这是一个良好的开端，并能每两年一次的举办下去。如果中间穿插一些实地考察则更好。总之，让壁画这一人类共同的宝贵财富，能更加长久的留在人间，展现在一切喜爱它的人们面前，给人以无限的享受和美好的启迪。

本论文集是一束鲜花，它饱含作者的智慧与期望。也是一个火种，是所有合作单位和合作人的一份发自内心的炽热的爱，期待去感召更多的人加入到保护壁画的队伍中来。

在本论文集的编辑过程中，林少萍、杨璐、梁宏、张楠、苏媛玲等均付出了辛勤的劳动。同时，文物出版社总编辑葛承雍先生、责编李睿副编审也提出许多很好的建议。在此一并表示诚挚的谢意。愿壁画长青，愿论坛兴旺！

壁画保护篇

甘肃省博物馆嘉峪关新城魏晋壁画墓保存现状研究

俄 军（甘肃省博物馆 馆长 研究员）
吴依茜（甘肃省博物馆 馆员）

内容提要：为了全面了解甘肃省博物馆嘉峪关新城魏晋壁画墓的保存状况，对墓室内温度、相对湿度进行了全年监测；对光照度、污染气体浓度等进行了检测。结果显示，墓室内光照度符合国家文物保存标准；污染气体浓度符合国家室内空气质量标准；但温湿度不能达到壁画保存的可接受范围，对此我们提出了相应的保护建议。

关键词：甘肃省博物馆嘉峪关新城魏晋壁画墓　保存环境　温度　相对湿度

1. 概述

保存于甘肃省博物馆的魏晋壁画五号墓，是于 1973 年由嘉峪关市东北 20 公里处的新城乡戈壁滩上搬迁至甘肃省博物馆展览大楼西侧进行半地下复原陈列的。五号墓是一座二室墓，总长七米左右。墓室内的画像砖均为一砖一画，上下分层排列，内容丰富，也有半砖一画的，有的则为了表现一个完整的故事情节以连环画的形式展现，用数块画砖组合[1]。墓门外有一条斜坡式墓道，上铺花纹方砖，砖上雕刻有云纹或水火图。墓门高 1 米左右，用砖拱券而成。墓门上方有高大的门楼，门楼上部镶嵌有雕砖门阙、斗拱、彩画砖或图案画，砖画像和砖雕塑，内容有人身鸡头，人身羊头、青龙、白虎等[2]。进入墓门通道则为墓室。前室顶部为盝顶，后室顶部为拱券顶。顶以条砖纵叠起券。墓壁用干砖相叠，不用粘合剂。棺置于后室[3]。

嘉峪关魏晋五号壁画墓的"半地穴式"墓葬壁画搬迁和保存方法，经过二十多年来的考验，墓室内温湿度变化基本保持稳定，墓内壁画保存状况良好，画面层没有明显变化，为全国墓葬壁画搬迁的成功范例。但由于近十年来博物馆基建项目繁多，展览大楼的重建及其配套工程的兴建，使壁画墓周边环境发生了很大变化。墓室周围地势低凹、离壁画墓不到 5 米的水冲式厕所、近年兰州降雨量增多等诸多原因，导致壁画出现地砖隆起、碎裂、颜料层起甲、脱落、酥碱、霉菌污染等病害（图 1-6），严重影响了壁画的长期保存。

2. 影响壁画保存的因素

2.1 温度

壁画保存的温度因素主要指的是保存壁画的库房、展厅内的空气温度，或室外壁画周围环境的空气温度。对于壁画墓，其墓室内温度高低，很大程度上取决于室外温度，室外温度主要受太阳辐射、墓室内外空气对流和墓室周围结构热传导等因素影响[4]。由于壁画墓内无温度调节设备，墓室内温度变化规律与室外变化规律基本相同，按照一定规律呈周期性变化。由于墓室处于半地下保存，受到周围结构的影响，墓室内部温度变化幅度略小于室外，峰值也没有室外高。

温度作为一个单一因素对壁画材料性能影响并不很明显，因为外界环境温度一般不太高，最高也仅有 40℃ 左右，但是由于环境中还存在着光、水汽、空气等因素，当壁画受到这些因素联合作用时会发生一定的化学反应，温度在化学反应中会起到加速作用。在一定温度范围内，按一般化学反应规律温度每升高 10℃，反应速度增加 1~3 倍。壁画、砖画一般都是由建筑支持物、地仗层和绘画颜料层组成，由于这几种物质材料的热膨胀系数不同，温度的剧烈变化会直接对画面产生破坏作用。同时，由于温度变化引起的相对湿度的改变对画面层产生间接破坏作用。因此，温度的剧烈变化引起的壁画损坏不容忽视。

图 1 颜料层起甲、酥碱

图 2 地砖隆起

图 3 颜料层脱落

图 4 霉菌污染

图5　地砖碎裂

图6　保存完好的壁画

2.2 湿度

湿度一般是指相对湿度，在绝对含水量不变时，它与温度的变化有直接关系，温度对文物的影响经常是以改变相对湿度而间接进行的。实验证明，湿度因素可以引发多种壁画病变，其中最突出的就是壁画酥碱病变、壁画颜料变色、壁画胶结材料老化等。对于魏晋壁画墓这样半地下保存的墓室壁画，由于在地下有一定深度，相对湿度较高，适当的温度下微生物很容易大量生长，破坏壁画表面，对壁画造成很大的危害。

2.3 光照

光辐射与保存环境温湿度一样，是文物保存中最常见、最基本的外界环境因素。其来源首先来自太阳光辐射，其次是人工光源。两者对于人类的生存和生活是必不可少的，但对于文物的保存都是有害的。光线能够损坏它能达到的任何物体的表面，光的热效应能使有关化学反应加快速度，从而破坏文物材料。长期暴露在室外的壁画，经过长时间的光照，壁画中的胶结材料老化，会造成壁画粉化脱落，有机颜料褪色，无机颜料变色[5]。

2.4 空气污染

壁画所处的环境中的空气组成也很重要，空气主要是由氮、氧和几种惰性气体组成的混合物，它们在自然界的主要组成是大体不变的，但随着人类工业活动和交通运输业的扩大，每年向大气中排放大量污染物，如二氧化碳、二氧化硫、硫化氢、二氧化氮等会形成酸雨直接破坏壁画，它们与颜料发生氧化还原作用，或与固相反应发生沉淀转化而破坏壁画颜料层，导致颜料变色。

3. 魏晋壁画墓保存环境状况

3.1 温度、相对湿度监测

兰州地处甘肃内陆，受地理、地形和大气环境影响，为温带干旱、半干旱气候，大陆性季风气候明显，特点是：降雨少，日照多，蒸发量大。根据兰州地区气象统计数据：市区温度最高值为39.8℃，最小值为−22℃，年平均温度为10.3℃；空气相对湿度最大值为100%，最小值为6%，年平均相对湿度为50%。

我们在魏晋壁画墓内放置了温湿度记录仪，连续记录了 2010 年 6 月至 2011 年 5 月间的温湿度变化情况，每 60 分钟记录一次。监测结果见图 7。

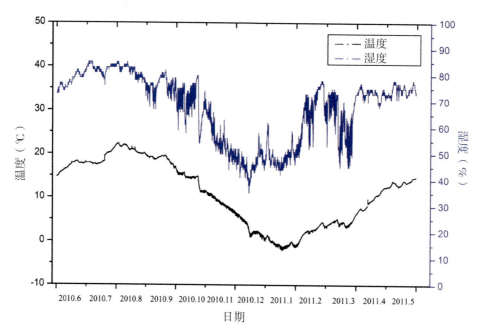

图 7 魏晋壁画墓温度、湿度年变化

根据监测数据来看，壁画墓内一年气温最高值出现在 8 月份，气温为 22.3℃；最低值出现在 1 月份，为 -2.0℃，二者之值相差 24.3℃。从图 7 看出，壁画墓内平均气温变化很有规律，具有明显的季节性。平均气温最高的是 8 月，为 21.0℃，其次是 7 月为 18.83℃、9 月为 18.8℃、6 月为 17.0℃、10 月为 14.2℃、5 月为 13.4℃，气温最低的是 1 月，平均值为 0.51℃。由监测结果看，壁画墓内温度变化范围较大。墓室内相对湿度最高值出现在 7 月和 8 月，达到了 85%。墓室内相对湿度平均值最高的是 7 月，达到 83%，其次是 8 月为 81%、6 月为 78%、9 月为 76%，最小的是 12 月，平均值 47%。

以上大量的监测数据以简单的平均值和最大、最小值来进行评估[6]，虽然这也能说明很多问题，但平均掩盖了各个检测值间的差异，温湿度分开评价人为割裂了温湿度间的耦合性。为此本文使用"温湿度合格率"和"温湿度分布图"来进行评价[7]。"温湿度合格率（P）"即同时满足温湿度"适宜"指标范围的监测值个数占所有监测值个数的比例。

温湿度合格率 P＝（同时满足温湿度指标的检测值个数 / 所有监测值个数）*100%

温湿度的"适宜"性指标是对温湿度的一种静态评估。某一时刻的温湿度是一个定值，为了评价这个指标是否"适宜"，可以将所测数据与相应的标准值或人为确定的温湿度边界范围进行比较，是否达到"适宜"的指标。首先，确定温湿度的适宜值（即标准值）。标准值要根据不同的地域环境，不同质地的文物分别确定，每个文物对环境温湿度的"适宜"指标是不同的，严格来说应有一系列的科学实验来验证。而文物已经保存了上百年的历史，已经适应了当地的温湿度情况，因此，该温湿度的"适宜"指标可根据文物长期保存环境中温湿度的平均值来确定。魏晋壁画墓内主要为砖画，参考国家文物局编制的《馆藏文物保存环境试行规范》，并结合魏晋壁画墓所处地理环境的实际状况，设定温湿度适宜值为 20℃，40%。设定温湿度理想范围为 ±2℃，±5%。可接受的温湿度范围大于理想温湿度范围，设定为 ±5℃，±10%。按照上述标准范围计算得到的温湿度合格率见表 1。

表 1　魏晋壁画墓墓室内温湿度合格率

	温湿度合格率
理想范围（18–22℃，35–45%）	0
可接受范围（15–25℃，30–50%）	0

由表 1 可知魏晋壁画墓温湿度监测结果相当不理想。在理想范围内和可接受范围内的温湿度数据都为零。这说明墓室内壁画的温湿度远远没有达到理想效果，离可接受范围相差也甚远，因此由温湿度因素直接产生的壁画破坏作用不容忽视。为了进一步分析温湿度分布，以可接受范围为标准做温湿度分布图（图 8），图中以可接受范围为标准，将温湿度平面分成 9 个区域，可以看出该监测点温度全部在 25℃以下，超过半数的温度低于 15℃，全年大部分时间低于可接受温度范围；湿度大于 60% 的数据湿度超过 50%，墓室内大部分时间湿度过大。由图可以看出，当温度在

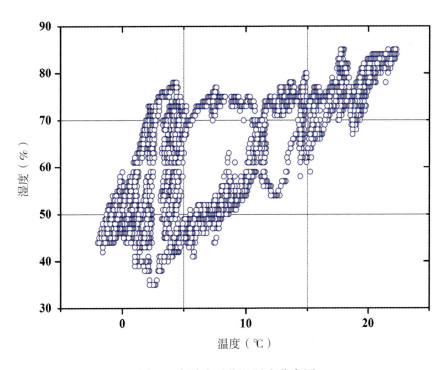

图 8　魏晋壁画墓温湿度分布图

可接受范围内时，相对湿度集中分布在 70-90%，湿度过大；当湿度在可接受范围内时，温度集中分布在 0-10℃之间，远低于温度可接受范围。

3.2 魏晋壁画墓光照水平检测

使用数位式便携照度计对甘肃省博物馆魏晋壁画墓墓道、前室和后室光照水平分别进行检测。检测结果如表 2。

表 2　魏晋壁画墓光照度分布

测试地点	光源种类	壁/砖画表面照度（lux）
墓道门口	天然采光 + 白炽灯	23-24
墓道楼梯	天然采光 + 白炽灯	23-27
墓道与前室拱门	天然采光 + 白炽灯	19-21
前室中央地面	白炽灯 + 荧光灯	28-33
前室东北角	白炽灯 + 荧光灯	39-42
前室东南角	白炽灯 + 荧光灯	15-19
前室西北角	白炽灯 + 荧光灯	9-15
前室西南角	白炽灯 + 荧光灯	15-17
前、后室交接拱门	白炽灯 + 荧光灯	9-12
后室东北角	荧光灯	13-16
后室东南角	荧光灯	14-28
后室西北角	荧光灯	35-42
后室西南角	荧光灯	8-12

魏晋壁画墓使用日光和人工光源结合的采光方式，墓道两侧开有窗户，日光可通过窗户透进墓道，同时墓道顶装有白炽灯；墓室前、后室都是半地下保存，均无日光照明，前室同时使用白炽灯和荧光灯进行照明，后室使用荧光灯进行照明。

国家文物局发布的《博物馆照明设计规范》中规定，对光特别敏感的展品：织绣品、绘画、纸质物品、彩绘陶（石）器、染色皮革、动植物标本等照度不大于 50lux，年曝光量要低于500001ux·h/ 年；魏晋壁画墓中的展品彩绘砖属于对光特别敏感的文物，因此其照度不应该超过50lux，由表 2 可以看到魏晋壁画墓内照明每个测量地点的照度都在 50lux 以下，符合国家文物局发布的《博物馆照明设计规范》规定。由于魏晋壁画墓不对游客开放，墓室内的人工光源照明，除了工作人员定期检查外极少使用，光照时间很短，除短暂的照明发热对墓室温度稍有影响外，光照对壁画的保存影响极小。

3.3 污染气体检测

使用便携式甲醛测定仪、二氧化硫测定仪、二氧化氮测定仪，分别对魏晋壁画墓墓道、前室和后室污染气体含量进行检测。检测结果见表3。

我国室内空气质量标准（GB／T18883-2002），要求甲醛浓度应低于 0.10mg/m³，二氧化硫一次测定值浓度应低于 0.15mg/m³，二氧化氮任何一次测定值浓度应低于 0.10mg/m³。对比表3检测结果，魏晋壁画墓从墓道、前室到后室的甲醛、二氧化硫、二氧化氮测量值均符合室内空气质量标准。这可能是由于魏晋壁画墓常年不对外展览，除了工作人员定期检查墓室内部环境外，墓门不常打开，避免了游客带来的二氧化碳等酸性气体，而且墓室保存在地表以下，与外界的空气对流少。

表3　魏晋壁画墓光照度分布

测量地点	甲醛含量		二氧化硫含量		二氧化氮含量	
	（ppm）	（mg/m³）	（ppm）	（mg/m³）	（ppm）	（mg/m³）
魏晋壁画墓墓道	0.002	0.0027	0.007	0.02	0.012	0.0246
魏晋壁画墓前室	0.001	0.0013	0.006	0.017	0.01	0.0205
魏晋壁画墓后室	0.001	0.0013	0.006	0.017	0.006	0.0123

4. 结论

甘肃省博物馆馆藏魏晋壁画墓处于半地下保存，墓室内无温湿度调节设备，室内温度跟随外界环境波动较大，全年最高温度 22.3℃，最低温度为 -2℃，四季温度变化范围大。根据"温湿度合格率"和"温湿度分布图"对全年温湿度进行评价，无达到"理想范围"和"可接受范围"的温湿度数据，说明墓室内温湿度远远达不到标准。对墓室内光照度和污染空气浓度的检测，收集的数据基本都符合国家规定的壁画保存条件。因此，目前墓室内壁画出现的颜料层起甲、脱落、酥碱等病害基本是由温湿度失调引起的，对此提出以下建议：改造或加固墓室地上雨水引流渠和管道，防止雨水蓄积、渗透造成墓室内部湿度上升；在湿度较大的季节，墓室内地面增加干燥剂除湿，并进行定期更换，降低墓室内湿度；墓室内使用24小时连续运行的恒温恒湿设备，将温湿度调控在壁画保存的适宜范围内，避免温度、相对湿度受到外界环境的影响，使壁画在相对稳定的温湿度环境下得到妥善的保存。

参考文献：

［1］肖亢达.嘉峪关壁画墓发掘报告［M］.北京：文物出版社。

［2］黄晓宏.浅析嘉峪关魏晋五号墓壁画［J］.丝绸之路，2011, 8:74–75。

［3］张朋川.酒泉丁家闸古墓壁画艺术［J］.文物，1979, 6:18–21。

［4］郭宏.文物保存环境概论［M］.北京：科学出版社，2001。

［5］马涛，马宏林.陕西遗址、陵墓博物馆文物保存环境研究［J］.陕西环境.2003, 10:10–13。

［6］徐方圆，解玉林，吴来明.文物保存环境中温湿度研究［J］.文物保护与考古科学.2009, 21（增刊）：69–75。

［7］徐方圆，吴来明，解玉林，白宁.文物保存环境中温湿度评估方法研究［J］.文物保护与考古科学.2012, 24（增刊）：7–12。

鄂托克旗乌兰镇米拉壕墓葬壁画抢救性揭取保护

杨文宗（陕西历史博物馆　副主任　副研究员）

尹春雷（鄂尔多斯青铜器博物馆　副馆长　研究员）

内容提要： 鄂托克旗乌兰镇米拉壕墓葬群位于内蒙古自治区鄂尔多斯市西部，该区域属于典型温带大陆性季风气候。墓葬所在地层为砒砂岩层，砒砂岩成岩程度低、结构强度低，遇水如泥、遇风成砂。米拉壕墓葬壁画无地仗层，在砒砂岩表面涂刷黄色作底后用矿物颜料绘制。揭取保护壁画，目前国内外尚无此类型壁画揭取保护先例，我们在进行过大量的工艺、材料方面筛选实验基础之上，成功实施了对鄂托克旗乌兰镇米拉壕墓葬壁画的揭取保护，本文就以上过程作出较完整论述。

关键词： 墓葬壁画　砒砂岩　揭取

一、墓葬地理环境等背景概述

鄂托克，蒙古语"营"或"部"之意，后演变为部落名称，建旗取部落名称，即"鄂托克旗"。位于内蒙古自治区鄂尔多斯市西部，地处东经 106° 41′—108° 54′，北纬 38° 18′—40° 11′ 之间。是鄂尔多斯高原的重要组成部分。东南部为毛乌素沙漠，中北部为多尔弄温都尔梁地，黄河流经西北边缘，地势西北高东南低，海拔约在 1100—1900 之间。鄂托克旗气候干旱少雨，风沙较大，日照充足，属于典型的温带大陆性季风气候。年降雨量少，蒸发量大。年降雨量为 250 毫米左右，年蒸发量为 3000 毫米左右，降雨主要集中在 7—9 月份。年平均气温 6.4℃左右。

古代时期，这里气候温和，雨水充沛，水草丰美，适合人类生存繁衍。早在商周时期，这里是狄、匈奴等北方游牧民族活动的区域，也是中原农耕文化与北方游牧文化碰撞、交错的地带。大量汉墓、汉城的发现，展示出以匈奴为代表的北方游牧民族文化遗存、汉文化遗存非常丰富。据考古资料表明，在鄂尔多斯地区汉代墓葬正式发掘数量较少，多为抢救性清理发掘。1990 年，抢救发掘鄂托克旗巴彦淖尔乡境内凤凰山汉墓群（距乌兰镇约 40 公里），发现了壁画墓。壁画内容丰富，色彩艳丽，民族地域特色鲜明，对于研究汉代鄂尔多斯地区历史文化有着十分重要的意义，在国内外文博界引起了广泛关注。

今天，大规模的基本建设工程的开展，促使文物保护工作更显紧迫、繁重。2010 年，鄂尔多斯青铜器博物馆考古队对米拉壕汉墓群的抢救性清理发掘，就是为配合地区基本建设开展的一项重要工作。在清理发掘过程中，接连发现了五座壁画墓，这是继凤凰山壁画墓之后的又一次重要发现，充分说明了这一地区有着丰富的民族文化遗存，必须得到应有的保护。应鄂尔多斯青铜器博物馆之邀，在 2010 年 9 月至 10 月间，我与鄂尔多斯青铜器博物馆考古队工作人员一起对米拉壕汉代壁画墓展开了实地勘察，进行拍照、采样、试验等前期工作，基本掌握了该墓葬壁画保存现状、存在病害以及环境条件等基本情况，通过与主管部门等多方研究，决定对米拉壕汉墓壁画进行科学合理的保护，鉴于米拉壕汉墓构造、壁画制作工艺、地质结构、气候条件的特殊性，以及壁画本体存在病害状况的复杂性，使得米拉壕汉墓壁画的保护工作，面临着许多新问题。因而，采用什么样的技术路线、方法、材料，以及科学严谨的操作技术，才能够使这些珍贵的壁画得到科学合理的保护，至关重要。在前期调查研究、加固试验的基础上，根据壁画现存病害的危重程度，对照壁画样品分析检测的图谱、数据，遵照文物保护的一般原则，制定出一整套米拉壕汉墓壁画揭取保护实施方案，实行该五座墓壁画的抢救性揭取保护。

二、米拉壕汉墓概况与壁画保存现状

2.1 概况

米拉壕墓葬群位于鄂托克旗政府所在地乌兰镇东南角、苏里格街东约 1 公里处。鄂托克旗乌兰镇米拉壕移民小区在此建设，为了配合移民工程建设，遵照【中华人民共和国文物保护法】和【内蒙古文物保护管理条例】的有关规定，鄂尔多斯青铜器博物馆于 2010 年 9 月 7 日，开始对工程范围内进行田野调查和考古发掘工作。

米拉壕墓葬群所在地，地势东高西低，分布着低山、丘陵、滩地和沙丘。沙地植被覆盖较广，生长有较多的沙柳、沙刺、油蒿等野生植物。墓葬群地层堆积分为 5 层：1、淤积沙土，2、原耕种层，3、浅灰褐色沙质土，4、白色沙质土，5、砒砂岩层。墓葬所在地层为砒砂岩层，砒砂岩土质松散潮湿。在目前已经发掘的墓葬群中，发现有壁画的墓葬五座，分别为：

2010EWM.M23

墓葬方向：由东向西 GPS　30°05′39.45″108°00′14.75″

时代：依据墓葬的形制结构及壁画内容初步判断为汉代

形制结构：竖穴斜坡土洞墓带单耳室

墓葬尺寸：

墓室：进深 390cm 宽 177cm 高 153cm

墓门：宽 86cm 高 100cm

耳室：进深 93cm 宽 142cm 高 103cm

2010EWM.M19

墓葬方向：由东向西 GPS　30°05′40.27″　10800′14.47″

时代：依据墓葬的形制结构及壁画内容初步判断为汉代

形制结构：竖穴斜坡土洞墓带单耳室

墓葬尺寸：

墓室：底长 360cm 宽 176cm 壁高 133cm 顶宽 175cm

墓道：长 10m 深 250cm 底宽 100cm

耳室：进深 93cm，高 133cm，宽 105cm

2010EWM.M25

墓葬方向：由南向北 GPS　30°05′50.82″　108°00′08.87″

时代：依据墓葬的形制结构及壁画内容初步判断为汉代

形制结构：竖穴斜坡土洞墓带单耳室

墓葬尺寸：

墓室：进深 388cm 宽 183cm 高 160cm

耳室：进深 140cm 宽 100cm 高 110cm

墓道：长 443cm（残）宽 110cm 深 234cm 坡长 435cm

2010EWM.M27

墓葬方向：由北向南 GPS　30°05′51.05″　108°00′08.13″

时代：依据墓葬的形制结构及壁画内容初步判断为汉代

形制结构：竖穴斜坡土洞墓带单耳室

墓葬尺寸：

墓室：底长 420cm 宽 170cm 高 150cm

耳室：进深 90cm 宽 140cm 高 110cm

墓道：长 540cm（残）宽 110cm

2010EWM.M30

墓葬方向：由东向西 GPS　30°05′39.45″　108°00′14.75″

时代：依据墓葬的形制结构及壁画内容初步判断为汉代

形制结构：竖穴斜坡土洞墓带单耳室

墓葬尺寸：

墓室：底长 375cm 宽 175cm 壁高 155cm 底至顶高 175cm

墓道：深 270-70cm 底宽 110cm 底长 1307cm

耳室：进深 95cm 宽 144cm 高 100cm

2.2 壁画保存现状

2.2.1 壁画病害调查与评估

米拉壕墓葬群多为汉代墓葬。墓内壁画基本绘制于墓室四周、墓顶、耳室，绘制工艺简单，即在砒砂岩表面涂刷黄色作为底色后使用矿物颜料作画。由于墓室打开后内外温、湿度急剧的变化，使壁画的大量颜料层发生起翘、脱落；由于墓葬受地下水的作用，造成地面以上一米高度的壁画全部脱落；壁画受微生物侵害严重。

2010EWM0.M23

壁画内容及状况：因墓葬早年遭盗掘和自然因素的影响，壁画受到较为严重的损毁。壁画底部已经大面积脱落，上半部分残留壁画存在起甲、空鼓、霉变等病害。残留壁画的内容包括：车马图、农耕图、狩猎图、放牧图。

（1）壁画分布：分布于墓室四周及顶部现存壁画面积约 17.07 ㎡。

（2）壁画结构材质：

①支撑体：砒砂岩层支撑体。

②地仗层：无

③颜料层：可以辨认的颜色种类有黑、红、绿、蓝、白五种。

（3）壁画病害主要类型：

颜料层粉化

颜料层酥碱

颜料层脱落

支撑体坍塌

支撑体脱落

支撑体酥碱

2010EWM.M19

壁画内容及状况：壁画底部已经大面积脱落，上半部分残留壁画存在起甲、霉变等病害。残留壁画的内容包括：狩猎图、放牧图等。

（1）壁画分布：分布于墓室四周及顶部现存面积约 19.6 ㎡。

（2）壁画结构材质：

①支撑体：砒砂岩层支撑体。

②地仗层：无

③颜料层：可以辨认的颜色种类有黑、红、绿、蓝、黄五种颜色。

（3）壁画病害主要类型：

颜料层脱落

颜料层起甲

颜料层粉化褪色

颜料层剥离、表面附着钙质结垢物

2010EWM.M25

壁画内容及状况：由于壁画所处地理环境是以砒砂岩为支撑体的地下墓葬，支撑体质地酥松、地下湿度很大，壁画损毁严重。壁画底部已经大面积脱落，上半部分残留壁画存在起甲、霉变、脱落、酥碱等病害。残留壁画的内容包括：狩猎图、放牧图等。

（1）壁画分布：分布于墓室四周及顶部，现存面积约 19.5 ㎡。

（2）壁画结构材质：

①支撑体：砒砂岩层支撑体。

②地仗层：无

③颜料层：可以辨认的颜色种类有黑、红、绿、黄、白五种颜色。

（3）壁画病害主要类型：

颜料层脱落

颜料层附着沙泥结垢物

颜料层及表层支撑体脱落、剥离　　　　　　　　颜料层酥碱、起翘

2010EWM.M27

壁画内容及状况：由于自然因素造成壁画严重受损。壁画底部已经大面积脱落，上半部分残留壁画存在起甲、空鼓、霉变等病害。残留壁画的内容包括车马图、农耕图、狩猎图、放牧图，以及房屋建筑、衣柜、服饰、鞋子、弓箭、花鸟等图案。

（1）壁画分布：分布于墓室四周及顶部，现存面积约 19 ㎡。

（2）壁画结构材质：

①支撑体：砒砂岩层支撑体。

②地仗层：无

③颜料层：可以辨认的颜色种类有黑、红、黄、白、绿、蓝六种。

（3）壁画病害主要类型：

颜料层粉化、起甲　　　　　　　　　　　　　颜料层局部卷翘、脱落

植物根系对壁画的破坏

画面附着钙质结垢

壁画支撑体断裂

壁画支撑体错位

2010EWM.M30

壁画内容及状况：由于自然因素及早年遭盗掘，使壁画受到严重破坏。壁画整体已经大面积脱落，上半部分残留壁画存在起甲、霉变等病害。残留壁画形象无法辨认。

（1）壁画分布：分布于墓室四周及顶部，现存面积约 17 ㎡。

（2）壁画结构材质：

①支撑体：砒砂岩层支撑体。

②地仗层：无

③颜料层：可以辨认的颜色种类有黑、红、蓝三种。

（3）壁画病害主要类型：

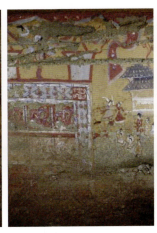

颜料层脱落　　　　　壁画颜料层起甲　　　　壁画支撑体断裂　　　壁画支撑体表面酥碱

总体来说，米拉壕墓葬群壁画整体保存状况差、病害种类多、损坏程度严重，急需实施抢救性保护。

2.2.2 揭取保护的迫切性和必要性

由于 2010 年该地区基本建设已经开始，9 月份考古清理发掘完成后，已是数月有余，壁画墓的原有相对稳定、平衡保存环境已经被打破，温湿度的急剧变化及空气的流动、光线的照射等等因素，都会对壁画产生各种影响，加重壁画病害的劣化态势，造成更大的损失。因此，对米拉壕墓葬群壁画进行科学系统的保护修复，迫在眉睫，抢救性揭取保护势在必行。

（1）壁画具有较高的历史、艺术、科学价值

米拉壕墓葬群为汉代墓葬，历史悠久；壁画墓的出土，是继凤凰山汉墓壁画后的又一次重要发现；壁画内容丰富、形象生动，色彩艳丽，更是北方游牧民族文化的真实反映，有着重要的历史价值、艺术价值和科学研究价值。

（2）壁画病害类型多，保存条件差

通过前期调查，发现壁画产生的病害种类多达几十种。其中沙泥覆盖、颜料层褪色、粉化、酥碱起甲、脱落，植物、虫害等是最为严重的病害类型，直接影响壁画的稳定性。此外，壁画所处的保存条件极差，无法进行原址保护。

（3）壁画体量大，施工难度高

五座墓葬壁画总面积合计近九十余平米，体量之大，国内实属少见。壁画颜料层粉化、褪色、酥碱严重，给表面清理工作带来了极大困难。墓室所处的地质环境砒砂岩：成岩程度低、沙粒间胶结程度差、结构强度低，遇水如泥、遇风成砂，质地松散、支撑强度差，使得壁画支撑结构松散、且有大量坍塌，对壁画揭取工作造成很大难度。因此这就需要耗费大量的高性能材料、工具和众多专业人员对其进行多环节的保护修复处理。

三、壁画抢救性揭取保护方案及实施

3.1 保护修复的依据和原则

根据《中华人民共和国文物保护法》、《中国文物古迹保护准则》及国内外较先进的文物保护修复理念、方法、规范和最新出台的《中华人民共和国文物保护行业标准》，本次壁画揭取保护修复遵循以下原则：

（1）不改变原状原则

主要指在保护修复过程中，保留壁画的原始历史信息，不使壁画颜色发生改变。

（2）最少干预原则

凡是近期没有危险的，应尽量少干预；必须干预时，只对有害部分进行尽可能少的干预。因此，一般较完整、老化变质不严重的壁画，都把重点放在改善其所处的环境上；当壁画材料老化变质程度已经很严重，且速度很快，如不对它进行保护已无法保存下来时，才采用修复材料对其进行直接干预。

（3）采取预防为主的原则

量变引起质变是事物发展的普遍规律。这种量变对文物材料来说有着很大的潜在威胁，所以在文物保护工作中应未雨绸缪，防患于未然。对待壁画，我们应该采取科学管理的态度，预防为主的原则非常重要。

（4）尽可能完全显现壁画的画面内容。

壁画修复的直接目的是保存画面完整，尽可能完全显现壁画的画面内容，并且在延缓壁画老化，延长壁画寿命的基础上利于陈列展示。这也是本次修复工程的主要目的。

（5）安全性原则

不可对壁画材料造成进一步损害，不可引入新的危害因素，修复以后不得在壁画中残留或挥发出有害物质，修复后对人员安全不造成危害。

（6）保护修复材料可操作性原则

符合文物修复可逆性的条件，所用试剂材料原则上应当具有可逆性和可再处理性。所有试剂材料不破坏壁画的历史、艺术、科技的信息。应选择无色、透明、无光泽，防水性能好，具备适当的粘接力和渗透力，对画面的颜料层和地仗层无任何损害，并且具有可逆性的材料。所有材料可在需要的时候去除，其分解物不致破坏画面原有的结构和材料。加固剂、封护剂和防霉试剂应具有较长时间的老化期，老化后分解后的产物不会对壁画的材料和结构产生损害。

（7）所有的壁画修复保护记录资料应具体翔实、准确完整。

3.2 壁画揭取方案及实施

3.2.1 前期研究

（1）壁画保存状况调查

A、确定保护修复的范围，统计各类保护修复施工面积。

B、通过壁画摄影、测量、手绘与计算机制图等方法绘制壁画现状图和病害图。

C、采集样品进行 X 荧光、拉曼光谱等分析，准确了解壁画制作工艺、病害成分及成因、保存状态，为制定系统的保护修复方案提供科学依据。（分析结果见附表）

D、采取收集文献资料、现场调查或监测的方式，采集与被保护对象密切相关的气候、水文、地质环境等信息或数据。

（2）壁画揭取实验

本次揭取对象为无地仗层、直接绘制在砒砂岩上的壁画，是目前为止从未涉及过的壁画揭取类型，技术难点：1）该类壁画无法采用以往传统揭取中从支撑体表面剥离的方法2）大量颜料层起翘3）砒砂岩层状断裂、稳定性差。因此在采取揭取措施前须筛选、制定出揭取工艺的关键点：1）起翘颜料层回贴：通过大量实验解决了起翘颜料层的软化问题，使很脆、稍遇外力即破碎脱落的起翘颜料层具有一定韧性是实施回贴的关键，对多种有机粘合剂进行不同浓度、渗透梯度、操作工艺等一系列的对比分析、筛选，最终确定起翘颜料层软化、画面加固材料的配比、浓度和操作工艺。我们主要选取乳化后的丙烯酸类有机材料，回贴、加固时先将配置好的软化试剂用毛笔尖蘸取后轻敷起翘颜料层背面，待湿润即可，再以同样方法将2-3%丙烯酸乳液渗透一遍，待稍干使用5%丙烯酸乳液渗透；对于起翘颜料层回贴对应面的处理：先用毛笔蘸取软化试剂轻涂一遍后使用10%丙烯酸乳液涂刷待其稍作吸收指触发粘，再使用玻璃纸轻敷于起翘颜料层表面、使用棉花扎的拓包在玻璃纸上顺着回贴方向轻碾。2）砒砂岩层状断裂：其导致壁画画面出现断裂，断裂处壁画大量脱落、岩体风化严重，形成松软沙土且有流失，使得支撑体稳定性极差、存在较大安全隐患。将松软的沙土进行清理，对清理处进行渗透加固，使用粘性较高的泥土填充修补断裂处，以防止揭取壁画在后期修复时出现画面错位现象。

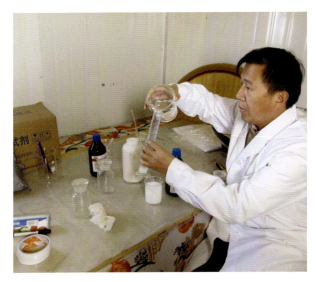

配置画面加固材料

画面清理实验

B-72 加固实验

AC-33 加固实验

画面封贴皮纸实验

画面封贴麻布实验

3.2.2 主要施工步骤

（1）画面清理

使用软毛刷清除表面较松软的附着物；根据土垢和泥浆硬度，先用手术刀机械法剔除软质部分，然后用 2A 软化去除硬质部分；用棉签蘸取 2% 氯胺-T 溶液、采用少量多次清洗霉斑。注意不能伤及壁画颜料层。

（2）画面加固：选用了一种新型砂岩加固材料和传统的颜料层回贴材料

酥碱：采用滴注法加固，加固材料可选择 2B-WB-S-1 风化砂岩专用加固材料或 AC-33，浓度控制在 3% ~ 5% 即可，溶液浓度由低到高依次递增，使酥碱壁画层强度增加稳定；对于起翘颜料层回贴面存在酥碱病害的砒砂岩表层，应先对其进行加固。

空鼓：小面积涂刷回贴。先将黏结填充材料灌注空鼓处再用竹刀等工具加压回贴，回贴材料可选用 AC-33。

脱落：对脱落边缘加固，使已脱落壁画周围稳定。

开裂：用注射法，在颜料层开裂边缘注射加固材料。

（3）确定切割线

尽量选择画面空白处或是次要部位作为切割线。

（4）封贴画面

使用传统工艺和材料。

（5）分割壁画

使用电动切割机或用特制壁画切割刀具沿事先确定的切割线将壁画分割成适当的幅块。

（6）制作壁画夹板

按分割壁画面积大小制作壁画夹板。每块壁画制作大小一致的两块板子。

（7）切割壁画

将做好的壁画夹板一面贴靠于揭取壁画表面，使用石材切割机与成套经改进的传统铲取工具相配合的方法从背面将壁画从砒砂岩体上切割、剥离开。

（8）包装切割壁画

将切割下来的壁画仍置于揭取时贴靠在壁画表面的夹板上，视壁画背部平整情况，考虑是否需要填充物进行铺垫包装，然后再用另一块大小一致的夹板将壁画夹紧、固定。

3.3 壁画后期加固修复方案及实施

3.3.1 相关材料及工艺筛选实验 按照壁画原结构、材料、工艺，利用所处墓壁材质制作若干实验块

（1）筛选修复加固材料

经过新作地仗层（过渡层）强度、新作地仗层与揭取壁画背面结合牢度、修复后壁画的稳定性、会否影响下一工序等进行多项测试比较，最终选定墓葬中起支撑作用的砒砂岩，经粉碎、研磨、过筛等工序作为制作新地仗层（过渡层）材料；选定 AC33 粘合剂，配制成不同浓度分别用于调制砂浆（做新地仗层用）和粘接新支撑体。

（2）筛选修复加固涉及的关键工艺

1）粘接新支撑体选取蜂窝铝板作为新支撑体材料。新支撑体粘接的传统做法是制作好壁画背面地仗层或过渡层待其完全干透再进行支撑体粘接，考虑到新制作的地仗层所含水分会渗透到画面贴布导致画面贴布用胶液溶解，渗透下的水分长时间富集在画面造成霉菌滋生、画面污染，此次使用砒砂岩砂浆在壁画背面制作完地仗层后即进行支撑体粘接工序。在实际操作中先打磨蜂窝铝板粘接面，再涂刷上 1—2 mm 厚 AC33 粘合剂随后粘贴一层颗粒较大的沙粒以增加粘接面的表面积。

2）去除壁画表面贴布、清除画面残留胶液伴随新地仗层的制作及新支撑体的粘接，AC33 粘合剂会渗透到画面及画面贴布上，如果完全固化，再进行溶解的速度会非常缓慢且效果不理想，因此制作新地仗层、粘接新支撑体所使用粘合剂的固化时间、固化程度有别于以往传统状况，即在新支撑体粘接过 12 小时就可去除壁画表面贴布、清除画面残留胶液。

3.3.2 主要操作步骤

（1）壁画背面的修复

壁画背面清理—〉壁画背面加固—〉壁画背面制作地仗层—〉壁画背面制作支撑体

（2）壁画正面的修复

1）先用热敷法揭去加固画面时所覆纱布，再用热棉球去除画面残留桃胶和 AC33 粘合剂。

2）对于顽固污渍，先用 2A 溶液润湿，使用壁画专用修复刀具小心地将污迹组织刮磨松散后，再用蘸有 2A 溶液的棉签将松散的污渍沾除；对于颜料层的清理，先用低浓度六偏磷酸钠溶液刷于覆盖在壁画表面的宣纸上以软化颜料层表面残留的泥土及钙化物，再加以清理，操作手法较以上所提顽渍的清理，只是应更加谨慎；对较难清理有可能伤及颜料层的污渍，留待以后处理；对黑色霉斑的处理，先用软毛刷扫除部分霉菌，再用小剔刀剔除剩余的附着在颜料层上霉菌，之后用蘸有 2A 溶液的脱脂棉在画面上滚动以沾除残余霉菌。使用丙酮和无水乙醇喷洒壁画表面，再用霉敌溶液喷洒进行防霉处理，减少霉菌再滋生的机会。

画面清洗

画面修补

画面贴敷除胶

背面加固

地仗层材料

制作支撑体粘接面

四、技术路线

4.1 工艺流程（见下图）

前期研究 —— 保存现状

揭取、加固实验

按取步骤 —— 画面清理

支撑体表层加固

颜料层加固

确定切割线

封贴画面

切割揭取

夹板固定

后期加固修复 —— 壁画背面清理、加

壁画背面制作地仗

壁画背面制作支撑体

壁画正面清理、加固

缺损修补

整体协调、美学修复

修复后画面效果

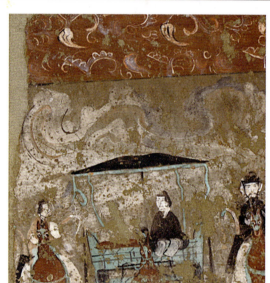

4.2 主要保护修复材料列表如下

序号	类别	品名	配比	作用
		去离子水	按 2A 或 3A 配比	软化、清理表面易除无机污渍
		无水乙醇		
		丙酮		
		氯胺 T	2% ~3%	除霉
		霉敌	3% ~5%	防霉
		双氧水	3% ~5%	除油烟
	清洗	氨水	3% ~5%	除有机难溶物
		柠檬酸铵	5%	辅助用剂
		草酸	5%	辅助用剂
		氢氧化钠	5%	辅助用剂
		离子交换树脂（进口）	商品配比	除难溶水渍、钙质结壳
		六偏磷酸钠	10%	除难溶水渍、钙质结壳
		EDTA二钠盐	10%	除难溶水渍、钙质结壳
		AC33	3%~5%	颜料层、支撑体表层加固
		B72	颜料层、支撑体表层加固	
	加固	专用乳胶	3%~10%	支撑体表层加固
		桃胶	3%~10%	颜料层加固、壁画揭取
		特制灰膏	纯	支撑体表层修补
	修补	专用砂浆	商品配比	支撑体修补

附表 样品分析结果

X荧光及拉曼光谱分析结果

样品名	颜色	峰值	拉曼结果	荧光结果	综合结论
M30-3	黄色	224vs；409m	Fe_2O_3	Ca, Fe	Fe_2O_3
M19-4	黄色	462vs；640；687；776；888	钡白	Ca, Fe	
M19-7	深红色	127；462		Fe, Ca	
M19-8	铁红	276；470；711；1085；1173		Fe, Ca, Pb	
M23-1	红色	220；252；292vs；404；607	Fe_2O_3	Fe, Cu, Pb	Fe_2O_3
M23-2	黑色			Ca, Fe, Mn	
M23-3	绿色	150；177；267；430；1490	巴黎绿	Fe, Cu, Ca	
M23-5	蓝色	420；813；1313；1475；1499	埃及蓝	Fe, Cu, Pb, As	
	紫色	348；461；583			
M23-6	淡红	244；409m；1319	Fe_2O_3	Ca, Fe	Fe_2O_3
M23-7	褐色	292vs；404m	Fe_2O_3	Fe, Ca	Fe_2O_3
M23-8	白色	279；710；895；1084vs	$CaCO_3$	Ca, Fe	$CaCO_3$

内蒙古地区壁画保护修复及其研究

杜晓黎（内蒙古博物院　主任　研究员）

内容提要： 内蒙古高原，有着极其宝贵的古代壁画遗存，它们包括墓葬壁画、石窟壁画和寺庙壁画，以汉唐、北魏、辽金元时期的墓葬壁画、明清时期的寺庙壁画和被誉为"草原敦煌"的阿尔寨石窟壁画见长。内蒙古地区壁画保护起始于上世纪八十年代初，在长期的工作实践中，通过学习、借鉴国内外壁画保护修复的先进经验，结合本地区壁画保护修复的特点，在文物保护理念、原则的理解与把握、修复方法、工艺及材料的运用方面，有了一点认识和体会，希望通过不断努力，积累、总结出一些比较适合内蒙古地区壁画保护修复的经验和方法。本文将从内蒙古地区壁画保存现状、壁画的保护修复、壁画保护修复研究三方面介绍内蒙古地区壁画保护情况。

关键词： 内蒙　壁画　修复　研究

位于中国北方的内蒙古高原，有着极其宝贵的古代壁画遗存，它们包括墓葬壁画、石窟壁画和寺庙壁画，以汉唐、北魏、辽金元时期的墓葬壁画、明清时期的寺庙壁画和被誉为"草原敦煌"的阿尔寨石窟壁画见长，以其丰厚的文化内涵和独特的艺术风格，成为内蒙古历史文化的多彩记忆。

内蒙古拥有辽阔的草原、森林、和浩瀚的沙漠。在这片东西跨度直线 2400 公里，南北直线 1700 公里，面积为 118 万平方公里的土地上，壁画以独特的文化艺术方式记录了古代北方民族历史文化脉络，是北方草原地带珍贵的历史文化遗产。从上世纪七十年代以来先后发现的和林格尔东汉墓壁画、通辽、赤峰地区辽代壁画墓、和林格尔鸡鸣驿北魏壁画墓、隋唐时期壁画墓、以及鄂尔多斯境内的西汉时期壁画墓、西夏时期开凿而盛于元朝时期的阿尔寨石窟寺，以及部分地区的金元壁画，异彩纷呈，各具特色，而明清时期随着藏传佛教东渐在蒙古草原上兴建的数百座召庙及其壁画，以其数量之多、面积之大，凸显了汉、蒙、藏文化之间的相互传播与融合，形成了风格独特的召庙文化。

内蒙古地区壁画保护起始于上世纪八十年代初，文物工作者对一些遭到盗掘的辽代墓葬壁画进行了抢救性揭取，并加以保护修复，作为馆藏品收藏、展示，开启了内蒙古地区壁画保护修复的先河。近年来，文物保护的迫切形势促进了内蒙古地区壁画保护工作的开展与深入。在长期的工作实践中，通过学习、借鉴国内外壁画保护修复的先进经验，结合本地区壁画保护修复的特点，在文物保护理念、原则的理解与把握、修复方法、工艺及材料的运用方面,有了一点认识和体会,希望通过不断努力,积累、总结出一些比较适合内蒙古地区壁画保护修复的经验和方法。

一、壁画保存状况

从目前掌握的材料来看,内蒙古地区壁画保存现状以原址保存与揭取保存两种形式并存。

原址保存的主要有墓葬壁画和寺庙壁画。墓葬壁画以内蒙古东部地区辽代壁画墓、中西部汉代壁画墓为主,有封闭回填与半开放式两种保存方式,如通辽宝山辽代壁画墓、陈国公主墓、鄂尔多斯凤凰山汉代壁画墓等,考古发掘之后采取了封闭回填的方式进行保护,仅有和林格尔东汉壁画墓则为半开放式,仅供研究、保护人员参观考察,并不对外开放的方式保存。寺庙壁画则以开凿于西夏时期的阿尔寨石窟壁画、以及遍布内蒙古草原的藏传佛教召庙为主,如呼和浩特大召、席力图召、乌素图召、包头美岱召、五当召、鄂尔多斯乌审召、准格尔召、锡林郭勒贝子庙、汇宗寺等百余座召庙及其壁画。分别由文物部门、宗教部门管理,大部分寺庙仍保留有佛事活动,壁画保存现状各有不同。

原址保存应该说是最为合理、最为理想的保存形式,原址寺庙壁画的保护修复具有成熟技术的支持,阿尔寨石窟、呼和浩特大召壁画的保护项目正在展开,但墓葬壁画的原址保存作为一项浩繁复杂的工程,目前还缺乏成功的例证或示范,需要多方面、多学科的配合与合作,共同深入研究、探寻科学有效的保护方法和措施。特别是学习借鉴国外的一些先进技术、材料和经验,摸索出墓葬壁画原址保存的方法和技术。

相对于原址保存壁画而言,揭取保存的壁画基本上都属于馆藏品(包括考古所、文物管理所收藏的壁画),如内蒙古博物院藏五代壁画、北魏壁画、辽代壁画、呼和浩特博物馆藏大召经堂壁画、赤峰敖汉旗博物馆藏辽代壁画,巴林左旗博物馆藏辽代壁画、鄂尔多斯青铜器博物馆藏汉代壁画、和林格尔文管所藏北魏壁画等。

建筑是壁画的载体,二者常被喻为"皮之不存,毛将焉附"的存亡关系,当建筑本体严重损毁或即将不存之际,壁画揭取是十分必要、非常有效的手段,它可以尽可能及时地保护受损的或即将损毁的壁画遗产。近年来,无论是墓葬壁画还是寺庙壁画的揭取,基本上都是抢救性揭取。如 2005 年通辽吐尔基山辽代壁画墓是在水库整修时发现的,墓葬已经多次进水、发掘清理时壁画已经从壁体上脱落坠地,与泥沙叠压在一起;2010 年,清水河县塔尔梁五代壁画墓是被煤矿开采的挖掘机挖到的,墓室的一角已经被挖开,时值隆冬季节,壁画已经受到严寒与风沙的侵袭,保存环境、气候条件发生了改变;2011 年,鄂托克旗米拉濠汉代墓葬壁画,也是在城镇建设道路修建时发现的,清水河水门塔伏龙寺壁画也是因为其建筑濒于坍塌,壁画裸露,常年的风雨侵蚀、四季气候变幻,造成壁画空鼓、脱落、泥渍、水渍、动植物损害严重的现象,残破不堪,如不及时揭取,或将毁于一旦,即使进行古建修复,也不得不将壁画先行揭取。这些壁画的揭取,都是基于原址保存条件的丧失而采取的必要的保护手段。

美岱召琉璃殿壁画　原址

乌审召壁画　原址

和林格尔东汉墓壁画　原址

伏龙寺龙王庙壁画　揭取

五代墓葬壁画　揭取

米拉壕汉墓壁画　揭取

二、壁画保护修复

在壁画保护修复技术日臻成熟的今天，修复工作者更要注重能力的提高、方法的选择、以及经验的积累。下面就壁画修复中的几个重要环节，结合个例，谈一些具体的作法。

1. 画面拼接

对揭取壁画的修复，画面拼接至关重要，无论是自然断裂、碎裂、叠压错位还是揭取时的切割线，都需要在壁画修复中加以对接、拼接，做到最大限度地恢复原本完整的画面。

吐尔基山辽墓壁画的画面拼接特点主要是叠压、碎裂、错位壁画的拼接，由于壁画在墓室中已经滑落坠地，出土时叠压、错位、碎裂现象严重，头像、画面的拼接，通过画像、反复拼图，完成拼接。

大召经堂壁画的画面拼接特点主要是切割线的拼接。经堂壁画是早期揭取、修复，切割线不仅密集而且切割缝隙较粗，拼接时就要根据画面布局、线条走向等，考虑拼接间隙的宽窄、大小，保持画面观赏的舒适度。

五代壁画的画面拼接的特点是平面与立体的组合，这也是我们第一次在壁画修复中遇到这样的情况。五代壁画墓室结构为砖石仿木结构，除斗拱、出檐之外，彩绘砖雕镶嵌在壁画平面中，如弓箭、灯盏、工具等。修复时需要将分别揭取的平面壁画和立体砖雕构件重新拼接组合，还原完整的画面，保持了壁画的原有风貌。

2. 地仗层修复

地仗层修复，是壁画修复中不可或缺的重要环节，它关乎到壁画的坚实、耐久、以及与支撑体之间的结合，有的还涉及到画面的协调与美观等等。

在我们修复的壁画中，遇到的有石灰质地仗层、泥质地仗层两种。石灰质地仗层多为墓葬壁画，泥质地仗层则多为寺庙壁画。一般情况下地仗层的结构由粗泥层、细泥层、白灰层组成，细泥层和粗泥层中都含有加筋材料，细泥层里加入毛麻类纤维，近来发现有的加入蒲棒或纸浆纤维，粗泥层里加入麦穰、麦秸类纤维。砖室墓的壁画大都是先抹一层粗泥层，将墓壁大致取平，在抹一层细泥层，平整光滑，上抹白灰层，便于打底作画，砂岩墓葬基本直接在平整后的砂岩层上涂抹白粉层作画，壁画颜料层很薄。寺庙壁画的地仗层都非常厚实，在土坯墙面上分层制作，粗泥层、细泥层界限也比较明显。

修复中，我们基本按照传统制作方法和工艺进行，尽量选用传统材料或与之相近、兼容的材料，即粘土、沙土、白灰、毛麻纤维、麦穰、麦秸等，由于市场上的白灰杂质较多，在深山石灰窑中选取生石灰，自己加工制作，经过淋制、过滤使用。粘土、沙土大都取自遗址附近土层，一些毛麻、植物也需要重新清理加工。粘土、灰浆中掺入加筋材料后，配以适当比例的 AC33 或 B72、乳胶溶液搅拌焖制，以增加其韧性和强度。揭取时保留的原地仗层质地疏松，粘结力的降低而支撑功能减弱，尽量剔除至白灰层或细泥层。对剔除后的壁画背部（白灰层或附着少量粘土的白灰层）进行整体加固，用 AC33 或 B72、乳胶溶液进行喷渗或滴注，根据地仗强弱状况调整加固试剂浓度和加固次数，达到预期效果。

五代墓葬壁画采用淋石灰、黄粘沙土、毛麻纤维、AC33 溶液配制的泥浆，为壁画制作了新地仗层，其厚度为 1 厘米。

吐尔基山辽墓壁画修复时，采用了淋白灰、沙土、毛麻纤维、B72 溶液配制的泥浆，直接制作了壁画地仗层，其色泽、质感与原壁画浑然一体。

大召经堂壁画因早期揭取修复时已将地仗层剔薄至 1 厘米左右，后背采用了玻璃钢背衬和木龙骨框架。二次修复时，祛除了木龙骨框架和玻璃钢背衬，重新制作了包括细泥层、粗泥层的地仗层，恢复原有的地仗结构。

伏龙寺壁画揭取时较好的保留了壁画的地仗部分，修复清理了已经疏松、失去粘结力的粗泥层，保留原有的细泥层，使用 AC33 溶液进行渗透加固，然后直接制作粗泥层。细泥层含毛麻纤维，粗泥层含麦穰成分。地仗层厚度视画幅大小，厚度为 1—1.5 厘米。

制作新的地仗层时，在玻璃拼接台上平铺宣纸，将木制框架置于其上。框架尺寸由揭取的画幅大小而定，一般每边放出 6—8 厘米，有的不放边，保持壁画原大，根据画面图案大小适当调整，力求画面美观协调。具体做法：先用纯净水喷湿宣纸，用羊毛刷从中心向四周刷扫，赶出气泡，使宣纸基本平展无褶皱、无气泡。再把壁画正面向下置于宣纸上，用纯净水喷湿壁画背部，待壁画慢慢下沉，平展，再喷施少量加固剂，待渗入吸收后上泥，先上细泥层，用抹子一遍遍压实、抹平，待细泥层凝固半干时再上粗泥层，如果原有细泥层保存较好，就直接上粗泥层。然后观察壁画干湿程度，适时压砖（或沙袋）、翻转画面，让壁画均匀干燥。压砖时地仗层上要铺垫纸张，避免压不平整或压出印痕。

3. 画面补缺

画面补缺指的是对画面缺失部位，如画面与地仗边缘结合部位、孔洞、裂隙处进行的补配。修补时，先剔除揭取时的填补材料和地仗层制作时挤压渗出的泥浆，然后采用配制的灰浆、泥浆进行修补，填充高度要低于颜料层，灰浆、泥浆要求细腻、色泽与画面接近，不死板，不抢眼，尽量达到与整体画面协调、美观，修补时不能污染周边的颜料层。

4. 补绘、协色

壁画修复，原则上对画面缺失的部分不做补绘，不做任何添加修饰，但对个别的、且有原始依据的部位视情况而做一些可识别的补绘，对于壁画衔接部位的缝隙做协色处理，以保持壁画画面的完整性与观赏性，细小裂隙则只作补缺，不作补绘协色。

五代墓葬壁画只作了协色处理，以保持壁画的原有风貌。

大召经堂壁画修复时，缺失部位的壁画有图片、临摹资料，且位置处于边缘，图案为简单云纹，修复时进行了补绘修复。

补绘、协色选用的材料依据壁画颜料分析检测的结果而决定，基本采用矿物质颜料。所用绘画方法，也是采用传统国画技法，如打底、勾描、晕染等。

5. 装饰、展示

壁画揭取后基本都成为馆藏品，因此保护修复设计中就要考虑到壁画作为馆藏品的保存、展示功能，为壁画量身定做合适、美观的装饰框架，以满足其收藏、展示、搬迁的需求。

①支撑体

选用坚固、持久耐用、轻便、耐腐蚀、不变形的蜂窝铝板材作为壁画支撑体，是国内业内取得的成功经验，用硅酮胶、或 AC33 等粘结材料将壁画粘接板材上，或等同面积、或按照一定比例使板材面积大于壁画面积，根据壁画画面效果来考虑板材的大小，板材面积大的优点除了表达一定的艺术效果以外，还可以在搬迁、展出等过程中壁画边角受到保护，避免磕碰而损伤壁画。

②喷砂

在五代壁画、伏龙寺壁画保护修复中，对支撑体的裸露部分，采用了喷砂效果，增加艺术装饰效果，因为金属材料折射出的那种冷、硬的质感，与泥质的画面很不协调，因此，对超出壁画面积裸露出的板材，用喷枪喷涂了色调相近的沙浆，起到了很好的装饰作用，再配以原木料制作的装饰木框，修复好的壁画同时也成了一件制作完备的展品，可以直接陈列展示。

③装框

对于质地、风格不同的壁画，在框架的设计上分别采用亚克力屏和木制框架，取得了不同的效果。

辽代壁画修复

清代伏龙寺壁画修复

辽代壁画修复

五代壁画修复

五代壁画修复

辽代壁画修复

三、保护修复研究

壁画研究，贯穿于保护修复始终。在保护修复过程的每一个环节、每一个步骤、每一道工序，研究的工作莫不渗透其中。没有研究，也就没有良好的修复。研究服务与修复，修复验证研究，彼此相辅相成，互为依存。研究工作与修复实践密不可分，离开了实践活动，所有的研究就是无本之木，无源之水，缺乏研究，就不能用科学的理论和技术指导修复工作。专业技术人员要注重研究，投身修复实践，才能有所发现，有所创新。在任何一次保护修复过程中。我们都希望对壁画历史文化价值、壁画传统制作方法和工艺开展一些研究，希望从中感悟出一些东西、积累一些经验，摸索出一些方法。

1. 中原农耕文化与北方草原文化的交融

在任何一项壁画保护修复的项目中，修复者都不能绕开关于壁画历史文化价值研究的这一重要环节，正是基于对壁画价值的充分认识，才能为修复技术路线、步骤的制定、材料的筛选提供基础的理论依据。内蒙古地区壁画资源丰富，特色鲜明，其内容涉及广泛，展现了不同历史时期北方草原的社会发展、世俗风情，有着极其重要的历史文化价值，其重要的特点之一就是历代壁画中所体现的中原农耕文化与北方草原文化的交融渗透。

汉代墓葬壁画多以围猎、歌舞、出行、农耕场面描绘生活，人物服饰、车马形态、山林鸟兽，体现了明显的时代、地域特点。汉代壁画中出现的农耕图，直观地表达了汉代农业耕种，已经从中原传入草原地区，楼阁亭台建筑，则更是农业文化的产物，但在楼阁亭台间的观赏者、歌舞者，衣着服饰、举止形态却又有不同，如画面中人物头饰中插有飞鸟羽毛的装束，就是鲜明的特点。同时几乎每一座汉代壁画墓都绘制了场面宏大的围猎图，茂密的山林，英武的骑射者和各种飞禽走兽，成群的骏马，洋溢着草原游牧民族的鲜活气息。

在描摹手法、色彩运用上也体现了不同的地域特点。和林格尔东汉壁画墓以红、黑两色为主，黄色铺底，描绘了墓主人生前的任职升迁、车马出行、宴饮娱乐的各种场面；鄂尔多斯汉代墓葬壁画则色彩缤纷艳丽，以蓝、绿、红、黄黑等多种颜色平涂渲染，以农耕、围猎、歌舞为主题，以山林、楼阁、飞鸟、牛羊、马、狗、鹿等为背景，反映了当时两种文化交融并存的社会形态，当然这也与历史年代不无关系。再如：五代壁画墓仿木结构，壁画里绘制的王祥卧冰、郭巨埋儿等流传于中原地区的孝行故事，镶斗、剪刀、干锅农业生产用具与弓箭、马、驼等游牧用具的同时出现，也是很好的例证。辽代壁画墓等级鲜明，贵族墓葬壁画重彩描金，如宝山辽墓，场面精美奢华，极尽铺张。但一般辽墓壁画则多以红、黑两色平涂勾描，如敖汉羊山辽墓壁画、吐尔基山辽墓壁画，然而却不失珍贵，简单的笔触却形象逼真地勾勒出契丹民族的特点。壁画中出现的汉字，显示出中原汉文化在契丹民族中的传播与渗透。这些都充分说明了内蒙古地区的特殊地理位置，历来是农耕文化与草原文化接触、碰撞、融合的特殊地带，因而催生了多彩多姿的民族文化。

以藏传佛教见长的明清两际召庙壁画，以红、黄、蓝成为主要格调，排布天界仙境、人间俗世、自然环境的格局，描绘蒙古草原佛法弘扬、众生慕道的场景，展现了聚居在这一地区的蒙、汉、回各族民众以及蒙古草原的山林风貌，成为记录该地区历史民族文化发展的精彩画卷。

2. 壁画保护材料与方法的研究

内蒙古地区丰富的壁画资源，也给壁画保护工作带来了极大的挑战，针对不同地区、不同时期壁画保存的整体环境、气候、条件，制定不同的保护规划、计划，是十分必要和重要的。目前，对于原址保存的墓葬壁画、寺庙壁画、石窟壁画的保存现状、存在问题、保护修复的需求，还缺乏基础调查和数据收集，特别是对于原址保存的壁画墓的保护研究，还尚未开展，而对于保护修复中的一些工艺、方法和采用的技术手段，保护材料的应用，同样也存在诸多困惑，需要继续加强与国内外同行间的交流，促进合作，不断提升壁画保护修复的整体水平。

水中浸泡壁画揭取技术和修复方法

易泽林（襄阳市博物馆　副研究员）

内容提要： 襄阳檀溪南宋壁画墓距汉江仅百米，距地表面约5米左右，地势低洼，水位较高，墓就修筑在此地河沙淤泥层中，发掘时壁画已全部淹没于浑浊的泥水中因此该墓壁画保存环境极差。另外，该墓壁画无地仗，直接将石灰膏涂抹在墓砖壁上而绘画。给揭取壁画带来很多困难，为了顺利揭取和成功保护壁画，我们实地考察，制定了多套方案，实践证明较为切实可行。

关键词： 壁画揭取　修复

一、基本情况

2007年6月，为了配合襄城檀溪城中村改造工程，襄樊市考古研究所对该处建设用地进行考古勘探，共清理发掘唐宋时期墓葬5座和窑址1处，其中一座南宋时期的彩绘壁画墓，备受世人瞩目。墓为南北向，长方形砖室，券顶，仿木结构，长3.20米、宽1.20米、残高1.56米。墓室内四角的额枋上设转角铺作，东、西两壁有补间铺作，皆为"一斗三升"斗拱。该墓早期被盗，券顶坍塌，随葬器物仅存"庆元通宝"铁钱数枚，但墓内彩绘壁画依然保存下来。壁画内容丰富，以额枋为界，分上、下两层。上层东、西、南、北四面分别绘有代表方位的"青龙"、"白虎"、"朱雀"、"玄武"四神及牡丹、莲花图案（其中朱雀因盗墓被毁）。下层南、北壁各设双扇门，其一扇关闭，一扇绘有仕女启门图。东、西壁上绘有宅院建筑和庖厨备宴图。壁画中展现的场面排场和奢华，人物众多，各种台案家具、器皿物品，陈放到位，摆布合理。壁画技法高超，构图严谨、巧妙，笔墨古雅，设色鲜丽而不浓重；服饰线条流畅，人物形神皆备、栩栩如生。画面中展现的人物、服饰、家具、器皿等都具有非常高的艺术价值，为研究宋代绘画艺术提供了宝贵的实物资料。湖北地区潮湿、多雨，不利于壁画的保存，彩绘壁画砖室墓在南方地区少见，仿木结构建筑的砖室墓也多流行中原和北方地区，因此襄樊檀溪出土的仿木结构彩绘壁画砖室墓就显得极其珍贵，壁画墓的出现及对壁画采取及时正确方法进行揭取、修复和保护，具有非常重要的意义。

二、保存状况及应对措施

檀溪南宋壁画墓北距汉江仅百米，原为檀溪湖床，系汉江古河道，也是历史上汉江洪水多次泛滥区，地势低洼，水位较高，墓就修筑在此地河沙淤泥层中，距地表面约5米左右。因此该墓壁画保存环境极差，地下水常年浸泡或冲刷，发掘时壁画已全部淹没于浑浊的泥水中。另外，襄樊地区湿热、多雨的天气，也对日渐显露的壁画构成了潜在的危害。

壁画能否成功的揭取从目前成功的经验来看，保持壁面干燥是至为关键的第一步。结合考古发掘现场实际和墓葬所处的地势，因地制宜，我们制定了快捷排水和壁面干燥措施和方案。首先将墓的四周向外扩挖3米并下挖低于墓底0.80米，使砖墓孤立悬空起来，同时把砖墓底座下的松软泥沙土台四周用钢模板围牢打桩夹实，防止墓底台座因水冲击浸泡或者砖墓过重造成塌陷。其次，在距墓葬5米外挖一条阴井蓄水池，把墓周围的积水引至蓄水池用抽水机不断的将水抽干。为防止多雨季节下雨涨水，我们用钢管和雨布搭起临时工棚，四周挖出排水系统。最后，用两台旋转式红外线烘干灯对墓内壁进行烘烤，墓外壁借用日光照射和风吹方式自然干燥。墓顶铺盖上夹板，防止日光暴晒壁画，使壁画干燥过快产生龟裂和剥离。

在认真做好上述工作的同时，我们开始着手利用小型喷雾器、细软羊毛排笔和洁净水，自上而下将壁画表面淤泥浆和附着物清洗剔除干净，使画面清晰可见，它直接关系到下一步加固剂能否很好的渗透进画面和棉布能否与画面紧密结合。

待墓葬周边积水下降排干，墓内壁画面阴干后，我们对墓内壁画现场和现状进行认真仔细的勘察，对壁画的类型及其附着形式进行全面细致地了解，针对不同情况再制定壁画揭取方案和选用合适的揭取保护材料，并且制定了切实可行的补救措施，确保壁画揭取工作万无一失。

通过观察和分析，该墓上部分用 $37 \times 12 - 5 \text{ cm}$ 长方形砖顺砌而成；东西壁下部分采用三顺一丁砌法，南北壁门部位则是用单砖面朝外竖立排放。壁画的制作方法是用砖砌好墓室后，没做地仗处理，直接在砖壁上涂抹一层薄白石灰膏，而后在壁面上以朱、黄、黑矿物颜料施彩绘画。画面厚薄不匀且强弱不均，最薄0.3毫米，最厚0.5毫米，有的附着力较强和砖粘接为一体，较难剥离，有的已经部分脱落和空鼓裂隙，有的壁画表面龟裂起甲。为了保护好画面，促使空鼓和脱离的壁面连接力增强，我们对壁画裂隙处进行了第一次渗透加固处理，先配置3%的B-72丙酮溶液，用软羊毛排刷把壁画均匀地涂刷一遍，待其完全干燥后，再配置5%B-72丙酮溶液把壁画面均匀地再涂刷渗透加固一遍，以提高画面的整体强度。对于画面上空鼓、起甲和有裂纹的地方，用稀释了的聚醋酸乙烯乳液装入注射器内小心地注入粘接加固。

三、壁画实地揭取工作

经过采取清理、排水、干燥及壁画加固等基本措施后，墓葬周边环境、壁画本体条件都为我们随之的揭取工作提供了保证。

揭取前，我们及时对要揭取的部位拍照、录像、登记、描绘、编号等，旨在获取完整的第一手资料，最大限度地保留画面的历史信息，为日后壁画修复提供标准的原始样本和档案资料。南宋壁画墓总体分为上下两部分，共九组画面，根据每组画面大小尺寸裁好正面和背面的夹板，夹板后钉上井字形略长于夹板的木条边框，增加强度也便于捆扎。制作好的夹板按顺序进行编号记录，夹板内面粘上海绵、宣纸，以防揭取时滑脱和震动。

为保证揭取、搬运和便于后期壁画背面修复，保证壁画面有韧性和强度，不脱落，我们制订了临时壁面保护措施。即墓砖和壁画面完全干燥后，选用传统的方法，配制40%的水和桃胶，隔水加温熬化后过滤，为防止日久产生霉菌，在胶液内放入5%的防霉剂。将壁画面均匀地涂刷一遍，量好画面尺寸，留出四周包边，裁好白棉布，也用桃胶水溶液将棉布涂刷一遍。粘贴在壁画面上，要刷均贴平铺实。全部贴完后，墓内用两盏旋转式红外线烘烤灯和电吹风将胶液烤干。

该墓壁画下部分整体面积较大，画面地子较薄，墓壁砖面不平，考虑到分块揭取难度较大，于是采取整体揭取方式。根据实际观察分析和局部试验，针对不同情况，我们制定了三套揭取方案，即直接剥离揭取、背面切割揭取和局部整体揭取。

上层壁画背后墓砖全部是平铺砌成，画面较厚且面积较小，我们就采用直接剥离揭取方法。将预先制好的海绵夹板靠放在壁面上固定，用薄铲刀紧贴砖面下铲，同时采取震动、风吹、撬压等办法一块一块砖的仔细揭取，每个画面砖揭完后，背面就用夹板贴好，放平后将前后夹板的木条捆扎牢，搬入文物库房平放。

下层墓砖是采取三顺一丁砌法，壁画面积较大，砖缝深，横竖不一，壁面粉酥且和砖面结合较紧，小刀一铲就可能导致酥裂。根据这种状况，我们就采取背面整体切割方法。先将壁面用夹板竖放落实并用撑杆支好，再在墓的外围用改装的专用平面金钢砂气动切割工具，划留出一厘米厚度的直线，顺砖面一块块、一层层的切割，在操作过程中尽量注意保持垂直，减少晃动。每层切割完后用502胶把砖缝粘一下，再用快干云石胶刮一层，并用夹板临时夹着，使之连为一体，以防止倒塌。全部切割完后，还是用夹板前后夹紧捆牢，运入文物库房立放保存。

墓室下层南北门是用单砖竖砌而成，壁面加砖厚度只有6厘米，直接剥离非常困难，甚至造成整个画面破损，考虑壁画只有0.50×0.80 ㎝，面积不太大，重量也较适宜，我们就选用第三套方案——整体搬迁。先将壁面用夹板靠实顶稳，再把墓外的包砖拆去，伸出来的砖切割掉，使背面成为平面，再用夹板前后夹紧捆牢运入文物库房保存。

四、壁画修复保护

壁画揭取运入文物库房后，接着下一道工序就是修复保护。1、整体剥离部分，先将壁画背后泥灰清理干净，打磨掉突出部分，再用聚醋酸乙烯乳液调碳酸钙粉做腻子把背面刮两遍，增加一定厚度进行加固和补残处理。2、整体切割背后有薄砖部分，先将砖灰和泥浆清理干净，用百分之十五的B-72丙酮溶液对砖进行渗透加固处理，以增强附着力。然后，刮两层干挂胶，使砖相互成为一体。3、整体搬迁部分，砖的四周用角钢做成框架并涂云石胶卡紧粘牢，并钻孔穿销。然后，调环氧树脂和剪裁玻璃纤维布粘贴两层，把砖和角钢粘接成为玻璃钢整体。之后，将整体剥离和整体切割部分背后用不锈钢方管焊成框架，用云石胶和玻璃胶粘接在背后，以增加壁画的强度，达到防震、防裂的目的，防止日久变形和搬运使用时遭到破坏。壁画背后处理好后，将画面正面朝上平放，把温水浇湿透的浴巾敷贴在画面上，并根据情况不时地浇水把桃胶泡软化开，然后用温水边淋边仔细清洗，直至壁面无胶，画面清晰为止。壁画干燥后，在参考壁画原始档案记录资料的基础上，对脱落空缺和裂缝地方用聚醋酸乙烯乳液调碳酸钙粉做腻子补缺完整。对壁画画面缺失的部分用同样颜料进行补色并做旧处理。最后将壁画面全部用南京博物院生产的彩绘封护剂喷涂两边，保证画面隔潮不剥离。修复完成后的壁画四周镶框，便于存放、收藏、研究和陈列布展。至此，整个揭取和修复工作过程结束。

五、结语

宋金时期，襄樊地处南宋与金的疆域交界带，边境贸易和文化交流频繁，襄樊壁画墓就是这种南北文化交流的反映。与北方辽金时期墓葬中的壁画相比，该墓葬壁画保存环境更为恶劣，水中长年浸泡，画面白灰地子薄且表面凸凹不平，壁画酥碱、空鼓、起甲、褪色、裂纹等现象和问题都一一出现，遵循文物保护原则和壁画揭取基本程序，理论与实践紧密结合，我们顺利地完成这项具有挑战性的工作。本文只是对此次工作作了总结，对南方潮湿环境下且常年水中浸泡的壁画揭取、修复和保护做了些试探性的摸索，经验还不成熟，存在很多地问题有待解决。希望各位专家多提出指导意见。

大同北魏墓石椁彩画保护

周雪松（大同市博物馆　主任）

内容提要： 大同南郊智家堡村一带，是大同地区北魏墓葬较为集中的重要区域之一。石椁彩画墓的出现，在大同地区尚属首次对该墓石椁内壁彩画的保护，开创了大同地区对无粘土地仗彩画保护的先例，为以后无粘土地仗彩画的保护奠定了一定基础。文中就石椁彩画保护方法的实施、保护材料的选择及材料性能的分析等工作，本文作者结合自身于上世纪八十年代中后期对大同地区几座辽金墓葬壁画揭取和后期修复的经验进行了叙述和总结。

关键词： 智家堡　北魏　石椁　彩画　保护

1997 年 6 月，大同南郊智家堡村民在村北沙场用推土机剥离地面表土时，铲出一座北魏时期的墓葬。大同市考古研究所派人对墓葬进行了全面清理。墓中出土了一具完整的房屋式石椁，石椁的内侧绘有精美彩画。同年 7 月，大同市考古研究所将石椁拆解后，拉运至市博物馆暂存。1999 年 9 月，受大同市考古研究所委托，笔者承担了对石椁彩画的保护及其它相关工作。

智家堡村北魏墓石椁出土时的情况笔者不太清楚。但经过对石椁的仔细观察后确认，该石椁平面为长方形，长约 2.11 米，宽约 1.13 米（图 1），单檐人字坡悬山顶（图 2）。四周墙体由 10

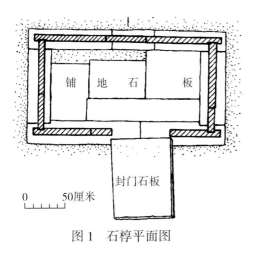

0　　50厘米

图 1　石椁平面图

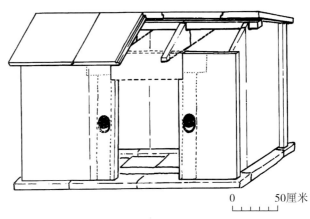

0　　50厘米

图 2　石椁结构示意图

余块厚约 0.09 米左右的大型砂岩料石石板拼合而成。石椁出土后，由于存放环境不太理想，画面朝下直接摆放在露天的土地上有两年多，期间多次遭雨水冲刷。虽然画面朝下，没有受到雨水直接损毁，但是地上的泥土却附着在画面上，致使每块石板的画面都粘有厚厚的泥土，泥土的局部厚度约 13cm。尤其是直接粘附在画面上的一层为胶性泥土，厚度不均，约在 3—5cm 之间。且这层泥土中含沙量很高，应该是在出土现场留下的。因泥土覆盖，石板上几乎看不到任何绘画的迹象，只是在一块用于封堵墓门的石板上，隐隐约约看到两条墨色线条的痕迹，但看不出具体图案。因此，将覆盖在画面上的泥土全部清除掉，让彩画内容露出"庐山真面目"，是本次彩画保护工作的首要任务。

下面就这次彩画保护工作的全部过程及方式方法总结如下。

一、清除石椁表面附着的泥土

石椁表面粘附的厚厚泥土层，不是一次性粘附上去的，而是经多次粘附而聚积在一起的，结构较为复杂。从泥土的截面看，有胶质泥、黄土泥、垃圾泥及工业废料等（这一区域原为城市垃圾场）。特别是紧贴画面的胶性泥土，干结后与画面粘结得非常牢固，清除起来十分困难。如何在不影响彩画颜料层的情况下顺利清除这些干结的泥土，已成为这次彩画保护工作的关键。经反复实验和比较，最后决定采用湿润法进行清除。

湿润法，就是用水将干结泥土喷湿，将泥土湿润软化后，再将其清除。

具体操作方法：在喷水之前，尽可能地将干结的泥土取薄，这样做是为了在喷水后让水在泥土上有更好的渗透力，以便于更加容易地去除粘附在画面上的泥土。需要说明的是，喷水时对水量要掌握好。不可一次喷得太多，要循序渐进地进行。如每一次喷水太多，会使干结泥土形成泥浆，泥浆渗透到画面上很难清洗，会严重影响彩画整体的美观性和内容的完整性。

经过逐次喷水，逐层、逐块地用竹木类自制工具剥离清理泥土之后，画面上大面积的泥土就会被全部清除。在实际操作时，一定要掌握好喷水量，在接近画面的时候，既不能让水渗透到画面上，又必须把水渗透进干结的泥土里，否则，无法保证彩画画面保护处理后的效果。

二、清洁彩绘画面

1. 清除结晶物

泥土清除后，我们发现，石椁两面侧墙的画面上均匀地覆盖着一层非常坚硬的结晶物。意外情况的出现，给清理画面的工作带来了更加意想不到的困难。这是因为结晶物除几乎覆盖了整个画面外，还以颗粒状态聚集在画面上，且非常坚硬，用自制的竹木类工具根本无法清除。而结晶物的下面就是彩画，如使用化学溶剂，有可能对彩画造成一定程度的破坏。在此情况下，经笔者反复试验，最后决定采取"震取法"将结晶物清除掉。

　　所谓"震取法"，就是将油灰铲的刃部抵在结晶物上，用小锤轻轻敲打油灰铲的手柄，使结晶物受到震动而松动后掉下。清除结晶物时，手上力度的大小是决定清除效果的重要因素：手上的力度太大很容易伤及到彩绘画面，力量太小又很难清除掉结晶物。采用此种方法虽工作进度有些缓慢，但清除后的效果较为理想。

2. 清除残留在画面上的泥土

　　该石椁所用的石料，做工很粗。古人当时在制作石椁时，只是将石料取平，没有对其进行进一步的细加工，石板表面遍布凿痕。因此，当大面积干结的泥土清除后，石板上凿痕及低凹处仍然存留很多泥土，致使彩画内容不太完整。因此，需要对其进行更加精细的第二次清洁。

　　为有效预防清洁画面时对彩画造成的损坏，第二次清洁工具以更加细小的竹、木材料制作的工具为主。先用竹木工具将残留泥土轻轻挑起，再用非常柔软的羊毛刷把泥土刷掉，或用吹球将泥土吹掉。这项工作的技术含量不高，但考验操作者的耐心和细心。因这项工作直接在彩绘画面上，操作时要特别小心谨慎，以防伤及彩画。

　　经过以上两次全面仔细的清理之后，原来覆盖在画面上的泥土全部被清除掉，精美的彩画内容完全显现出来。令人惊讶的是：彩画内容丰富多彩，人物造型生动逼真，绘画颜色艳丽多彩。画面中人物众多，线条流畅，实为不可多得的北魏彩画精品之作。彩画的主要色彩以黑、红、白为主，根据画面内容的需要，辅以粉红色等为配色（图3～图7）。彩画中共出现了21个人物和4个羽人的形象。除人物外，还有墓主人夫妇坐的床榻以及牛车、植物花卉、忍冬纹和北魏时期的多种生活用具等内容。

图3　石椁门西侧牛车图　　　　　　　　图4　封门石板

图5　石椁北墙画面全貌　　　　　　　　　　图6　石椁北墙墓主人夫妇（局部）

图7　石椁顶部花卉

图 8　石椁南壁西侧牛车出行图

图 9　石椁南壁门环

图 10　石椁平面图

图 11　石椁西壁

三、封护画面

彩画表面清洁干净之后，画面内容全部显露出来。因当初彩画绘制完成后，没有对彩画的表面做任何处理，导致画面上的颜料一蹭就掉，脱色现象极为严重。为有效地保护彩画的颜料层，防止其继续脱色，需要及时对其表面的颜料层进行保护加固。

1. 材料的选择

对彩画进行保护的目的就是让彩画尽可能延长存在的时间。因此，在选择保护材料时，首先要考虑的是保护材料性能的稳定性，要求所选的材料既能够最大限度地减少相关信息的流失，又最大限度地揭示和保存历史信息的完整性。所选择的材料与彩画颜料不能发生任何化学反应。经反复对比和试用，最后选择了聚乙烯醇缩丁醛和乙醇溶液来做彩画表面颜料层的保护加固剂。聚乙烯醇缩丁醛是一种白色粉末状的化学材料，溶于乙醇，不溶于水，待到其在乙醇中完全融解后，将其均匀地喷涂在彩画表面，随着乙醇的渗透和挥发，彩画的颜料层就被很好地保护起来了。

2. 封护过程及效果

加固剂浓度的大小，是直接决定加固后彩画的整体效果的关键。浓度过大时，加固后画面会出现亮光，使彩画失去了真实感，浓度过小，又会影响加固效果。经过几次试验，笔者决定用低浓度多次数的喷涂方法进行画面封护效果较为理想。

此次对画面封护共进行了三次，浓度由小到大。第一次的浓度较小，为0.3%，因为浓度越小其渗透力就会越强。选择这个比例的浓度，主要是让封护剂从石板表面向下有个良好的渗透过程。第二次封护剂的浓度略大，为0.8%，这个比例的浓度是对一次封护剂起到一个加强的作用。第三次的浓度为1.5%，这是为巩固前两次封护的效果，固定彩画表面的颜料。

封护之后的彩画颜料层，已被牢牢地固定在石板上，不仅不怕用手擦拭，就是直接用清水冲洗画面也不会再出现掉颜色的现象。封护加固后的效果较为理想，达到了预期目的。

四、结语

大同智家堡一带，是大同地区北魏墓葬较为集中的重要区域之一。大同智家堡北魏石椁彩画墓，是大同地区目前已发现的二百余座北魏墓中首座带有石椁的墓葬。其彩画亦是同时期墓葬绘画中极为罕见的。彩画中出现的21个人物中，有16个人身着的是鲜卑服装，这对我们今天研究北魏历史、鲜卑人的服饰和生活习俗以及北魏时期大同地区的民族融合有着极其重要的参考价值。所以，在接受此次任务后，本人深感责任重大。为保证保护工作的顺利进行，笔者带领所有参加保护工作的人员共同制定了一份科学合理的保护工作方案。方案的内容包括：工作中可能遇到问题及应对方法、使用的工具、封护材料和溶剂的选择，以及所用材料的性能分析、工作步骤和进度等。在选择封护材料时，考虑到对彩画进行保护的目的，就是最大限度地减少相关信息的流失，又最大限度的揭示和保存完整的历史信息。因此，当时首选的材料是性能更为稳定的 Paraloid B-72。遗憾的是当地无法购买到此材料。一方面考古人员等着整理该墓的发掘报告，另一方面彩画已经完全暴露在自然光照下，晚一天对其进行保护，就会给彩画的色彩造成多一份的损失，搞好封护工作已经是刻不容缓了。所以笔者决定，使用现有的聚乙烯醇缩丁醛作为保护材料。

聚乙烯醇缩丁醛是一种白色粉末，具有耐热、耐光和透明等特点。用此材料做彩画的表面封护剂，不会改变彩画本身的颜色。而其只溶于乙醇不溶于水的特性，对于我们今后对彩画的日常保护是极为有利的。因为封护材料不会因受潮而失去封护的作用。

乙醇，不仅易于挥发，还有较强的渗透力，作为聚乙烯醇缩丁醛的溶剂，在使用时，它的挥发性和渗透性两种功能可以同时进行，使封护剂在彩画表面停留的时间极其短暂，所以在使用中不会出现封护剂在画面上流淌的现象，更不会因加固剂的流淌使颜料相互晕染而影响彩画画面的美观。在此之前，笔者曾于 1988 年、1992 年在大同地区揭取过几座辽金时期的墓葬壁画，用于保护画面的封护剂就是聚乙烯醇缩丁醛，至今未出现不良情况，颜料层封护的效果较为理想。因此，笔者认为聚乙烯醇缩丁醛同样是一种较为理想的彩画和壁画颜料层封护材料。

笔者认为，从彩画的绘制方式和彩画所依附的支撑体来看，这座石椁彩画应属于墓葬壁画，它与传统壁画的区别在于没有粘土地仗，是直接将颜料画在石料表面上的。对这种石椁彩画的保护，在大同地区尚属首次。可以说，通过这次对北魏墓石椁彩画的保护，开创了大同地区对无粘土地仗壁画保护的先例，为以后对类似彩画保护打下了较为坚实的基础。

显然这次彩画保护工作顺利地完成了，保护的效果也较为理想。但是，因种种原因，当时没有对彩画表面的结晶物进行分析，也不知道它的成分是什么。对此，笔者深感遗憾。

在对该墓彩画进行保护的同时，我们也对其进行了照相和临摹等相关的前期工作。这些工作的进行，都是为今后对石椁彩画的长期保护积累经验留取了原始资料。

这是笔者第一次对石椁彩画进行保护，难免有不足之处，请各位老师与同仁多提宝贵意见。

有关该墓的详细情况，请查阅《文物》2001 年第 7 期的《大同智家堡石椁壁画墓》一文。

库木吐喇千佛洞第56窟的病害及抢救性保护修复

史泪力　葛　洪　许　玲（咸阳文保中心）

内容提要： 由于历史上人为和自然灾害的破坏，特别是德、日、俄、英等国"探险者"的几次大规模疯狂劫掠，洞窟伤痕累累，壁画残损严重，国家文物局决定从 2010年起用五年时间开展对库木吐喇石窟的修复保护工作，中国文化遗产研究院具体承担这个项目，修复保护任务十分繁重。2011年 8月至 9月，咸阳市文保中心参与了新疆境内第二大石窟——库木吐喇石窟寺壁画修复工作。技术人员借鉴唐墓葬壁画修复经验，攻克了多项技术难点，最终完成石窟壁画的抢救性保护。本文以第 56窟为例，对库木吐喇千佛洞的主要病害及造成病害的主要原因及抢救性保护修复过程予以记述，对今后的石窟寺的保护修复有一定的借鉴意义。

关键词： 库木吐喇千佛洞　第56窟　病害及原因　保护修复

　　库木吐喇是维吾尔语的译音，意思是"沙漠中的烽火台"。库木吐喇石窟位于新疆库车县城西25公里的渭干河畔，千佛洞始建于公元5世纪，废弃于11世纪。窟群分南北两区，依山傍水，南北长约5公里，东西宽约1.5公里，现存编号洞窟112个，是新疆境内仅次于克孜尔石窟的第

图1　库木吐啦外景

二大石窟群。库木吐喇千佛洞体现了多种文化的相互交融，壁画风格集龟兹、汉、回鹘于一体，是佛教石窟艺术中难得的珍品，1961年被列为全国重点文物保护单位。因石窟长期临河，经常受到渗水、地震、洪水等影响，石窟和壁画都受到不同程度的毁坏。再加上人为因素的破坏，库木吐喇千佛洞的保存现状令人担忧。近年来，在联合国教科文组织的援助下，陆续完成了对库木吐喇千佛洞的总体保护规划、档案记录工作及部分洞窟的加固等工作。国家文物局决定从2010年起用五年时间开展对库木吐喇石窟的抢救性修复保护工作，第56窟就是我们参与修复的洞窟之一。

1. 库木吐喇千佛洞的环境及病害调查

库木吐喇千佛洞地处暖温带，热量丰富，气候干燥，降水稀少，夏季炎热，冬季干冷，年温差和日温差都很大，属暖温带大陆性干旱气候。年均降水65毫米。夏季大风最多，占全年大风日的52%；春季次之，占37%；4～8月大风集中出现，占全年大风日数的85%。夏季多雨，气温偏高，冰川积雪融水增加，往往发生洪灾。加上人为因素的破坏，我们发现第56窟壁画表面大面积呈现严重烟熏、起翘、裂缝、盐析、虫害、人为破坏等情况十分罕见。整个洞窟的崖壁渗水、石窟崖体裂隙、潮湿、酥碱，原来用水泥修复的墙面因时间长久及渗水等原因，大部分和岩体发生脱离，窟前泥砂淤积，情况十分危急。

2. 病害原因

经过细致的调查、缜密的分析，我们基本搞清了造成第56窟严重病害的几种原因。

2.1 温度剧烈变化的影响

库木吐喇千佛洞的年平均气温11.4℃，7月最高，平均25.8℃，1月最冷，平均 –8.0℃。年极

图2　壁画与岩体分离

端最高气温41.5℃，极端最低气温−27.4℃，日温差也很大。由于石窟的岩体和壁画部分的材质不同，它们热胀冷缩的系数不同，在这样的温度剧变中，导致壁画和岩体间产生不同程度的分离现象。

2.2 水的影响

库木吐喇千佛洞的水害主要来自两个方面。一是地下水，库木吐喇千佛洞临渭干河而建，再加上其山岩由砾石和砂土沉积而成，结构松散，有很强的吸水性。通过毛细作用，渭干河的水进入洞窟，使洞窟内含水量较高。特别是进入冬季，水结冰对石窟的影响就更大，众所周知，水变成冰时，体积膨胀8%，产生的膨胀力约为6000Kg/cm²，对岩体产生很大的破坏力。二是雨水，夏季多雨，气温偏高，冰川积雪融水增加，往往汇流成洪灾，冲走石窟顶部的大量砂石，导致石窟渗水、裂缝等病害。

图 3　裂缝

图 4　裂缝

2.3 风的破坏作用

图 5　风引起的酥粉

图 6　风引起的起翘

大风日多出现在春季、夏季，有时 8 级以上大风持续二三十小时，大风又往往形成沙尘暴，造成岩壁裂隙的切割与局部破坏、窟壁表层的风化，带走壁画表面的大量水分，致使壁画表面出现酥粉、起翘等病害。

2.4 可溶盐的影响

库木吐喇千佛洞的表面风化问题都与可溶性盐的活动有关，由于水中的盐分经过不断溶解收缩—结晶膨胀—再溶解收缩—再结晶膨胀的循环破坏，逐渐出现岩体粉化、脱落等病害。

图 7　可溶性盐引起的酥粉

图 8　盐析

2.5 虫害

库木吐喇千佛洞的洞窟内外蚂蚁成群结队，洞窟的许多地方都被蚂蚁破坏成无数的孔洞，严重威胁着洞窟的坚固性，窟内有许多毒蜘蛛，各种昆虫的遗骸随处可见。这些生物的活动、分泌物和遗骸都对石窟产生一定的破坏作用。

2.6 人为破坏作用

因为战乱，许多逃难的人以石窟寺为家，致使烟熏特别严重，还有人为刻画随处可见。1965

年在石窟附近修建渭干河引水枢纽和电站工程。1970 年 10 月竣工蓄水后，32 个洞窟被冲毁。为了保护洞窟，国家 3 次拨款，1978 年修成沉籍围堤，但至今窟内漏水，窟外河道泥沙淤积，河水漫涨，仍对石窟构成威胁。

图 9　人为刻画

3. 抢救性保护修复

3.1 修复壁画表面起翘部分

用 2% 的 AC33 溶液喷成雾状多次，然后用木质工具轻压几下，让卷曲的壁画达到回贴的目的，用 2% 的 AC33 第二次加固回贴部分，再用 2% 的 AC33 以雾状形式喷洒回贴过的壁画，用木抹子多压几次达到酥粉回贴的最佳效果。

3.2 修复壁画裂缝部分

对壁画已经和岩体分离的部分，我们发现其上面大小裂缝纵横交错，在重力的作用下，随时都有断裂的可能。为下一步安全将其回贴到岩体处，我们借鉴修复唐墓壁画的经验，用 2% 的 AC33 以雾状形式喷洒壁画地杖层数次，然后将棉纱布剪成小块，用稀释后的白乳胶浸湿，用手轻轻将处理后的棉纱布尽可能密集地粘贴在地杖层处，然后使其自然干燥。经过这一步的处理，需要回贴的壁画部分就成了一个整体。

3.3 回贴和岩体脱离的壁画部分

第一步，根据要回贴的壁画部位的大小，做成大小匹配的木板，在其正面钉上毛毯，其背面钉三道横向木条。第二步，将脱盐后的泥加适量沙子，比例为 7∶3，再加适量麦草和白乳胶和成硬度适合的泥浆。第三步，用 2% 的 AC33 以雾状形式对壁画的地杖层和表面进行均匀喷洒数次，用 2% 的 AC33 再次以柱状形式均匀喷洒墙体部分。第四步，用和好的麦草泥涂抹墙体部分，将

小块木板从墙缝处伸入，使其尽可能靠近壁画地杖层，两个人用手托住壁画底部，在包有毛毯的木板正面均匀的铺满几层宣纸，然后用四个螺杆在木板背面慢慢的均匀给力，在这个过程中，将小木板适时的抽出，继续均匀的给力，这样外卷的壁画终于回归原位。为了更加稳固，在木板的背面又均匀的加四个楔子。

图 10　回贴壁画

3.4 修复壁画空鼓部分

图 11　灌浆

图 12　灌浆

　　对洞窟内有空鼓现象的壁画，我们根据其空鼓的程度及大小，采用不同的材料进行灌浆，再用回贴的办法使壁画和岩体密切结合。对空鼓不太严重的，我们用适量的 2% 的 AC33 进行灌浆。对空鼓比较严重的，我们用多次脱盐的泥浆水加白乳胶，白乳胶与泥浆水的比例为 22% 进行灌浆。

3.5 清除壁画表面人为画痕

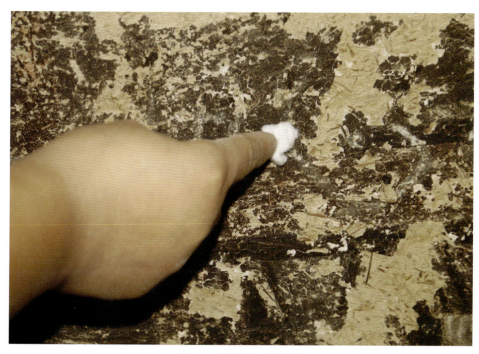

图 13　清除人为刻画

用棉签沾 95% 的酒精轻轻去除壁画上面的白色粉笔划痕。棉签只能采用轻轻滚动的方式，千万不能硬擦，而且棉签要勤换，以免二次污染。

3.6 修复墙体裂缝和缺失部分

图 14　喷 PS 溶液

图 15　填塞

我们把洞窟前面河道内的土经过四、五次脱盐处理，再加适量的麦草，和成软硬合适的麦草泥来修补墙体部分的裂缝和缺失。因这种土有很强的粘性，所以不用再加任何胶之类的材料。先用PS喷洒洞窟中的裂缝部位数次，再用麦草泥先填塞裂缝内部。对裂缝较深的部位，利用砖的坚固和吸水性，先用小砖块予以填塞，然后再用草皮泥覆盖其上，加以修饰。裂缝和周围必须有明显的区别。缺失部分的做法同上。

3.7 对墙体的酥粉和水泥部分进行处理

用钢刷将墙体表面酥粉的部分进行彻底清除，再用PS多次喷涂，达到加固的效果。对以前用水泥加固过的墙体，如果水泥和墙体结合仍然紧密，我们就让其继续发挥作用。对已经和墙体间有裂缝的水泥，我们将其铲除，然后在墙体表面用一层薄薄的麦草泥涂抹，以此来减轻墙体的重量。

3.8 着色

为了整个洞窟的协调一致，我们对有些地方进行了着色处理。用国画颜料中的黑色、三绿、花青、赭石调色，后用羊毛笔蘸取调好后的颜色修饰 修复后的壁画周围；用多次脱盐后的泥浆水反复涂刷修复过的墙体部分及未铲除的水泥部分，达到和谐统一的效果。

图 16　涂刷墙体

3.9 烟熏和生物病害

因这次我们承担的是抢救性修复任务，所以以加固为主，对烟熏和生物病害部分，我们做了实验块，在以后的保护修复中我们会根据实验的结果进行科学有效的应用。

4. 结论

库木吐喇石窟，是一座瑰丽的艺术宝库，是古代龟兹人们智慧的结晶。它为研究新疆的经济、

文字、建筑、舞蹈、工艺美术等提供了弥足珍贵的形象材料，具有十分重要的研究价值。保护库木吐喇千佛洞的意义重大且任重道远。

参考资料：

［1］裴孝曾，张小森。库车县志。新疆大学出版社，1993。

［2］罗黎，张群喜，徐建国。唐墓壁画加固的方法研究。陕西历史博物馆馆刊（第一辑），1994,（6）。

［3］张群喜。唐墓壁画的保护研究。唐墓壁画国际学术研讨会论文集。西安，三秦出版社，2006。

吉林省博物院藏库伦一号辽墓壁画材质与病害相关性分析

刘文兵（吉林省博物院　主任）

胡　钢（北京大学考古文博学院　副教授）

内容提要： 对吉林省博物院库伦一号辽墓壁画曾进行保护处理的 31块壁画的病害情况进行了调查分析，使用扫描电子显微镜 SEM、X射线衍射仪 XRD、X荧光光谱 XRF等多种分析测试方法对壁画的材质结构进行了分析表征，从壁画材料的形态结构、组成结构、化学元素等角度探讨了壁画材质结构与壁画主要病害现象之间的相关性，为壁画的科学保护修复提供参考。

关键词： 壁画材质病害相关性

1. 引言

现珍藏于吉林省博物院的库伦一号辽墓壁画是辽墓壁画中最大、绘制技巧最好的壁画。壁画以写实的艺术特点，反映了辽代的生活习俗和哲学、宗教思想，壁画制作工艺是是当时壁画工艺的体现，还反映出当时艺术家的审美取向和艺术修养，具有很高的文物价值。库伦一号辽墓壁画加上库伦二、三、四号墓壁画，总面积达 300 余平方米，由于墓葬历史上多次被盗掘，加之墓室摇摇欲坠，因此上世纪七十年代进行了抢救性的锯截揭取，共 62 块，并运回到吉林省博物院保存。其中有 35 块壁画在上世纪八十年代进行了传统的木龙骨环氧树脂玻璃钢作支撑处理和表面封护处理。但是由于时间久远，保存条件有限，壁画出现了多种病害现象，为使这批壁画得以良好保存准备开展保护修复工作。为此，选取其中具有代表性的 31 块以保护处理的壁画进行了系统的病害调研和材质分析，发现壁画病害现象与材质之间有许多必然的关系，对认识壁画的病害现象，制定合理的保护修复方案具有重要的作用。本文对壁画材质与主要病害之间的相关性进行了分析探讨。

2. 病害调研与实验分析

2.1 病害调研

依据《中华人民共和国文物保护行业标准——古代壁画病害与图示》（WW/T 0001-2007）和《中

华人民共和国文物保护行业标准——古代壁画现状调查规范》（WW/T 0006-2007）。对经过保护修复处理的 31 块壁画进行病害调研，整理归纳各块壁画的病害类型与病害程度。

2.2 取样

基于尽可能减小对壁画造成伤害的取样原则，各块壁画是从整幅壁画切割而成。根据不同块壁画取样难易程度，以 4797 号一块壁画为代表性样本进行取样分析，该块容易获得粉末样品和小的断面样块，且该块壁画颜料易于分辨。

2.3 分析检测

显微分析：体式显微观察使用带图像处理系统的上海光学仪器厂 SX-6 高清晰度的体式显微镜观察；扫描电子显微镜（SEM）使用 FEI 公司的 Quanta 200FEG 场发射环境扫描电子显微镜进行微观形貌观察。检测条件为：低真空模式 15 kV 下，分辨率 3.5nm。

组成分析：X 射线衍射（XRD）检测采用日本岛津 XRD-6000 型 X 射线衍射仪（Cu，K α 射线，λ =0.1542nm，仪器误差 ±0.04°，管电压 40kV，管电流 30mA。XRD 检测结果使用 Jade5.0 软件解谱，并参考对应的 pdf 卡确定组分。

成分分析：X 射线荧光光谱（XRF）检测使用 Niton XL3t 600 型便携式 X 射线荧光光谱仪，采用 Au 靶高性能微型 X 射线做激发源，探测器使用高性能 Si-PIN，热电（Pelier）制冷。

3. 结果与讨论

3.1 壁画病害分析

依据古代壁画病害调查的相关标准，通过现场调查分析，库伦一号辽墓壁画的病害类型主要包括：起甲、裂隙、酥碱、颜料层脱落、点状脱落、划痕、粉化、覆盖、龟裂、褪色、地仗脱落、泥渍等 12 类病害现象。经过对各壁画具体的病害情况分析，库伦一号辽墓壁画病害数据统计结果如表 1 中所示。从表 1 可见，库伦一号辽墓壁画病害中，颜料层脱落、裂隙、起甲、酥碱和覆盖是较普遍的病害现象。其中覆盖可能受壁画切割搬运及后期保存方式影响较大，前 4 种病害显现与壁画自身材质因素、环境因素关系密切。

表 1 库伦一号辽墓壁画病害情况统计表

病害名称	出现块数	所占比例 / %	病害名称	出现块数	所占比例
颜料层脱落	31	100	褪色	5	16.1
裂隙	29	93.6	划痕	5	16.1
起甲	17	54.8	龟裂	4	12.9
酥碱	17	54.8	泥渍	2	6.45
覆盖	15	48.4	粉化	2	6.45
点状脱落	5	16.1	地仗脱落	1	3.23

其中，颜料层脱落现象最严重，每块壁画均有该病害现象。其次是裂隙病害，约有 93.6% 的出现了此类病害，而起甲和酥碱的病害现象超过了一半的壁画上出现。地仗层脱落病害仅在一块壁画上发现该病害，说明这批壁画的地仗层的结构材料尚有一定的强度。

壁画病害的影响因素较多，既与壁画材质有关，也与壁画保存环境相关，还与人为行为有关。以下研究主要针对库伦一号壁画材质与病害之间的关系进行了分析探讨。

3.2 地仗层与白灰层分析

壁画结构材料分析是认知壁画的基础，图 1 为 4797 号壁画样品的截面结构，清晰反映出库伦一号辽墓壁画壁画结构为传统的三层材料构成。如图 1（a）中左侧呈灰绿色的地仗层，中间是白色的白灰层，右侧是较薄的颜料层。图 1（b）中地仗层中的泥土颗粒清洗可见，地仗中用于加强地仗强度为麦秆材料，图 1（c）分别是从地仗层中暴露出来的麦秆碎块。而图 1（d）中可以看到，有少量的地仗加强筋材料也伸入到白灰层中，从而可以进一步改善壁画支撑体材料的强度，这与壁画地仗层病害现象很少有关。

图 1　壁画结构材料显微照片

　　从形态结构而言，地仗层泥土颗粒较为松散，白灰层较紧密。图2中地仗层材料的SEM图中进一步证明地仗层颗粒松散，颗粒大小不均，且存在较多的孔隙。从组成结构而言，地仗层与白灰层的主要组成相同。图3（a）是地仗层的XRD检测结果，地仗土的矿物组成包括等石英、方解石、纳长石、云母、透辉石等。白灰层的XRD组成分析图3（b）中的检测结果，其矿物组成有钠长石、云母、和方解石，其中方解石含量最高。

　　可见，从地仗层和白灰层的组成而言，二者包含许多相同的矿物组成，依据材料共混性原理，说明地仗层和白灰层材质共混性较好。图1中还发现有加强的麦秆材料贯穿在两层之间，二者结合也比较紧密，因此这批壁画与地仗层和白灰层相关的病害现象出现较少。

　　但是，地仗层的颗粒松散，有较多孔隙，可能成为可溶性盐随水分蒸发的通道，导致壁画

图2　地仗土样品的SEM形貌

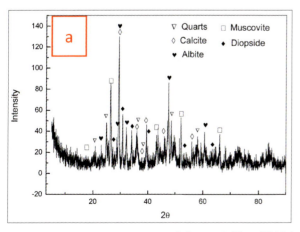
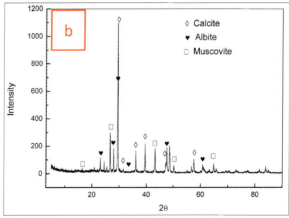

图3　地仗土样品与白灰层的XRD谱图

的酥碱病害和层间应力的存在。为此，利用扫描电镜对壁画截面不同层次的形貌和元素组成进行了分析比对。图4是4797号壁画截面不同层次形貌的SEM照片，从照片上可以看到，内存材料结构酥松，外层相对紧密，且有胶状物覆盖。不同层次的材料的元素组成分析如表2中所示，表2该结果表明，壁画内层的成分主要包括钙、碳、氧等主要元素，硅含量较少，仅为1.58%。到过渡层中，硅元素的含量逐渐增加到6.77%，钙的含量明显降低，而表层中，硅含量增加到15.29%，钙的含量减少到13.12%。由样品底层元素成分可见，底层中的物质主要是$CaCO_3$等，而壁画表面土垢的主要成分为$CaCO_3$和SiO_2。表层土垢中的SiO_2可能是表面长期沉积的灰尘，随着壁画水分的蒸发，慢慢形成白色二氧化硅或硅酸盐的硬壳层，遮盖壁画颜料层。另外，土垢中钙含量较高，说明库伦一号辽墓壁画表面粘接大量的硬质土垢，是土中的钙、镁离子与空气中的CO_2结合形成碳酸盐硬质结壳，即钙质土垢。

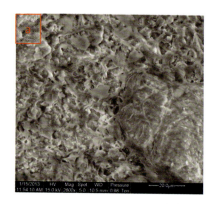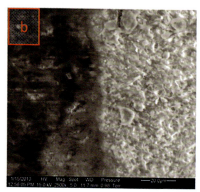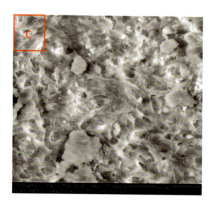

图4　4797号壁画截面不同层次形貌的SEM照片

表2　4797样品不同层次的元素组成

样品	C	O	Mg	Al	Si	S	K	Ca	Fe
内层	4.09	51.62	0.13	0.47	1.58	0.32	0.43	40.5	1.02
过渡层	8.72	51.83	0.62	2.62	6.77	0.86	0.74	26.22	1.61
表层	6.46	49.43	1.09	6.53	15.29	0.30	1.60	13.12	6.19

以上分析表明，库伦一号辽墓壁画结构材质一方面为可溶性盐随水分蒸发提供了通道，另一方面若壁画材质中不同层面孔隙度差异，会在壁画不同层次间形成内应力，在温度和湿度变化的情况下，容易引起壁画的裂隙、起甲或酥碱等病害现象。

3.3 颜料层分析

颜料成分与物相组成数据既是壁画保护修复的重要参考依据，也是对相关病害现象进行分析研究的依据。4797要包含石英、云母和辰砂等组成，可见红色颜料的主要显色组成为辰砂。绿色颜料主要包括石英、云母、绿泥石、石膏、钠长石和草酸铜石等组分，其显色主要组成为草酸铜石。

黑色颜料石英、云母、绿泥石、方解石和蓝铜矿，黑色可能是蓝铜矿与其它颜料共同作用而显色。其中，方解石可能是黑色颜料取样过程中带入了白灰层的组分。橙色颜料石英、云母、绿泥石和石膏等组分。

颜料层的成分和组成分析结果表明，颜料层与白灰层、地仗层的组成差异显著，针对库伦一号壁画前已有的研究证实，无机矿物颜料主要依靠绘制过程中的胶料与白灰层形成结合。胶料与无机矿物材料之间物性差异较大，对水分的润湿性能也有显著的差别，使得颜料层和白灰层之间的性质差异，该界面在可溶性盐蒸发该过程中成为内应力集中的界面，且随着时间流逝，胶料降解失效，两方面因素共同作用的结果是促进了颜料层脱落病害现象的发生。这正好说明这批壁画都有颜料层脱落的病害现象。

表3　4797号壁画颜料样品 XRF分析结果

颜色	检测点	检测结果
红色	人物头顶物体颜料	Ca: 32.5, Hg: 30.6, S: 14.8, Si: 9.1, Fe: 3.8, K: 2.9, Pb: 1.7, Al: 1.5, Mg: 0.9, Cu: 0.3, Mn: 0.1
绿色	人物衣袖处的部分颜料	Cu: 56.2, Si: 17.7, Ca: 10.6, S: 7.6, Al: 3.8, Fe: 2.4, K: 1.1, Mg: 0.6, Sr: 0.2, Ti: 0.2
黑色	人物头部帽子区域的颜料	Hg: 37.5, Ca: 28.3, S: 10.6, Si: 7.4, Fe: 2.9, K: 1.8, Pb: 1.2, Al: 0.8, Cu: 0.3, Ti: 0.1
橙色	人物胸前颜料	Pb: 39.8, Ca: 47.9, Si: 6.2, Fe: 3.8, Al: 0.9, K: 0.7, Sr: 0.3, Ti: 0.1, Cu: 0.1

表4　不同颜料包含的矿物组成

颜色	石英	云母	辰砂	绿泥石	石膏	钠长石	草酸铜石	方解石	蓝铜矿
红色	√	√	√						
绿色	√	√		√	√	√	√		√
黑色	√	√		√				√	√
橙色	√	√		√	√				

3.4 表层分析

由于本次研究的这批壁画经过了保护处理，表面有一层封护材料。表层材料情况如图5（a）中可见，壁画表面有一层胶层。但这层胶结封护的交接材料分布不均匀，有的呈局部的团聚，有的以网状分布在壁画表面。且胶结材料已失去连续性，颜料颗粒也呈现不均匀分布，有的局部脱落。图 5（b）中显示，壁画表面还有大量的霉菌存在，这可能是引起壁画霉变和褪色的主要原因之一。

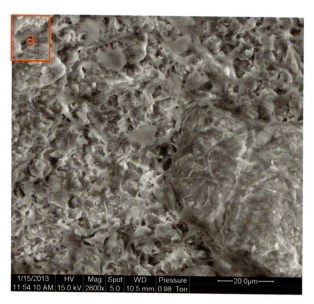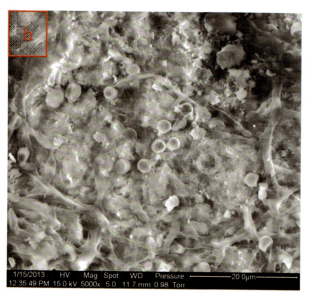

图 5 表面胶结材料与霉菌

另外，课题组前期的研究通过红外光谱证明，壁画表面的封护材料为聚乙烯醇缩丁醛，疏水性比壁画基体材质强，也会引起壁画表层和内存之间存在内应力，加速表面颜料层的破坏。同时结合对壁画表层结构材质的分析结果，壁画表层的胶料、表面粘结的土锈含有霉菌生长所需的营养，壁画易出现霉变现象，也会引起壁画的褪色。

3.5 壁画材质与病害的相关性讨论

基于以上库伦一号辽墓壁画壁画病害现象和壁画材质的分析，可以看出，壁画出现的许多病害现象与壁画材质之间有着必然的联系。具体可归结为如下几方面：

颜料层与白灰层、地仗层之间材质成分差异较大，无机颜料依靠有机胶料粘结，随壁画底层水分蒸发，在颜料层与白灰层之间容易形成内应力，破坏颜料层与底层材料之间的结合。

壁画颜料以无机矿物颜料为主，白灰层也是钠长石、云母和方解石等无机矿物组成，各组成之间依靠胶料或分子间力结合，随时间延长，胶料出现降解老化，失去胶结作用，也会发生颜料层脱落、褪色等现象。

壁画材质结构对壁画病害有显著的影响，地仗层结构酥松、颗粒大小不均匀，且有较多的空隙，使得壁画内存在较多的毛细现象，是可溶性盐的通道，在环境干湿交替变化过程中，极易形成内应力，并反复溶解和凝结、使壁画出现酥碱、起甲、粉化等病害。

壁画表层的胶料、表面粘结的土锈含有霉菌生长所需的营养，壁画易出现霉变现象，也会引起壁画的褪色。

总之，壁画材质与病害之间有必然的联系，对壁画进行科学合理的保护修复，需对病害经过系统调研，对壁画材质的准确认知。对不同病害类型进行合理的保护修复，还需对具体的材质特征有明确的认知，有针对性的研究保护修复方案。

4　结论

1　壁画材质与病害之间有必然的联系，科学合理的壁画保护修复方案需建立在对病害的系统调研和对壁画材质的准确认知基础上设计。

2　壁画颜料层与底层的白灰层、地仗层之间因成分、结构的显著差异，组分之间融合性差，且易形成层间应力而使表层颜料遭受破坏。

3　壁画底层材料的酥松多孔虽有助于壁画 的透气透湿，但也会诱发可溶性盐在蒸发过程中在壁画表面沉积，改变壁画表面组成，同时形成霉菌生长条件，诱发壁画病害发生。

参考文献

［1］杜建君，刘洪丽，张正模，薛平，瓜州榆林窟环境特征及其对壁画病害影响的初步分析，敦煌研究，2009, 6.

［2］陈家昌，关于壁画揭取保护中"干涉层"的使用和"地仗层"的去留问题，文物保护与考古科学，16（3）：40 ~ 45, 2004.

［3］冯清平，马晓军，张晓君，李最雄，李实，敦煌壁画色变中微生物因素的研究——Ⅰ色变壁画的微生物类群及优势菌的检测，微生物学报，38（1）：52 ~ 56, 1998.

［4］邱国彬，浅谈辽墓壁画的揭取与保护，北方文物，1998, 2.

［5］胡钢，刘文兵，库伦一号辽墓壁画表面失效封护材料分析与清洗，文物修复，2013, 9.

［6］李玉虎，邢惠萍，汪娟丽，曹明，柏红英，古代壁画、文物彩绘病害调研与治理研究，文博，2010, 3.

故宫倦勤斋通景画在修复中对于石青石绿矿物质颜色脱胶掉色的试验

张志红（原故宫博物院）

内容提要：倦勤斋位于紫禁城乾隆花园的西北角，南靠符望阁，东临珍妃井。建于清乾隆41年（1776年），建筑面积约二百余平方米，内设五间，最西两间的四壁及天顶立柱完全被由二十余块 2.5×3.5米的大幅画绢及若干小幅画绢组合的壁画所包裹，画意内容以藤箩花园古建为主，整个面积约 170多平方米。通景画所使用的颜色种类比较复杂，以矿物颜料石青、石绿为主。颜色因年久脱胶，颜色脱色掉色情况严重。石青石绿矿物质颜色在修复过程中掉色的问题一直是一个难以解决得的问题。这次通过大量、反复的实验，在重彩颜色加固上有了一个新的突破，通景画揭裱后的颜色的效果也得到了肯定，为我们在以后的书画修复提供了可靠的借鉴依据。本文就对此次试验进行完整的论述。

关键词：石青石绿　绢　脱胶掉色

倦勤斋位于紫禁城乾隆花园的西北角，南靠符望阁，东临珍妃井。建于清乾隆41年（1776年），建筑面积约二百余平方米，是专供乾隆皇帝休息和娱乐的场所。倦勤斋内设五间，最西两间的四壁及天顶立柱完全被壁画所包裹。它是由二十余块2.5×3.5米的大幅画绢及若干小幅画绢组合而成，画意内容以藤箩花园古建为主，整个面积约 170多平方米。据记载，它是出于意大利画家郎士宁和他的学生王幼学之手，这些重彩画采用了中西结合绘画的技法，而体现了西方的创作风格，室内绘画与室外风景融为一体具有良好的立体和透视效果。这幅全景画是目前仅存的最大的一件绘画作品，因此，它有很高的历史价值和艺术价值。

通景画所使用的颜色种类比较复杂，以矿物颜料石青、石绿为主。颜色因年久脱胶，颜色脱色掉色情况严重，大致分为下面几种：1、表面起壳，色层凸起，手感比较明显；2、表层出现沫状，可随风飘散；3、色块整体松散，并露出二层或三层；4、颜色与画绢分离，这是最为严重的一种掉色。出现上述情况的背景是多样的，一方面是从颜料的用材和配制工艺上查找，另一方面是从颜料的自身性能来分析。

对于石青石绿矿物质颜色在修复过程中掉色的问题一直是一个难以解决得的问题。我们传统的做法是在石青石绿颜色上涂上黄明胶水，但没有一个准确的数据，单凭每个人自己的感觉来上胶水。2003 年 7 月，我们接受了倦勤斋内大型通景画的修复工作任务。通景画的画面很大，颜色多为石青、石绿色为主，此画在室内已有两百多年的历史，石青、石绿颜色为矿物颜色，因年久自然老化矿物颜色分化已脱胶，颜色表面为粉末状，颜色潮水后就会脱落。要保护好原画上的重彩颜色，首先要对画心上的颜色进行加固，加固颜色用什么胶，胶水的比例是多少，都要通过试验，得以准确的数据、结果，才可以进行施工。

因此保护颜色是我们整个修复过程中的关键问题，本着这个原则，我们在开始修复之前把颜色的保护作为一项主要课题来研究，试验。经过大家的讨论，我们基本达到试验要仔细，施胶要慎重，数据要准确，结果要可行这四项共识。我们首要解决的是对重彩颜色加固用胶的问题以及用胶的比例。根据提出的问题，我们在颜色加固的问题上分别作了几项试验。

（一）用黄明胶、桃胶固定颜色的实验：

我们首先取两块长 80 公分、宽 20 公分的

熟绢，分别涂上不加胶的石青、石绿两种颜色，各涂上两遍，使颜色厚一些。待颜色完全干后，开始进行施胶。每条颜色绢分成三等份，从左至右分别涂上 2% 的桃胶和 1%、0.7% 的黄明胶。第一遍涂黄明胶干后，在涂上一遍。两遍黄明胶水干后用手去擦颜色，上黄明胶处颜色不掉，上桃胶出用手一擦颜色就发现有脱落的现象。第三步是进行敷纸渗水渗胶的粘合试验。把每种涂有胶比的部分又分成两部分，共分为六等份。自右至左敷纸为：

1、上 2% 比例桃胶部分的一半，第一层棉纤维纸用水吸，第二层宣纸用稀浆水吸。另一半的第一层棉纤维纸用 2% 石花菜胶水吸，第二层宣纸用水吸。

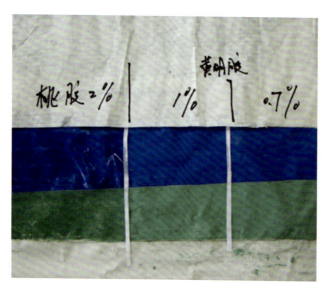

2、1% 比例黄明胶部分的一半，第一层棉纤维纸用水吸，第二层宣纸用稀浆水吸。另一半的第一层棉纤维纸用 2% 的石花菜胶水吸，第二层宣纸用水吸。

3、0.7% 比例黄明胶部分的一半，第一层棉纤维纸用水吸，第二层宣纸用稀浆水吸。另一半的第一层棉纤维纸用比例为 2% 比例石花菜胶水吸，第二层宣纸用水吸。

全部吸牢后，等待完全干后，再将这些吸牢的绵纤维纸和宣纸潮水揭下，其结果是：上桃胶的部分掉色严重，说明桃胶的胶性弱，不足以将颜色固定住。而上黄明胶的部分第

一层棉纤维纸用水吸，宣纸用稀浆水吸的部分，也有少部分的颜色脱落。第一层用石花菜胶水吸，宣纸用水吸的部分，揭下棉纤维纸时，颜色基本没有被带下来。最为满意的使用黄明胶比例稍微大些的，颜色上 1% 比例的黄明胶水第一层棉纤维纸用 2% 的石花菜胶水吸住，第二层宣纸用水吸住的，揭下的纤维纸上一点颜色都没有。通过对黄明胶和桃胶在颜色上的试验，使我们掌握了在对颜色的加固上，使用黄明胶要比桃胶更好。

试验证明黄明胶在新画的颜色上对颜色进行加固要强于桃胶。但对 200 多年前的旧画上的以脱胶松动的颜色，是否能够理想的固色要求，带着这个问题，我们又进行了进一步的试验。

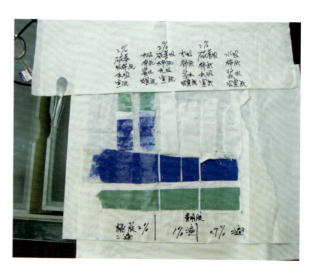

（二）在小片画心上进行实地性试验：

根据实验结果的数据。在画心中有一块长 31 公分、高 14 公分的与画心脱离的画片上进行实地试验，一半上 1% 比例的黄明胶一遍，一半上 1% 比例的黄明胶两遍，待干后，用 2% 的石花菜胶把国产的棉纤维纸光面朝下与画心吸住，绵纸上在与宣纸吸住，翻过来宣纸朝下，吸在案子上，用温水把画背面的覆被纸潮湿，揭去被纸和命纸待干。按照我们的工作程序，

上浆水，托好画心，在翻回来，先揭去宣纸，看到宣纸上有些黄迹。然后在揭去棉纤维纸，绵纤维纸上有少许的

　　青绿浮色，但没有整块的粘下的颜色，全部做完后，看到画的结果是颜色比没有揭的原画要干净，要透亮。总的颜色的基调没有改变。

（三）对颜色成为粉末状固定的试验：

　　对于石绿叶子上颜色成粉末状起壳松动的地方，要做使颜色再回到原为上粘住的试验。刷上比例为 0.75% 的黄明胶水，用同样的方法操作，揭纤维纸时带下少量的颜色。刷上比例为 0.5% 的黄明胶水，也用同样的方法，纤维纸上也带下部分的颜色。证明要把颜色固定住，胶的比例不能太小。要一次就把颜色固定住，这样就能使颜色不反复受潮，才不会脱落。在一块颜色松动的画心上用毛笔刷上比例为 1.5% 的黄明胶水，再用蒸气熨斗喷气加热，垫上纤维纸，把叶子上石绿色起翘处压平，压

平后把纤维纸揭起，纤维纸上没有带起颜色。

（四）黄明胶水的渗透试验：

用多种比例的黄明胶液分多层次进行试验，观察胶液的下渗情况，试验的载体应该选择一些残片来进行。我们分别用0.5%、1%、1.5%不等比例的胶液在不同色质的残片上进行实际下渗观察。

观察的情况是，以上几种比例的下渗情况均良好，所不同的是有快慢的差别。有的反复上了两次，比如0.5%比例的胶液。结果如何呢？按照正常程序，我们又在施胶处进行石花菜胶与纤维纸相结合的加固工作，待石花菜胶干透之后再揭去纤维纸，发现有的地方的颜色被带起，以石绿色为主，试验的结果不够成功。

根据上述试验出现的问题，再一次寻找原因。通过分析，浓度小的胶水下渗后不能解决固色问题；浓度大的胶液（也有称为胶质颗粒大）下渗过程中可能是其中的水分已经渗入，而胶质（颗粒）成分未完全渗入导致色质的固色效果未完全体现。

我们又以0.5%、0.75%、1%、2%比例的纯胶水加固于颜色上，胶水的水温为20度（常温），又以同样浓度比例的胶水刷于相同质地的画绢上，同时，我们又把胶液的温度提升到50度左右，在掉色特别严重的地方，我们不仅将胶水加温，而且还在这些地方用喷雾蒸汽略熏一下，蒸汽的温度大约为70度，在进行上述这些工作的时候我们用放大镜观察其下渗情况以及后来用石花菜胶加纤维纸加固干后的反应。通过对比证明：2%加温到50度左右的胶液对固色起到了很好的效用，这样可以适用于大面积的固色之用。通过这次试胶，我们认为胶液加温可迅速扩张纤维毛细管的渗透功能，对个别失胶严重的地方通过蒸汽熏的方法可延长渗入时间，促使胶液完全溶入至绢丝和颜色的内部，从而起到加固作用。

叶子石绿处，用比例为2%黄明胶水，胶水的温度在25度，用毛笔顺着叶子的垂直方向一比刷下，胶水渗透较慢，渗透时间为10秒钟左右。用同样比例的胶水，胶水的温度在35度，刷在叶子上石绿颜色处，渗透时间为6秒钟左右。胶水的温度在50度左右，胶水在1秒钟就能全部渗下。证明胶水的温度在50度为合适。胶水渗透后随着温度的下降胶水就会迅速的凝固。达到迅速固定颜色的效果。

用胶比例	次数	方法	温度	下渗速度	反应	结果
0.5%	2	未加温	20度	迅速	表面起泡	不合格
1%	1	未加温	20度	比较迅速	少量掉色	不合格
1.5%	1	未加温	20度	5、6秒	少量掉色	不合格
2%	1	加温	35度	5、6秒	表面发硬	基本良好
2%	1	加温	50度	2、3秒	未见异常	良好

　　为了改进固色方法以达到预期目的，我们又放开一些进行的思路。一是重新考虑用胶比例，同时改变工艺手法；二是在掉色部分可适当加些胶矾水。有做了进一步的试验。

（五）胶矾水的试验：

　　矾是起到拿住的作用，在胶中加入合适比例的矾。对石绿色成为粉末状局部涂上适量的胶矾水，可以使原松动的颜色回到原位上，于是我们在画心一块20公分见方的面积上用板刷刷上比

例为 1：0.5% 的胶矾水，待干后可以看到矾的光。说明用传统的胶与矾的比例不合适。把矾的浓度降低，由 1：0.5% 的比例降到 1：0.25% 的比例。矾的比例降低后，由原来传统的两胶一矾改成四胶一矾。这样刷到画心上，基本上就没有矾的光了。通过试验。我们初步的认为，胶矾水要控制在 1：25% 的比例上。我们又在画心的颜色脱胶起壳严重处进行了胶矾水的试验。用比例为 1：0.25% 的胶矾水加固，胶矾水的温度在 45 度，用羊毫毛笔顺着石绿色脱胶起壳处一笔刷下，不能来回的刷，为防止颜色被毛笔来回刷时刷掉。局部严重的地方刷上胶矾水后，潮湿的纤维纸放在上面，用手轻轻的把颜色压平，在用蒸气熨斗对着纤维纸喷热蒸气，蒸气熨斗距纤维纸 10 公分，一边喷蒸气，一边用手轻轻的把起翘的颜色压平，是脱胶的颜色恢复到原画绢上粘住，颜色粘牢后，纤维纸上潮点水，揭起纤维纸，这样颜色就恢复到画绢上了，揭起的纤维纸上也没有粘下颜色。

通过各种试验，我们认为，在固定颜色上，石绿色较厚，应该先在石绿色上加胶进行加固，胶的浓度要大一些，要上两回胶，石青颜色较薄，上一遍胶水即可。根据各种实验的结果，我们最后在画上进行了实地的操作试验：

首先在画心的藤萝叶的局部石绿色松动起壳处涂上比例为1:0.25%的胶矾水，胶矾水的温度50度左右，刷上胶矾水后，用蒸气熨斗喷蒸气，把起翘松动的颜色粘回到原画上，然后开始对全画的叶子石绿色上一遍温度在50度左右比例为2%的黄明胶水，待干后，在对整幅画通上一遍1%的黄明胶水。颜色用黄明胶水加固后，下一步的工作是固定画心，固定画心用两层纤维纸、一层宣纸，

宣纸上刷上稀浆水，翻过来，宣纸面朝下与案子接触放平，用鬃刷刷平，排去画心与纤维纸间的空气。开始揭画心的命纸。揭去旧纸，进行补画心、托好画心翻过来揭去衬的纤维纸。揭纤维纸时，画心上的颜色完好，纤维纸上没有带下颜色。

通过这次在画上的实验结果，证明在重彩颜色加固上有了一个新突破，通景画揭裱后的颜色的效果也得到了肯定，为我们在以后的书画修复提供了可靠的借鉴依据，开拓了有效的发展空间。

倦勤斋通景画修复工程是中美双方技术合作的产物，在相互学习和交流中我们也学到了新的科学知识和修复理念。但是，我们也认为，作为古字画修复这门技术，仍应坚持以我国的传统修复技术为主的方针，在发扬中国传统技术的同时，学习和借鉴国外的先进经验，使我们的传统文化在古字画修复这门学问上更好地显现出来，在世界文化发展史上占有一席之地。

墓葬壁画记录方法研究

冈田健　高林弘实　犬冢将英（日本东京文化财研究所）

张建林　张　静　袁　鸿（陕西省考古研究院）

内容提要：为了使得壁画能够作为文物传达正确的信息，东京文化财研究所和陕西省考古研究院 2009年以来开展了研究新发掘的墓葬壁画原始状态的记录保存方法这一课题的合作研究。在 2009年度我们使用了考古学及美术史学的图像研究、有关状态的目视观察、包括记录摄影的各种光学调查、萤光 X线分析等方法对收藏在陕西省考古研究院的东汉·邠王墓出土壁画及唐·节愍太子墓出土壁画进行了一次模拟性调查工作。我们结束 2009年的调查研究工作之后，在 2010年共同编辑日中两种文字的报告书，期望此后通过更深入的调查，了解同一地区，同一年代的墓葬彩绘壁画的技法、材料，并将这些调查作为得到调查方法及记录保存方法指南的基础。

关键字：墓葬壁画　原态记录　保存　方法　研究

一、前言

1950 年代以来，中国的考古工作者从古代墓葬中相继发现了许多壁画。但由于原地保存困难很大，因此大多都是将壁画揭取下来，转移到研究所或博物馆的文物库房收藏并进行保护处理。由于壁画被发现时已经接触到大气，其环境发生了急剧的变化，再加上揭取壁画时使用的材料以及震动所受的化学、物理影响，移动后的环境变化，保护工作中的化学、物理影响等，使得壁画本身的状态发生了极大的变化。另外，近 20 年来壁画多是从建设工地发掘的墓葬中发现的，并非计划性的考古发掘调查发现的。因此，负责发掘的考古工作者以及保护专家虽然将主要精力放在繁忙的出土文物修复保护工作上，但还是很难有计划的将壁画作为考古研究对象进行充分的观察分析研究。

虽然对揭取的壁画已经进行了一些保护措施，但是如果其状态有所变化，就很难说这个壁画能够作为文物传达正确的信息。基于此，为了研究新发掘的墓葬壁画原始状态的记录保存方法，东京文化财研究所和陕西省考古研究院 2009 年以来开展了这一课题的合作研究。

本文介绍我们在现场采用各种调查方法的原理和效果，并提出考古发掘现场壁画调查的方法。

二、研究的进行方法

计划所期望的是发掘现场实施的调查活动，但由于壁画墓的发现带有很大的偶然性，机会不可能随时到来。所以我们只能在 2009 年度对收藏在陕西省考古研究院的两幅壁画进行了一次模拟性调查工作。

研究对象：陕西省考古研究院历年揭取并已经进行保护的墓葬壁画；正在发掘中的墓葬壁画。发掘出土的墓葬壁画即使在揭取后进行了保护措施，如果状态有所变化，就很难使之传达正确的信息。基于此，东京文化财研究所向陕西省考古研究院提出下面两点建议，并实施了合作研究。

1）为了对在陕西省发现的各个时代的墓葬壁画，以及敦煌莫高窟和中国其他地区的壁画进行比较研究，并对壁画的题材、材料、技法综合调查研究的有效性要取得共通的理解。

2）为了实现在壁画变化最小的现场进行调查以及建立记录保存方法，而进行合作研究。

三、调查具体方法

具体调查研究方法如下：

（1）考古学及美术史学的图像研究

1）东汉·邠王墓出土壁画的分析调查

[墓葬所在位置]

邠王墓位于陕西省旬邑县百子村。2000 年冬，在建设砖厂时偶然发现了 3 座墓，其中一座墓有壁画。根据从墓中发现的货币，推测是汉献帝（公元 190 年—220 年）时期的墓葬。

[壁画揭取经过]

发现墓葬时正是砖厂生产的繁忙时期，砖厂只给了陕西省考古研究所（当时名）4 周时间，

研究所必须在 4 周之内完成整体发掘和壁画的揭取工作。陕西省考古研究所于上世纪 80 年代末与德国美茵兹罗马 - 日耳曼中央博物馆建立了合作关系，主要从事出土文物的修复和保护工作。2000 年末，开始了有关壁画和丝织品的科学保护研究的合作项目。发现东汉壁画墓后，立即将该工作纳入合作项目之中。壁画揭取作业由德方 5 名（后 3 名），中方 2 名专家负责。《考古发掘出土的中国东汉墓（邠王墓）壁画》（美茵兹罗马 - 日耳曼中央博物馆／陕西省考古研究所编，MAINZ，2002）较为详细地介绍了这次发掘的成果。

[墓葬形制] 墓葬的地上部分没有发现任何当时的建筑遗迹。汉代墓葬有在墓上设置祭祀建筑（享堂或祭坛），或是在墓葬的神道两侧放置石雕的现象。但在这座墓葬周围没有发现任何类似遗迹。

墓葬由墓道、甬道通往地下，中央有正方形的前室。从前室的三面墙壁分别建造了左右侧室和后室。从墓道入口到后室里墙，测量结果为 24 米。

前室顶部为穹窿顶，左右面及后面分别与侧室和后室相通，因此有壁画的面积很小，但却绘有马厩、牛耕图、牧马图、亭长夫人等图像。顶部绘有星象图。侧室则有宴乐、粮仓、车马等画面。后室为棺室，后室的壁画上有"邠王"二字，据此推测该墓为邠王之墓。

据报告称，该壁画墓的壁画风格特殊，是中国罕见的东汉壁画。目前壁画的表面覆有揭取时附着的树脂，在这次的调查中，没能确定具体的绘制技法。

[邠王]

"邠王"这个名称，在汉代的文献中未见记载，无法查出是什么人。在后来的朝代中有被封为"邠王"的，但是在汉代却没有。报告上推测可能是自称"邠王"。

[此次进行调查的壁画]

此次调查的壁画为后室东壁的局部，画面上绘有跟随邠王夫人的仕女画面。据肉眼观察，呈现多种颜色，明显是用多种彩色材料绘制而成的。墓室壁画绘制在贴于砖墙表面草拌泥层之上的白灰层上（中国传统上称之为"地仗层"）。壁画揭取时，只揭取地仗层以上的白灰层壁画部分，然后粘接到蜂窝板材上，周圈安装木框保存。该壁画现在保存在陕西省考古研究院的壁画收藏库。

2）唐·节愍太子墓出土壁画的分析调查

[墓葬所在地]

节愍太子墓为唐中宗李显定陵的陪葬墓之一。定陵位于陕西省富平县城北 13 公里的凤凰山麓，陪葬墓区分布在定陵陵园的东南方向。节愍太子墓位于定陵东南方向 2 公里的富平县宫里镇南陵村六家堡西北方向，距六家堡约 200 米。

[壁画揭取经过]

1994 年，节愍太子墓发生被盗事件，墓葬被盗掘出四个大洞，使墓葬遭受严重破坏。为此，1995 年 3 月到 12 月，陕西省考古研究所组织考古队进行了抢救性考古发掘。2004 年出版了考古发掘报告《唐节愍太子墓发掘报告》（陕西省考古研究所／富平县文物管理委员会编著，科学出版社，2004 年）。

[墓葬形制]

墓葬原建有陵园，南北长 170 米，东西宽 143 米。据勘探调查，陵园四周有夯土筑成的墙垣，

四个角各有一个角阙，南墙中央稍微偏东的位置设门，并筑有一对门阙。墓葬的封土在陵园中央稍偏东北的位置，由于周边平整土地，有一部分封土已经被削掉了。南侧的门阙外面沿南北方向原来排列着神道石刻，但是现在大部分都已散失，只剩下石狮及石座一件、戴巾帻持剑的石人像一件。另外，从甬道上部的土中，发现了华表的一部分，华表通常是立在石雕的最前方（神道南端）。

墓葬的南侧开有斜坡墓道，接着是3个过洞和4个天井，之后依次是前甬道、前室、后甬道、后室。墓葬水平方向全长为54.25米。前甬道、前室、后甬道、后室均为砖砌，砖墙表面有石灰泥的地仗层。后室只剩下石制棺床，棺床上的棺木以及人骨已不存。该墓虽被盗多次，但仍发现大量随葬品，其中有陶俑618件，以及陶瓷器，铜器，铁器，玉器等，还出土白石的谥册、哀册等。

墓道、过洞、天井、前后甬道的两侧壁面、前后室的四面和顶部均绘有壁画。两侧墙壁上都是男女人物图，甬道顶部为云气、瑞鸟等。后室顶部绘银河及星象图，东西墙壁上方各绘有太阳和新月。

[节愍太子]

节愍太子是唐中宗的第三个儿子，名李重俊。神龙二年（公元706年）秋被立为太子。因不是皇后韦氏所生，颇遭韦氏猜忌。又有安乐公主企图废太子，自己做皇太女的威胁。因此，在第二年的7月发动宫廷政变，但却以失败告终，被杀于终南山。睿宗继位后，为他恢复了太子地位，并于景云元年（710年）陪葬于定陵。

[此次进行调查的壁画]

此次调查的壁画是绘于第二过洞东墙上的 3 个人物像。三个人物都是身体朝向墓道的站姿。壁画已从过洞揭取下来，加固在木框内，保存于陕西省考古研究院的壁画收藏库。

（2）有关状态的目视观察

目视观察整体壁画，包括壁画的保存状态、使用的彩色材料及画面的附着物、壁画材料的劣化程度等，进而研究对壁画需要进行什么样的调查。

（3）包括记录摄影的各种光学调查

1）光学调查

接下来用数码相机进行记录。数码相机用单镜头反光数码相机和小型数码相机。在本报告中，除有特殊说明的照片之外，都是用单镜头反光数码相机拍摄的。

a）正常光照相：利用单镜头反光数码相机，在近似于人的可视光波长领域（约为 480—780nm）内，用正常光照相法和侧光照相法进行记录。在用正常光照相法拍摄时，尽量使光均匀照射到整个画面，极力避免造成阴影。

b）侧光照相：在用侧光照相法拍摄时，照相器材与正常光拍摄相同。为了强调凹凸的阴影，光源位置与画面几乎平行。利用上述方法，记录画面上的凹凸。

c）红外线照相：为了记录目视范围之外的波长领域，我们利用红外线进行拍摄。由于红外线比可视光的波长长，因此，红外线可以到达壁画内部。另外，不同物质的红外线反射率不同，通过红外线照片，可以观察到肉眼看不到的壁画内部的物质。例如，存在于彩色层和附着物下面而不能从壁画表面观察到的草图及底色。这次我们使用的光源与正常光、侧光拍照时使用的光源相同，在镜头前设置滤光镜，聚集 740 纳米以上的红外光领域的光成像。光学调查得到的图像当中，红外线照片去掉 RGB 信息，转换成灰度图像。

d）紫外萤光照相：同时，我们也进行了紫外荧光拍照。照射含紫外线波长的光线，记录从物质放射出来的荧光。通过测定荧光，来确认是否存在发出荧光的物质。在镜头前设置滤光器，聚集 450 纳米以下的波长成像。

2）显微镜观察

我们进行显微镜观察来确认彩色材料的形态，显示制作过程的彩色层结构等壁画彩色的微视特征，这次使用的简易型显微镜可观察的倍率为 70—100 倍。显微镜安装了小型数码相机，观察的同时进行记录。另外，用光学调查中使用的小型数码相机对显微镜观察点的周围进行拍摄

（4）萤光 X 线分析

根据需要（在容许的范围内）进行分析研究（以现场无损观察分析作为调查研究的基本方式）。通过荧光 X 线分析，进行了壁画材料含有元素的分析。荧光 X 线分析是向分析对象照射 X 线，使之发出具有各个元素固有能量的 X 线（荧光 X 线），利用这一特点进行元素分析。但是，这次使用的荧光 X 线分析装置，无法测定轻元素。一次的测定时间是 600 秒或者 1000 秒。另外，用光学调查时使用的小型数码相机，对荧光 X 线分析点周围进行拍摄

表 1　调查使用的器材

名称	制造厂家	品名等
光学调查		
单镜头反光数码相机	Nikon	D200
小型数码相机	Sony	Cyber-shot DSC-T300
镜头	Nikon	AF-S DX Zoom-Nikkor ED 17-55mm F2.8 G（IF）
光源		
（正常光/侧光/红外线照片）	broncolor	Grafit A2
Unilite lamp base		
光源（紫外线荧光照片）		NRS-1174（BR-150BL）
过滤器（红外线拍摄）	Kodak	Wratten Gelatin Filter No. 87
过滤器（紫外荧光拍摄）	Kodak	Wratten Gelatin Filter No. 2E
显微镜观察		
镜头	Microadvance	Digital Camera Scope DS-100
小型数码相机	Panasonic	Lumix DMC-FX35
荧光 X 线分析		
放射线源	AET Technology	241Am密封环状线源（AMRB8774）
X线测定器	AMPTEK	XR-100CR-0.5 BE-S
Multichannel analyzer	AMPTEK	MCA8000A
前置放大器	AMPTEK	PX2CR

四、实例调查报告

（1）东汉·邻王墓出土壁画的分析调查

1）目视调查与光学调查的结果

此次调查选用的壁画为邻王墓后室东墙上的"邻王夫人"及其侍者们的画面。

画面上画着一排 9 个人物，几乎呈水平方向。画面最上面画着呈红褐色的帷幕。画面右侧，有将帷幕和人物之间用四边形区划的部分，上面有呈淡红色的文字。

面朝左侧第 3 个人物的红色衣服不见了。左下方是在保护处理过程中，将缺损部分用修复材料进行填充补彩的部分。这件衣服的右袖也作了同样的处理。通过目视调查，我们认为构成画面的彩色材料是涂在灰白色的底色层上。画中有裂缝的部分，其底色层的下层确认有土。这可理解为在涂灰白色的底色层之前，在砖墙上涂了麦茎或谷壳与土的混合物。侧光照片也可确认由裂缝引起的凹凸部分的阴影。

对制作壁画使用的材料，为了从其光学特性获得信息，我们进行了红外线照片以及紫外荧光照片的拍摄。

从红外线照片得到的信息：目视观察的结果，人物的脸、头发、题榜、地毯的轮廓等都呈黑色。这些部分从红外线照片上看，亮度都要比背景部分低。目视结果，面朝壁画从右第5以及第8个人物的披肩、这两个人物之间的第6、第7个人物的衣服都呈红褐色。从红外线照片看，这些衣服与背景的亮度差较小。与衣服同样呈红褐色的帷幕，在红外线照片上，与背景的亮度差极小，几乎不能确认其形状。人物坐着的地毯，目视结果呈黄褐色的部分，与背景的亮度差较小。面朝壁画，从左第1、2、3个人物的衣服上目视结果呈淡红色的部分，在红外线照片上其亮度略微比背景要高。

紫外萤光照片得到的信息：在紫外荧光照片上，没有进行填充处理的部分，整体带有蓝色荧光。条状的发光较强的部分，与画面的裂缝部分相一致。因此，我们认为画面整体发出荧光的物质，来源于保护措施中使用的材料。裂缝等沟里面进入的树脂比周围部分多一些，因此，照射紫外光时发出的光更强。另外，题榜上的淡红色的文字比周围要亮。线与文字使用的材料当中，可能存在照射紫外光时发出荧光的物质。

2）利用显微镜观察以及荧光X线分析进行彩色材料分析

通过目视调查，可确认画面上有呈现出多种颜色的彩色材料。利用光学调查，记录了壁画在照射红外线及紫外线时，所显示的光学特性。我们对上述具有代表性的颜色和光学特性的部分进行了显微镜观察以及荧光X线分析，据此推测彩色材料。

a）呈淡红色的衣服

面朝壁画从左第一到第三个人物的衣服呈淡红色。下面讲述为了推测该颜色使用的材料而进行的分析结果。

在使用彩色之前，涂在整个壁画上作为背景的底色层的表面，大都是无色物质组成，但是也能够看到黑色、褐色等有色颗粒。呈红色的衣服的彩色当中，可确认有红色颗粒。另外，彩色表面附着有半透明无色物质，这个物质可能是保护措施中使用的保护材料。对背景以及红色衣服部分进行了荧光X线分析。从背景当中检测出归属于Fe的K线的峰，可以认为底色层或底色层下面或表层附着在土里面的Fe被检测出来了。对淡红色衣服部分进行的荧光X线分析，检测出归属于Fe的$K\alpha$线、Hg的$L\alpha$线以及$L\beta$线、Pb的$L\alpha$线以及$L\beta$线。比较背景与彩色层检测出的元素，可认为Hg和Pb是来源于彩色层。从检测出Hg，可推测彩色当中使用了含有硫化汞（HgS）的朱砂。从检测出Pb，推测可能使用了含有Pb的材料铅白（主成分$Pb_3(CO_3)_2(OH)_2$）、铅丹（主成分Pb_3O_4）等。但是，这次的调查方法无法确定矿物彩色材料的组成，因此，还无法确定矿物彩色材料的种类。

b）呈淡红色的文字

为了推测题榜中红色文字的使用材料进行了分析。目视观察结果，线和文字涂得很厚，从上面完全看不到背景。从目视结果看，红色的显色并不均匀。从彩色材料的微观形态观察，可认为是涂上了红色颗粒状的物质。但是，很难充分观察彩色材料的微观形态，红色的不均匀显色和材料的微观形态之间的关系没有得到明确答案。进行荧光 X 线分析的结果，除了从背景里也检测到的 Fe 的 Kα 线之外，还检测到 Pb 的 Lα 线以及 Lβ 线。文字部分使用含有 Pb 的矿物材料的可能性较大。从文字呈红色来看，可能是使用了橙色的铅丹。

c）呈红褐色的衣服

面朝壁画从右第 5 及第 8 个人物的披肩、第 6 及第 7 个人物的衣服呈红褐色。我们试图推测该彩色使用的材料。彩色表面掺杂着呈红褐色的部分和呈黑色的部分。从上述状态，我们认为是有可能使用了杂质较多的粒状材料。荧光 X 线分析结果，测出 Fe 的 K 线，没有检测出 Fe 以外的元素的峰。由于底色层当中含有 Fe，因此不能确定彩色层里是否含有 Fe。由此，我们认为呈红褐色的彩色可能是使用了含有 Fe 的材料，或者是由这次的测定条件无法测定的轻元素组成。综合考虑目视结果呈红褐色，显微镜观察到粒状物质，使用红褐色的 Fe_2O_3 为显色矿物材料的可能性较大。

d）呈黄褐色的地毯

人物坐着的地毯呈黄褐色。地毯部分的彩色以不透明的黄褐色物质为主体，但是很难判断是否是粒状物质。荧光 X 线分析结果，测出 Fe 的 K 线，没有检测出 Fe 以外的元素的峰。由此，我们认为呈红褐色的彩色可能是使用了含有 Fe 的材料，或者是由这次的测定条件无法测定的轻元素组成。从目视呈黄褐色以及没有测出 Fe 以外的元素来看，有可能使用了黄土（Yellow Ochre）。

e）呈淡紫色的袖子

面朝壁画左侧第 8 个人物的袖子有一部分呈紫色。除了淡紫色部分以外，还有呈蓝色、褐色、无色的部分，目前我们认为彩色材料是由多种物质组成的。从荧光 X 线分析，测出归属于 Fe 的 Kα 线、Cu 的 Kα 线、Pb 的 Lα 线和 Lβ 线的峰。由于 Fe 和 Cu 的 Kβ 强度，一般只有 Kα 线的十分之一，因强度太弱，未能检测出来。与背景元素进行比较，我们认为至少 Cu 和 Pb 是来源于彩色层的元素。在陕西省考古研究院与德国的合作研究当中，对该壁画的紫色部分用激光拉曼光谱分析法采样分析，对照标样谱图，认为是以 $BaCuSi_2O_6$ 为显色成分的"汉紫"。这次的研究对象也可能使用了同样的材料，但从这次的分析结果不能进行严谨的判断。从左第 8 个人物的右袖呈紫色部分，从其他衣服的表现里面也能够看到。一般来讲，应该是左右使用同样的彩色材料，左右对称地涂彩。但是，从右第 8 个人物的衣服，右袖呈紫色，左袖几乎呈白色。从右第 4 个人物下身的衣服，应该是整件衣服的一部分，应该具有连续性，但是即腰附近呈淡褐色。这种显色不均匀的原因可能有以下几种，即制作当初就没有涂上同样的颜色，或者彩色层缺损或变色，且劣化程度不均匀。不管怎么说，用目视方法判断呈紫色材料的使用状况以及状态是非常困难的。因此，我们还必须调查与紫色部分可能有关部分的彩色组成。

对从左第 8 个人物的左袖以及从左第 4 个人物衣服腰部附近部分实施的显微镜观察结果，目视呈白色的部位，除了无色物质之外，还可以看到呈红褐色、蓝色、淡褐色、黑色的部分。目视呈淡褐色的部位，除了无色部分以外，还可以看到淡褐色及黑色部分，还有极少呈红褐色的部分。显微镜观察所示的彩色表层呈不同颜色的物质，在各个表层当中的构成比例不同，但具有类似性。对这两个部分实施的荧光X线分析的谱图中都检测到了Fe和Cu的Kα线，Pb的Lα线和Lβ线。检测出的峰与上述呈紫色的部分相同。假设从紫色部分检测出来的Cu与Pb来源于呈紫色部分的矿物材料，由于与紫色部分具有对称性和连续性的白色部分和黄褐色部分也检测出Cu与Pb，那么，有可能这个白色部分和黄褐色部分当初是涂上了与紫色部分同样的矿物材料，但由于日久天长而变成了现在的颜色。但是，这次的分析不能确定构成彩色层的各个物质的化学组成，无法确认彩色材料以及考察现在的状态。

f）呈白色的部分

坐在地毯上的从左第1到第3、5、8、9个人物，有呈白色的围裙状的部分。观察到参杂着呈白色的部分和与地毯同样的黄褐色的部分，可认为在表现地毯的黄褐色彩色材料的上面涂上了白色的材料。我们只是对一部分彩色层结构用显微镜进行了观察。从显微镜照片可看到呈黄褐色的部分和确认有无色颗粒的部分，无色颗粒分布于黄褐色物质的上面。呈黄褐色的部分与从显微镜照片上看到的黄褐色地毯上的黄色物质没有太大的差别。对进行显微镜观察点的周围用荧光X线进行了测定，除了从背景部分也检测到的Fe的Kα线的峰之外，还检测到Ca的Kα线的峰。由于Kβ强度弱，未能检测到。假设黄褐色部分与地毯的彩色使用同种材料，那么，Ca应该是来源于呈白色部分的彩色材料。有可能使用了含有无色Ca化合物的矿物彩色材料，但是仅凭这次的分析结果，无法确定矿物彩色材料的种类。

（2）唐·节愍太子墓出土壁画的分析调查

1）壁画的绘画技法

在作分析调查之前，为了确认壁画的保存状态以及推测绘制顺序，我们对壁画进行了目视观察。

为了显示壁画表面状态的特征，将右端人物上半身作为一个例子。在白色底色上，用呈黑色的线勾勒衣服、脸的轮廓和衣褶。轮廓线内涂各种色彩，在这些色彩上再用黑色的线描绘细节部分。此外，侧光照片观察到了几条凹线。这条凹线在色彩层之下，从宽度和深度大体保持一致来看，可认为是人为的。从形态特点观察，我们认为是用某种工具划上去的。此外，没有看出硬刻上去的痕迹，因此有可能是在底色层还没有干的时候做出来的凹线。

仔细观察凹线的走向和分布，可以看出凹线基本是沿着图像的轮廓分布的。因此我们认为这是作为壁画的草图划上去的。若观察各个人物的凹线和图像的关系，从右端人物发现的凹线最多，表现衣褶的细节部分可看到多次描绘的痕迹。中央和左端的人物上，没有看到细的凹线，只有表现头发和衣服大致位置的凹线。但是不能肯定当初的凹线都完整无缺地保存下来。此外，左端人物的右臂部分，凹线的位置和色彩图像部分不相一致，也许是作完草图，进入正式绘画阶段时更改所致。综上所述，该壁画是在涂完白色底色层后用凹线画出草图，之后在底色层上面用彩色材料画成的。彩色材料的调查结果，在下一节进行讲述。

从这个壁画的色彩层上可以看到泥土附着物。从侧光照片中可以看到泥土的隆起，可认为是埋藏过程中附着在上面的。壁画表面局部看到有无色纤维及透明的树脂状附着物，纤维是揭取壁画时蒙在壁画上面的织物残留下来的，树脂状的物质是处理壁画时使用的树脂，因该是覆在整个壁画表面上的。

存在上述附着物的条件下，为了解白色底色层所使用材料的元素组成，我们进行了荧光X线分析。从中检测出Ca和Fe。这次使用的分析装置对Ca的检测感度较低，但是分析结果Ca的峰强度较高，说明白色底色层使用了以Ca为主要成分的材料。这个结果，与考古学调查得出的见解（即使用了石灰泥）不存在矛盾。Fe的来源很难确定，有可能是白色底色层附着的土，或者来源于底色层下面的层所含有的土。

2）彩色材料

为了确定壁画使用的彩色材料，按现在呈现的颜色分类，并对各个颜色进行分析。

a）目视观察彩色部分呈现的颜色

这里讲述目视观察彩色部分的结果。从壁画上可以观察到多处呈红色的部分。呈现红色的部分又可根据其色调分成两种。其一是右端人物的嘴唇、裙下摆、左端人物鞋带部分的红色；另外一种是中央人物的裙和左端人物鞋子的红色。前者比后者显得更为鲜艳。左端人物上半身的衣服大部分呈黄色，个别部分呈红色的，从目视观察结果来看，是在黄色彩色材料的上面涂上了红色材料，红色材料涂在用黑线描出的衣褶部分，因此我考虑它是用来表现衣褶的。左端人物的裤子呈绿色。中央人物的披肩呈灰色。中央与右端人物的头部有呈金色且具有金属光泽的部分，可能是用来表现头饰的材料。

b）彩色材料的理化分析

为了确定壁画使用的彩色材料，对各个呈现出色彩的部分进行了显微镜观察以及荧光X线分析。

c）呈红色的彩色材料

为了明确呈现红色彩色材料的微观特征，我们进行了显微镜观察和荧光X线分析。

为了比较呈现不同色调的两种红色彩色材料的微观形态，对目视观察呈鲜红色的右端人物衣裙下摆和呈另外一种红色的左端人物的鞋子部分，我们进行了显微镜观察。从上述两个部分都观察到了红色颗粒状物质。比较其粒径，前者比后者要小。这种粒径的特点，在观察其他呈红色的部分也得到同样的结果。

为了明确红色彩色材料的成分，我们进行了荧光X线分析。在前面所述的所有的呈红色的部分，都检测出Ca和Hg。由于没有从白色底色层中检测出Hg元素，因此可认为它是来源于彩色层。由于红色中检测出了Hg，我们认为是使用了以HgS为发色成分的水银红（朱砂）。但是，两种红色粒径不同，因此有可能微观形态的不同是影响发色的一个原因。

d）呈黄色的彩色材料

以下是左端人物身上以黄色为基调的衣服（袍）所使用的彩色材料的分析结果。对白色底色层部分和目视呈黄色的部分，进行了显微镜观察。底色层表面大部分无色，但局部呈黑色或褐色。无色部分可认为是底色层的基质。有色的物质可能是来源于底色层的夹杂物，如表面附着的土、涂于壁画表面的树脂等,但仅凭这次的观察很难做出判断。呈黄色的部分也观察到黑色或褐色部分。在无色的底色层基质表面上有淡黄色的附着色,这种附着色可能是来源于彩色材料。从附着色状态来看,色彩层极薄。另外,从色彩层没有观察到颗粒状物质,因此可认为色彩是不含颗粒状物质的彩色材料,或者是由于这次使用的显微镜无法观测出的微细颗粒组成的矿物彩色材料涂成的。

荧光 X 线分析检测出 Ca 和 Fe。而这两种元素,从底色层也能够检测到,因此实际上没有检测到只存在于黄色彩色层的元素成分。也就是说,上述两种元素有可能是从底色层或黄色彩色层检测到的,也有可能这两层都有。从上述结果推测,色彩层的材料由 Fe、Ca 或者更轻的元素组成的可能性较大,也有可能使用了有机彩色材料,或者是由极微细颗粒组成的土性矿物彩色材料,但仅凭这次的结果,还很难做出判断。

e）呈绿色的彩色材料

以下是呈绿色部分的分析结果。左端人物呈绿色的裤子局部在显微镜下可观察到绿色颗粒状物质,从这一微观形态的观察,可认为是使用了绿色矿物彩色材料。另外,从荧光 X 线分析结果,检测到 Cu,因此,可认为是使用了含有铜化合物的矿物彩色材料。

f）呈灰色的彩色材料

呈灰色部分的分析是指对中央人物披肩部分所进行的分析结果。使用显微镜可观察到凝集的黑色物质,可认为是披肩部分发色的物质之一。从黑色物质上面可观察到半透明或不透明的无色物质,有可能是表面的附着物或者是生成物,或者是保护处理时使用的树脂。荧光 X 线分析结果,除了底色层里也存在的 Ca 和 Fe 以外,没有检测出其它元素。彩色材料可能是由 Fe、Ca 或者是更轻的元素组成的材料。但仅凭这次的调查结果,很难做出判断。

g）呈褐色的彩色材料

右端人物披肩的颜色整体上呈褐色。从显微镜下观察可知,在底色层基质上有淡淡的红褐色的着色。没有观察到彩色材料的颗粒,因此可能是使用了没有颗粒物质的染料,或者是由极微细的颗粒组成的矿物彩色材料。荧光 X 线分析结果,检测出 Ca 和 Fe。没有检测出只存在于褐色层的元素。从上述结果来看,这个部分的彩色材料可能是由 Fe、Ca 或者是更轻的元素组成的材料。但仅凭这次的调查结果,很难做出判断。

h）呈金色的彩色材料

为了确定表现人物头饰的具有金属光泽部分的材料,对右端人物头饰部分进行了荧光 X 线分析。从这个部分检测出 Au,但是没有检测出 Au 的合金元素。因此可认为是使用了纯度较高的金箔或者是金泥。

表 2　使用材料的推测结果

目前的颜色	主要元素	使用材料的推测结果
白色	Ca	Ca 为主成分的白色材料
红色	Ca, Fe, Hg	水银红（朱砂）

续表

黄色	Ca, Fe	--
绿色	Ca, Cu	铜化合物
灰色	Ca	--
褐色	Ca, Fe	--
金色	Au	金

五、结论—研究成果和现在的课题

在本次调查中，我们通过比较简便的无损调查，得到了有关调查对象的制作过程（从草图到彩色）的技法与使用的彩色材料方面的信息。关于彩色材料，发现有多种在这次的显微镜观察和荧光 X 线分析得到的结果（微观状态和元素组成）所无法进行判断的彩色材料。因此有必要用其他手法对彩色材料进行更为详细的分析调查。另外，保护加固处理中使用的树脂有可能导致显微镜的微观形态观察受到一定程度的干扰。

我们结束 2009 年的调查研究工作之后，在 2010 年共同编辑日中两种文字的报告书，期望此后通过更深入的调查，了解同一地区，同一年代的墓葬彩绘壁画的技法、材料，并将这些调查作为得到调查方法及记录保存方法指南的基础。

但由于壁画墓的发现带有偶然性，难以在发现时及时开展现场调查，而且 2011 年 3 月日本发生大地震对日方的工作带来了巨大影响，因此合作研究也不得已而缩小规模。

通过前两年的研究，我们了解了我们采用的调查方法很有效。所以我们考虑到：中方工作人员接到发现壁画墓的消息就立即（在保护人员实施表面保护处理以前）赴现场而进行记录是非常重要的。因而，我们从 2012 年重新开始了将在现场使用的仪器简便化的研究。

当然，我们也在本报告内有所表述，壁画研究不仅单单依靠使用仪器的功能，我们非常重视将自己眼睛的目视观察和仪器分析调查相结合。在这个工作当中，考古研究者、美术史研究者、保护专家和分析专家的跨学科专业合作非常必要。

希望我们的研究对墓葬壁画的进一步了解和保护都带来一定的促进。

备考：

本报告文章基本是引用了《中日合作研究关于陕西省墓葬壁画记录保存方法的研究 2010》（陕西省考古研究院 / 东京文化财研究所，2011 年 2 月，执笔：冈田健、高林弘实、佐藤香子、张建林、柴勃隆、丁淑君）。

参加合作研究的人员名单（2009 年至 2013 年）：

日方：冈田健、高林弘实、佐藤香子、犬冢将英、萩原哉

中方：张仲立、张建林、赵西晨、王啸啸、张静、魏军、袁鸿（陕西省考古研究院）、柴勃隆、丁淑君（敦煌研究院）

内蒙古呼和浩特市馆藏大召壁画的保护修复

任亚云（呼和浩特博物馆 主任）

赵江滨（呼和浩特博物馆 馆长）

杜晓黎（内蒙古博物院 主任）

内容提要： 大召壁画是蒙古族早期寺庙壁画的珍贵遗存，呼和浩特博物馆馆藏大召壁画保护修复，是内蒙古地区首次开展的馆藏壁画保护工作。1985年因呼和浩特市大召经堂进行墙体修缮，呼市文物处的专业技术人员抢救性揭取了东西两壁下层壁画，同时进行了加固保护。但经过十余年的的收藏和展出及当时修复应用材料的种类、强度、操作工艺等方面存在的诸多问题，现在这些壁画出现了画面扭曲、变形、通透性断裂；画面裂隙增多、增宽；画面污染；颜料层起甲、酥碱、脱落等严重病害。本文较为详细论述了这次保护修复的过程，且对这次修复过程中的重点难点进行了分析论述，对壁画修复保护提出一些问题。

关键词： 清理 加固 剔除 修复

大召壁画是蒙古族早期寺庙壁画的珍贵遗存，呼和浩特博物馆馆藏大召壁画保护修复，是内蒙古地区首次开展的馆藏壁画保护工作。保护修复工作取得的成果，不仅为内蒙古地区壁画保护工作的全面开展积累了丰富的经验，奠定了扎实的基础，同时也将进一步促进博物馆在文物保护方面同国内国际同行间的交流合作，更好地保护好这些珍贵的历史文化遗产。

呼和浩特馆藏大召寺经堂（如图1）壁画1985年揭取于呼和浩特市大召经堂，因当时大召经堂进行墙体修缮，呼市文物处的专业技术人员抢救性揭取了东西两壁下层壁画，同时进行了加固保护，使这批珍贵的壁画得到保存，揭取保存面积34.96平方米，切割为186块，按画面内容可组成65幅较为完整的单体画面。并于1990年入藏呼和浩特博物馆。经过十多年的收藏、展出，壁画病害严重，影响到壁画的延续保存。2001年，呼和浩特博物馆与敦煌研究院、中国文物研究所合作，开始对馆藏明代大召经堂壁画进行保护修复。

一、馆藏揭取壁画的保护修复历史

1985年壁画揭取时曾进行过加固保护工作，包括壁画表面加固修整、地仗层加固和装框等。

壁画表面加固：主要是胶矾水涂刷，用以颜料层的加固和封护。

图 1　大召经堂

　　壁画地仗层加固：壁画后背采用环氧树脂材料做加固层，将壁画揭取下来的原地仗层采用机械方法取薄至 1—2 cm，再涂刷一层环氧树脂，粘贴纤维布，黏结固定在木框架上。

　　壁画装框：地仗层加固好以后，嵌入装裱好的木制装饰外框中，用螺丝钉固定四周，用于悬挂陈列。

　　这种加固修整中存在以下几个问题：

　　（一）材料：环氧树脂材料在上世纪八十年代广泛用于文物保护修复。大召壁画所选用的材料在当时来说是比较先进的，但是环氧树脂固化后非常坚硬，这与泥质壁画松软的地仗层材质有较大差别，导致壁画产生了裂隙、错位、变形、通透性断裂、环氧树脂渗透画面、酥碱等严重病害。

　　（二）工艺：首先，环氧树脂配制浓度不一，加固层薄厚不均，更为严重的是，环氧树脂溶剂顺着壁画的切割缝、裂隙渗透到壁画表面，使壁画板结、坚硬。流柱状、水滴状的环氧树脂溶剂流挂在壁画表面，造成画面污染，给壁画保护再处理带来了相当大的难度。其次，揭取时切割线密集，分块较小，严重影响了画面的完整性和美观性。

　　（三）缺乏资料记录：由于当时条件所限，对应用材料、揭取、加固工艺的一些具体细节没有完整的资料记录，给壁画保护的再处理增加了困难。

综上所述，馆藏大召壁画，由于在揭取加固过程中所选用的材料种类、应用材料的强度和当时的操作方法、工艺以及陈列、迁移等诸多因素的影响下，其保存、保护状况受到了严峻的挑战。

二、对馆藏大召壁画保护修复

当年，大召壁画揭取加固时选用环氧树脂材料制作后背支撑层，但由于应用材料的种类、强度、操作工艺等方面存在的诸多问题，经过十余年保存后出现了壁画画面扭曲、变形、通透性断裂；画面裂隙增多、增宽；画面污染；颜料层起甲、酥碱、脱落等严重病害。面对这些病害，我们要做以下工作：

（一）分离祛除环氧树脂加固支撑层、拼接断裂画面。

（二）通过壁画表面加固、回贴对壁画产生的起甲、粉化、脱落、酥碱等十几种病害进行有效防治。

（三）对壁画的裂隙、锯缝、通透性断裂、地仗层脱落等进行修补，达到较好地保留壁画原状的目的。

（四）采用科学技术与传统工艺相结合的方法，分析原地仗层土质成份结构，选取质地相同或相近的土质材料，在传统工艺的基础上，重新制作1cm左右的泥质地仗层。

（五）建立完整的科学保护修复档案，其中包括壁画保存环境的温湿度变化记录、壁画病害现状调查图、保护修复过程的文字记录、图片影像记录等。

对馆藏大召壁画的保护修复，遵循"最小干预、可再处理"的保护原则，成功地对揭取壁画所采用的不适当的加固支撑材料进行剥离及再处理，以解除或减轻原有加固支撑材料对壁画造成的损害，对壁画表面存在的多种病害进行有效的防治，运用可识别的修复手段对破损的画面进行修补、全色，达到良好的视觉欣赏的工艺效果，并通过对选用轻型加固支撑材料的应用试验，获得与泥质壁画相适应的支撑材料，应用于揭取壁画的保护，使受损的壁画得以更好的保存和保护。

具体步骤：

（一）清理画面污染

壁画表面尘土、污渍、烟垢、揭取时表面加固剂及环氧树脂污染层的清理，采用机械清理和化学清理相结合的方法。

（1）尘土清理：采用软毛刷清扫。

（2）污渍清理：用手术刀、竹制刀轻轻剔除画面附着的泥质污染物，再以棉签蘸上温水进行清洗。（图2）。

（3）烟垢清洗：配制乙醇溶液（乙醇：

图2 壁画表面污渍清理

水 1:1）软化画面表层烟垢，再采用手术刀、木刻刀及牙科剔刀将软化的烟黑色淀积物逐块剔除；局部十分坚硬的烟垢可用牙医用小型打磨机去除。

（4）壁画揭取时表面加固剂及环氧树脂污染层的清理：壁画表面加固剂及环氧树脂污染层，可用棉签沾少许丙酮，轻轻擦拭，待其表层软化后，用手术刀慢慢刮削，待接近颜料层表面时用加热的手术刀直接剔除掉环氧树脂固化物（图 3、4）。

图 3　环氧污染清洗前　　　　　　　　　　　　　图 4　环氧污染清洗后

（二）颜料层加固、回贴

壁画颜料层的粉化、起甲和脱落等病害，可通过表面加固回贴的技术手段，应用可再处理的加固剂对壁画表面进行保护加固（图 5）。

用明胶、蒸馏水配制 0.5%、1%、1.5%、2%、2.5%、3% 明胶水溶液；

用安装婴儿吸奶器挤压球的注射用针管，吸入不同浓度的明胶水溶液，视壁画颜料层起甲、粉化、脱落等病害严重程度，滴注不同浓度的明胶水溶液，在每次滴注时要把握滴注的面积、间隔的时间和滴注数，观察溶液渗入颜料层的情况；

图 5　颜料层加固

待溶液完全渗入后，垫修复纸；

用木弯脚轻轻压平滴注画面；

再用金属压脚平整细小裂纹；

拿掉修复纸，用拓包辅助压实。

（三）祛除原地仗层背部加固层

祛除原地仗层背部加固层分两个步骤进行，先祛除木框架，然后分离环氧树脂固化物。

图 6　祛除木框架

（1）祛除木框架：裁剪一些适合大小的棉纸条，在画面发生错位、变形、裂隙部位用毛笔蘸1%MC 水溶液贴在裂缝处起保护作用，毛刷、洗耳球清理干净表面后刷涂 1%MC 水溶液贴适合壁画大小棉纸以保护画面（注：棉纸光面向下）。

画面封护后加垫块状或条状海绵层，用与壁画尺寸相适应的壁板压住海绵，将壁画翻转，倒置于壁板上；用恒速电动切割机切割壁画背部木龙骨框架（图 6）。

（2）分离环氧树脂固化物：在厚度为 0.2—1.0cm 泥质地仗层上，且没有过渡层的情况下，运用手工和现代小型机械，采用分块切割（网格状切割）、化整为零的办法，传统工艺和现代科学技术相结合的手段，成功分离强度不一、厚度不均的环氧树脂加固支撑层。环氧树脂固化物非常坚硬，目前尚无直接将其熔化、溶解的方法和技术，仍要采取机械切割法分离。为了减少对壁画的震动，在切割速度、面积、切割深度上反复试验，比较，选定较为适合的方法。在切割时根据壁画地仗层环氧树脂固化物时，由于薄厚不同，需要灵活掌握角向磨光机的切割深度、面积。切出横纵的线条，交错形成边长约为 1.5—2cm 的小方格状，用手锯、小撬杠等工具撬除切割块儿，有些地方还需牙科器具、手术刀具配合使用。（图 7）

（四）画面拼接　将环氧树脂固化物分离后，在壁画背部的地仗层上划出网格，取平，减薄至1cm 厚；剔除每片壁画碎块地仗层断裂边缘的杂乱纤维，使拼接部位的地仗层呈现 V 字型；将壁画反置于玻璃台面上，进行画面拼接。

（五）重新制作壁画地仗层　经过对壁画原地仗层土质的成份、结构的分析，严格筛选了与原地仗层质地相近的土质材料及起连接和拉伸作用的麦秸、麻等辅助材

图 7　背部环氧树脂

料，重新制作壁画地仗层。

（六）重新制作壁画支撑体 由于重新制作的壁画地仗层仍为泥质，其机械强度有限，需要为揭取的壁画重新制作支撑体。通过对选用轻型材料的试验，获得与泥质壁画相适应的蜂窝型铝合金板材加固支撑材料，应用于揭取壁画的保护，使受损的壁画得以更好的保存和保护（图8）。

图8 粘接蜂窝铝板材

（七）画面修复 画面补泥修复和画面的补绘。

在壁画地仗层制作完成后要对壁画画面上的裂隙、脱落部位、切割缝、壁画边缘进行二次修补，修补层要略低于画面，以示区别和补绘；为了保持壁画原貌，使壁画的整体性和艺术性得以更好的显示，需要对进行补泥修复过的画面补绘，补绘时以壁画的原有资料为依据，无依据或一些极细小裂缝，不进行补绘，保持画面补泥修复后的泥层自然色，而对于大幅壁画画面及有据可依的图案缺失部位的补绘，按照中国传统绘画技法，选用矿物质颜料，用明胶溶液调配，保持色泽、质感与原壁画一致，而且在壁画画面补绘上，运用可识别修复手段修复画面，这样做既遵循了文物修复的可识别原则，又增强了壁画的艺术美感（图9、图10）。

图9 修复前　　　　　　　　　　图10 修复后

（八）安装装饰框　作为博物馆的馆藏藏品，壁画修复后是为了陈列展览，安装装饰框是为了保存、搬迁的方便与安全，制作了与壁画风格相适应的保护装饰框，以便藏品的保存展示。

三、重点难点分析

在此次馆藏大召经堂壁画保护修复中就我馆的现状病害图及壁画颜料层的加固回贴中容易出现问题的方面重点加以说明。

（一）壁画病害现状图

为了更好地保护这些珍贵物质信息的真实性，对壁画现有的病害作现状调查图并建立档案，为今后的文物修复对比分析留下宝贵的记录资料。

1、大召壁画病害种类

（1）起甲：起甲是壁画常见的一种病害，大召寺壁画每幅都有不同程度的起甲，产生这种病害的主要原因是绘制壁画时加入了颜料胶，使颜料层与白粉层的结合强度随着时间、壁画存放环境的变化颜色层出现龟裂状细纹。

（2）裂缝：产生的原因大致有三个：一是揭取壁画时有不正确的手法，造成一些裂缝病害的产生；二是壁画揭取后地仗层加固的环氧树脂从裂缝中渗入画面，环氧树脂层与地仗层的强度和拉伸力不同，中间无过渡层造成二次伤害产生裂缝；三是壁画后背安装的木制龙骨架变形造成裂缝。

（3）锯缝：大召壁画揭取时是用锯切割成块，切割线密集且分块较小，这就使得一幅壁画拼接后锯缝较多，并有锯划伤画面的机械损伤。

（4）划痕：壁画揭取后存放环境条件较差、多次搬运等原因造成。

（5）白粉层脱落：揭取壁画时白粉层损伤和搬运过程中受到磨损。

（6）颜料层脱落：这种病害原因较多，主要是由于颜料层粉化、起甲严重，使颜料层从画面中脱落下来。

（7）污染：大召寺壁画的污染主要有五种：第一、背部环氧树脂渗透到画面使画面颜色改变；第二、壁画表面加固剂及柱状、水滴状环氧树脂污染层；第三、大召寺房屋漏雨，有雨水渗透痕迹在画面留下泥渍污染；第四、透明胶状物的污染使画面颜色变浅起翘；第五、历史修复痕迹对画面颜料的污染。

（8）粉化：大召壁画粉化比较严重，每幅壁画都不同程度地存在这种病害。

（9）酥碱：酥碱病害较多地出现在原壁画边缘处。壁画上边因房顶漏雨，下边靠近地面，室内通风不良，气温骤冷骤热，湿度不稳定导致地仗中的盐溶解和重结晶反复交替出现，使地仗的结构强度变低，出现酥碱病害。

以上是大召壁画的基本病害，对这些病害用国家文物局制定的标准图例进行手工和电脑CAD绘制成图。

2、现就手工绘制现状病害图时容易出现的问题加以阐述：

（1）壁画病害现状调查手工图的绘制与其他的绘制图不同，是把壁画照像洗成 12 寸大小的黑白照片，再在黑白照片上覆盖涤纶薄膜绘图纸。这种纸的特点是透明度好、不易变黄变脆，适合长期保存。绘制手工现状图的笔不易过细或过粗，过细绘出的图例不清，过粗会使有些病害表达不明，0.2mm 的绘图笔效果最好。

（2）绘制现状图时首先要用软毛刷清除画面的灰尘，清理时要自上而下，由里向外，手要轻，不能伤害壁画颜料层。在粉化严重和酥碱处不能用毛刷清理，要用吹耳球去灰尘。其次，对画面要认真观察，对每个部位的病害情况都要进行认真分析，难以判断的病害要充分研究再确定。绘制病害图不能凭自己感觉，要严格按照壁画的真实情况，用图例准确表示壁画病害。第三，病害现状手绘图例不但要标注准确，在每一幅病害图中图例符号的大小也要一致，图面保持清洁美观。绘完现状图要做必要的文字记录。这是因为同一图例表示病害的具体情况不同，如污染的种类有五种，用同一图例标注。这种情况需要有文字说明，不同的污染采用的修复方法不同，这样能为下一步制定壁画保护修复方案提供准确信息。第五，在现状图的边框处标注文物号、绘图时间、绘图人员姓名、以便查索。

（3）绘制壁画现状图是一项认真细致的工作，每一幅壁画的病害不完全相同，各有不同的特点。在绘制现状图时要把握住每幅壁画的主要病害的特点。如大面积起甲处要绘出它的走向，小面积的无法给出走向，要根据病害的不同程度采用图例疏密不同表现。而在绘制裂缝时，大的裂缝要按照裂缝的实际情况描绘，有的裂缝宽，要按裂缝两边的走向描绘，细小的裂缝和起甲容易混淆很难判断，裂缝起点在壁画的边缘处、裂缝宽处能够看清楚，顺着它的走向查看越来越细，这种情况下要更加认真观察。好的现状绘图员要有一定的素描基础，因细小的裂缝有时要用放大镜观察，只能根据观察的情况选点连接。有时为了准确表示壁画病害的情况，对于重叠的病害用粗细不同的笔绘制，对于程度不同的同一种病害也用这种方式绘制，这就是叠压式绘图法。

（二）壁画颜料层的加固

一般来讲，不同时期采用的保护材料、所起作用的时间都是一定的，因此保护材料的替换就成了必然，这就要求我们在对壁画加固保护时使用可逆性的材料，以备日后能以新材料代之。所谓可逆性，是指在实施某些物理或化学手段过程中，以后还能向相反的方向进行。比如物理上某些热塑性材料固化以后又可以溶解、化学上某些平衡反应等。尽管在这次壁画修复中所用的动物蛋白胶（明胶）正是为了适应这一可逆性要求而采用的一种有机物质，但在实际中大多数情况下对壁画实施了保护措施以后，可逆性是不可能绝对实现的，为了尽量减少今后对壁画画面进一步处理的阻碍，要求我们在对壁画的技术处理上做到在加固过程中每一步都掌握得恰到好处，现就我馆壁画在加固回贴过程中容易出现问题的方面重点介绍：

1、注意工作环境中的温湿度变化以及所修复壁画画面原有不同颜料的变化。一般来说在适合保存壁画的条件下，温度偏高、湿度偏低比温度偏低、湿度偏高时对壁画的加固处理要容易些。

大家知道，绘制壁画所用的颜料大都以矿物质颜料为主，各种矿物质颜料的物理、化学性质不同，导致修复时对滴注的动物蛋白胶溶液（动物蛋白胶与蒸馏水按一定比例配比）渗透能力不同，这样势必会出现不同颜色的颜料层滴注明胶溶液后渗透速度不同。

2、滴注动物蛋白胶的浓度、次数、滴注的点数及频率，都直接影响到壁画的渗透能力。壁画加固过程是滴注的明胶溶液通过壁画层有孔质的毛细，在重力的作用下向孔隙内部渗透并通过孔隙向外挥发的过程，留下的动物蛋白胶在壁画内部起到粘接而对壁画进行加固。如果对不同颜料层选取用了不适合的明胶溶液以及滴注频率，特别是滴注浓度和频率偏高时，就会使壁画面出现凝固结胶的现象，这不仅增加了加固过程中下一步骤的难度，同时加大了壁画加固过程中"反迁"现象发生的机会。反迁即是壁画在加固工作完成后部分或整个壁画表面颜色发深或可能出现眩光的现象。这一"反迁"现象就曾在我们修复壁画中的墨色和白色两种不同颜色的颜料层出现过。为了避免对壁画保护中这种不利现象，通过查阅大量资料，并多次与壁画保护修复专家商讨研究针对壁画所处的环境中的温、湿度的变化重新制定了明胶溶液的浓度，调整了滴注明胶溶液的频率和次数，纠正了修复过程中出现的问题，达到保护修复壁画的最终目的。

3、掌握操作时间，这里包括掌握滴注明胶溶液后壁画画面渗透到何种程度，即何时能用棉纸吸收残余在壁画表面上的明胶残液以及取下棉纸后何时用特制壁画修复刀按压壁画表面，使壁画画面出现的病害如颜料层起甲、粉化、裂缝等能够用加固回贴方法使壁画颜料层与地仗层成为一个完整、和谐、稳定的整体，如果这两步的工作时间掌握不当，势必造成壁画颜料层颜料粘到棉纸上或修复刀上，成为一种新的人为伤害。

（三）病害现状图、壁画颜料层加固在壁画修复中的作用

壁画有着悠久的发展历史，它以一种特殊的方法记录了古代文明发展史，用形象直观的手法把各个时期的政治、经济、文化艺术、宗教等进行了真实的写照。绘制壁画病害现状图是壁画保护修复首要工作，是"壁画修复档案"的一项内容，它的作用有3个：1、对壁画病害情况进行细致分析研究的过程，使人们了解到存放壁画的环境对产生病害的影响，在今后的工作中要改善存放和陈列环境条件，以便对壁画进行预防性保护；2、绘制壁画病害现状图为制定壁画保护修复方案提供可靠依据，根据每幅壁画的情况，制定出不同的修复方案，对壁画进行有效保护；3、文物的保护修复工作是长久性的，每次所进行的保护修复只是在这一阶段中所作的保护。现在对壁画绘制的现状图是为下一次保护修复、研究工作留下翔实的资料，也是在对科技发展中不断产生的新型保护材料和方法进行应用时加以对比分析，留下可查阅资料。

画面加固是壁画保护修复工作中的重要步骤，是壁画修复工作水平的具体表现，一个好的壁画修复技术人员，对在壁画颜料层的加固回贴的每一步骤都能做到胸有成竹、拿捏的恰到好处。看一个优秀的修复技术人员做壁画保护修复如同享受，而不是你时时在替他担心是否会对壁画造成新的病害，而要真正达到这种境界绝非几日之功，是需要修复者长期实践和经验的积累，掌握这些基本认识、方法、操作也仅仅是壁画修复科技保护工作基础之一，在壁画保护修复中将古代

壁画制作的传统工艺技术运用其中，即传统工艺与现代科技成果进行有机的结合，是壁画保护修复的发展和创新。注重对传统工艺技术的运用和传承，就会加深我们对传统工艺技术的认知和理解，同时也是对传统工艺技术的保护。在传统工艺技术的基础上，灵活应用与现代科技成果，使壁画保护更加有效、更趋科学合理。

四、问题与讨论

（一）支撑体材料的应用问题

呼和浩特博物馆馆藏大召壁画已经加固在壁画背部的环氧树脂材料，与壁画地仗层之间基本都没有过渡层，而在不损坏壁画的情况下，采用科学技术分离固化的环氧树脂支撑层，找出适合它的新的支撑材料，根据我们实际，采用蜂窝板材作为壁画新的支撑材料，这种轻型加固支撑材料的应用，不仅解决了壁画材质与支撑材料的兼容性、耐久性、轻便性，同时也考虑到它的美观和实用性，更便于保护、保存，亦能满足陈列迁移的多种需求，保护修复效果良好。但是任何材料都是有一定的局限性的尤其是用于文物保护修复上，尽管蜂窝铝板材是目前支撑体材料的最佳选择，但还是有很多不明性状有待我们研究如蜂窝铝板材作为支撑体时的透气性？蜂窝铝板与壁画地仗层之间粘接材料硅酮胶，也是作为此次修复的过渡层能否在壁画内、外因素的变化而产生破坏力时起到缓冲的作用？能否便于壁画地仗和蜂窝铝板的再次分离，实现揭取再处理的壁画具有再次揭取的"可逆性"呢？

（二）保护修复中的全色

在馆藏壁画的保护中到底对壁画要不要全色，全色要达到什么程度，在业界一直是有争议的，我们知道馆藏壁画的保护修复最终是为了陈列展出，而对展陈壁画进行恰当的补绘增强视觉效果，这是必要的。但不可避免的是壁画的全色过程中添加了个人意愿，因为壁画的保护修复是一个持续的延续过程，每一次修复都增加了当代元素，这不一定是个坏事，因为当壁画从墙面上揭取下来已经失去了原有的真实性，但这种后期添加的过程对以后的壁画修复者会造成怎样的影响？所以壁画的保护修复中要不要全色？全色到什么程度？能否有个规范？这都是我们今后在壁画的保护修复中遇到的问题。

石膏加固的唐薛氏墓壁画再次保护修复研究
——以双环髻侍女图为例

张群喜（陕西历史博物馆　副研究员）

李文英（陕西历史博物馆　研究员）

付清秀（陕西历史博物馆　副研究员）

内容提要： 唐薛氏墓壁画是上世纪 50 年代发现并揭取的，是我国最早揭取壁画的成功案例之一。当时最为普遍的石膏作为加固和支撑体材料应用于壁画保护修复中，达到了抢救性保护修复之目的，这些壁画现在是我馆的重要藏品，是研究唐代绘画艺术不可多得的珍贵资料。

薛氏墓壁画在用石膏加固后，装入木箱中以便搬运和保存，时过近 60 年这些壁画总的来说保存状况较好，但也有些出现了局部断裂、地杖层疏松、画面污染、空鼓等病害。2008 年我馆开展"唐代壁画珍品馆"上展壁画保护修复，由于石膏加固壁画笨重，容易断裂，且不易展览。我们对上展的石膏支撑体壁画全部进行支撑体更换，并按照现代文物保护理念重新对壁画进行再次保护修复处理，取得了良好的效果。

对于馆藏壁画的再次保护修复，是目前国内外已揭取壁画保护修复重要内容，也是难度较大的课题之一。近 10 多年来，国内外针对馆藏壁画保护修复面临的问题已引起广泛关注。我们在对馆藏石膏加固壁画现状调查基础上，分析了其病害产生的原因，通过实验研究，总结出对于这类壁画再次保护修复的技术流程，规范了保护修复的工艺和方法，材料选择方面坚持与原材料的兼容和协调，新的工艺和支撑体材料考虑给以后再次处理留有空间，保护修复过程中坚持以科学研究为基础，最大限度的提取壁画的历史信息，建立健全保护修复档案记录，并从画面的艺术价值理念考虑对画面进行了清理和修复。

关键词： 石膏加固　唐墓壁画　支撑体更换　科学研究　紫外荧光成像　无损检测

引言

西安及附近地区唐墓壁画的发现始于二十世纪初，当时虽有发现，但未能揭取。1952 年，西北文物清理队成立，茹士安任队长，在西安、咸阳一带开展了以配合基本建设工程为主的考古发掘，首先在咸阳底张湾发现唐万全县主薛氏墓、张去奢墓等大批壁画墓，茹士安的夫人、美术专业毕业的张浩如的参加，改变了以往对墓中壁画不够重视的状况，茹士安、郑育文等人经反复研究、实验，使得唐墓壁画的揭取获得成功[1]，这种揭取和修复的方法也成为我国五、六十年代最为普遍的墓葬壁画揭取修复的方法。唐薛氏墓壁画的揭取保护成为我国墓葬壁画揭取保护修复的最早的成功案例之一。

万泉县主（正二品）薛氏，太平公主第二女，卒于唐睿宗景云元年（公元710年）。薛氏墓位于陕西咸阳底张湾，1953年发掘。墓为双室砖墓，由墓道、过洞、天井、4个小龛、前甬道、前室、后甬道、后室组成。墓中壁画损毁严重，墓室及后甬道壁画脱落，前甬道为人物画，有男女婢仆捧物、捧盒、迁狗、驾鹰等，天井下两壁绘列戟图。这些壁画的发现是研究唐代历史文化、绘画艺术等方面不可多得的资料，具有极高的历史、艺术和科学价值。

利用石膏作为加固修复和支撑体材料是50年代最为普遍和成熟的技术，我馆目前有140多幅壁画是采用石膏加固修复的。这些壁画经过近60年时间，总的来说，保存状况还不错，但也有壁画出现不同程度的病害。2001年，我馆正式启动唐代壁画珍品馆建设项目，被选的上展壁画数量达97幅，其中50年代石膏加固的壁画有近30幅，这些壁画由于采用石膏加固，比较笨重，也出现了不同程度的断裂、酥碱、变形及画面污染等病害，所以在上展前要对这些壁画进行再次保护修复处理。为此我们经过前期调查，制定保护修复方案，开展实验性保护修复研究，最后形成了一套对石膏加固的已揭取壁画的再次保护修复处理的工艺流程及方法，完成了30余幅石膏支撑体壁画的支撑体更换及保护处理。

1. 壁画的历史与现状调查

馆藏壁画是经过对出土墓葬壁画揭取迁移，复原修复后收藏在文博管理部门的珍贵藏品。经过近60年的变迁，这些壁画都有不同程度的病害发生，而且有些病害还非常严重，如早期利用石膏加固的壁画出现壁画连同支撑体断裂、变形等病害。

根据文献记录[2]薛氏墓壁画揭取和修复过程是：从上而下，用水清洗壁画表面泥土，炭火干燥壁画表面，用桃胶贴布于壁画表面，用薄刃刀铲，自下而上分离壁画，用夹板固定搬运壁画。后期处理是利用小铲或小刀清理壁画背面泥土，用石膏灌注壁画后背，必要时在石膏层中加入麻纤维或细钢筋。最后去除壁画表面贴布，修补画面，待壁画干燥后，利用稀释的"丙酮胶液"或"凡立水"封护画面，保护壁画的颜色并使色彩鲜艳。而且为了搬运方便，将壁画存入木盒子中，表面有一可滑动的玻璃盖子，也可防止灰尘等对壁画进行保护。

1.1 现状调查

薛氏墓壁画双环髻侍女图原位于甬道东壁，现为一级文物，装于木盒中（图1、图2），编号为B临44，图中侍女头梳双环髻，身穿黄色窄袖短襦，绿色长裙，肩披灰褐色披帛，从装束来看，为一年轻侍女，似乎听见呼唤，正欲扭身顾望，神态中透露出一丝稚气。

现状如下：壁画采用石膏加固，装入木盒中，画下铺有一层棕垫，壁画尺寸为116×51cm，厚4.1cm；壁画由5枚钉子固定于底板上，钉帽上涂有防锈剂，上面用石膏封住；壁画表面曾经封护，

图1 装入木盒中保存的壁画

眩光明显；画面有灰尘污染；壁画地仗有酥碱病害，下部较为严重；画面凹凸不平，有残留泥土污染；地仗层及画面有缺失，期中脸部较为明显，并有泥土堆积污染。

1.2 科学调查

为了确定壁画表面封护材料及内部结构，我们对壁画进行紫外荧光成像诊断（如图3、图4）及X光透视诊断分析。紫外荧光照片显示壁画表面有明显的亮黄色荧光，说明壁画表面曾经使用过封护材料对画面颜色进行保护，从现在表面状况观察，强度还比较好，起到对画面加固和封护的效果，表面落灰很容易清理掉，但画面颜色稍微有点变黄。这也和文献记载使用"丙酮胶液"或"凡立水"保护画面吻合。X光诊断未能检测出明显的问题和内部加的材料，但在后来对石膏支撑体去除时，还是发现石膏内部加有麻纤维，可能是因为平铺的麻纤维未能引起X光

图2 双环髻侍女图正面

图3 紫外荧光成像诊断

图4 壁画病害图

穿透的明显差异，所以这些起到加强和增韧作用的麻纤维未能检测出。

1.3 主要病害

壁画主要病害表现为：石膏支撑体出现断裂、画面缺失、表面灰尘污染、固定壁画的螺钉处石膏体断裂、地仗酥碱多孔、封护胶眩光明显且已变黄等。（如图5—图10）

图 5　石膏体断裂

图 6　画面缺失

图 7　灰尘污染

图 8　固定壁画螺钉

图 9　表面封护胶眩光

图 10　壁画地仗酥碱多孔不平

2. 馆藏壁画保护修复的理念与原则

"唐代壁画珍品馆"是中意合作"支持陕西历史博物馆"项目，利用意大利在壁画保护修复、陈列展示方面的先进经验，通过双方合作研究，对壁画展示方式进行科学设计，在展览中充分融合了现代科学保护的理念与技术，创建了集展柜密封、柜内微环境洁净、温湿度控制、光源无紫外及红外辐射等预防性保护措施于一体的陈列展示方式，达到对展出壁画长期保护的目的。

针对上展壁画现状及出现的病害类型，我们经过充分调查和科学研究基础上，经过多学科专家共同讨论，制定科学保护方案，在实验的基础上，开展保护修复实施。具体原则如下：

（1）坚持消除病害原则。针对壁画出现的各种病害，分析病害原因，对于造成壁画稳定性及影响壁画价值的病害要消除，确保壁画上展入柜时保持健康稳定。如断裂、空臌、酥碱、画面污染等病害。

（2）坚持再保护修复材料兼容性和可辨识性原则。原来使用加固壁画的石膏浇注支撑体与壁画本体材料化学兼容性差，石膏易吸水，也较地仗层碳酸钙更易溶于水，造成钙质迁移，影响画面；同时材料脆性大而韧性较差。所以我们再修复时尽量使用石灰浆作为修补和过渡层材料，利用传统工艺，和壁画原地仗材料完全兼容；对于画面修复要做到可辨识性，既协调又可辨识。

（3）坚持材料和工艺的可再处理性原则。对于新增支撑体材料，我们选用环氧树脂粘接铝合金龙骨支撑体，为了增加可再处理空间，我们坚持在壁画本体背面制作一层约1公分厚的石灰质过渡层，对于表面缺失填补材料，采用与本体隔离，这样可给以后再次处理留有空间。

（4）坚持信息的真实性原则。由于这些壁画都是早期修复过的壁画，甚至已经近60年。我们必须要基于多学科科学研究，充分了解壁画所包含的不同时期的历史信息，要分析清楚原始信息和后来修复所产生的信息，保护原真信息，尊重对壁画修复产生价值的历史信息。如对于相对稳定的封护材料，我们暂时予以保留，而对于石膏修补和加固的部分予以去除。

3. 保护修复处理

由于石膏加固的壁画笨重，出现了断裂等病害，我们的方案是对这些上展石膏支撑体壁画进行"脱胎换骨式"的支撑体更换修复。在前期科学调查研究之后制定保护处理方案，然后开始实施；具体实施流程是：前期处理→封贴画面→去除石膏层→壁画加固→制作过渡层→粘贴新支撑体→揭去贴布→修复画面等过程。

3.1 前期处理

这个过程包括拆除原装壁画的木框，对壁画本体进行全方位检查，清理画面，对缺失、断裂处进行临时加固等。主要是对表面灰尘、泥土污染进行清理。

拆除装壁画的木箱边框是处理的第一步，然后检查壁画的固定方式，去掉固定壁画的木螺丝（图11）。

画面清理主要是对壁画画面长期的落灰、泥土污染物及残留胶污染进行清洗处理。一般要在实验的基础上选择物理方法、溶剂清洗等进行[3]。灰尘采用软毛刷清除，再通过蘸水湿棉签滚动清除，注意虽不能多，否则会污染画面，而且要采取少量多次清除过程，逐渐完成。对于泥土污染，由于泥土有加固壁画时采用的胶结物，所以一般使用2A溶剂，少量多次剔除，最后用棉签擦除。

为了防止更换支撑体时，因表面地仗层断裂或画面较大面积缺失产生错位或造成再次损伤，务必要对这些部位进行修补加固（图12）。

图11　拆除固定壁画的螺钉　　　　　　　　图12　对缺失处进行修补加固

3.2 封贴保护画面

要对原有石膏支撑体进行更换，首先要对壁画进行画面封贴保护。我们利用30%的桃胶水溶液先贴一层皮纸在壁画表面，要压紧拓实，然后再使用同样方法，将30%桃胶涂刷于棉布上，再翻转粘贴于壁画表面，拓实（图13）。待干燥后即可翻转壁画进行石膏支撑体的去除。

3.3 去除石膏支撑体

① 翻转壁画：首先在壁画表面铺一层皮纸，之上铺垫一层羊毛毡，之后就可上夹板了，夹板两边用铁丝箍紧，夹板固定稳当之后，即可顺利翻转。反转后，发现壁画下垫有的棕垫，这些棕垫在长期的保存或搬运中起到减震缓冲保护壁画的作用，特别是对于脆性较大的石膏支撑体壁画更是如此。

② 去除石膏支撑体：

翻转壁画后，先要将壁画四周散落的石膏碎渣清理干净，然后利用木条将壁画四周固定（图14），以免在去除石膏时，造成壁画移动损坏壁画。

石膏层去除：使用手据将壁画石膏支撑体逐层分割成小块，逐片去除（图15）。在支撑体去除过程中发现，石膏支撑体中掺有一层麻，以起到增韧的作用（图16）。

石膏支撑体清除到最后很薄的一层，可以发现，石膏支撑体的局部与壁画背面的麦草泥层分离，估计是由于在制作时麦草泥面清理不彻底以及石膏固化、干燥收缩所致（图17），这种情况也已引起壁画出现空臌病害。特别要注意，到差不多有3～5mm左右时，应避免利用手锯等力度大的工具进行操作，而要改为手术刀、木工凿等小型工具，手工去除，以免发生壁画层折断或损伤。待石膏层去除完成后，根据壁画地仗层及草泥层保存状况可适当再对草泥层剔除（图18），尽量对疏松的泥土进行去除。

图 13　画面贴皮纸、贴布　　　　图 14　利用木条固定壁画　　　　图 15　手锯逐层去除石膏

图 16　石膏中加入的麻纤维　　　图 17　石膏与壁画背面草泥层　　　图 18　完成背面石膏去除

3.4 背面加固及制作过渡层

过渡层是夹在壁画本体与支撑体之间,从力学性能和材料角度起到过渡和缓冲作用,同时也给再次对壁画处理留有可操作的空间。过渡层主要由石灰膏及麻刀组成,按照传统工艺制作。即利用竹条抽打麻刀,使麻纤维分散成为单纤维的絮状,石灰膏是利用生石灰块淋制陈腐 2 年以上熟石灰,按照一定比例,将麻刀加入到石灰膏中和匀,密封放置一夜待用。

对壁画背面裂隙及缺失处填充麻刀石灰膏,注意避免石灰水渗于壁画表面,同时反复多次利用饱和的石灰水从背面加固壁画地仗层(图 19),对于疏松强度较差部位利用 5 ~ 10% AC33 加固。

用肥皂水涂抹四周边框,便于以后的分离,再次加固壁画地仗层背面,然后将和好的麻刀石灰膏抹于壁画背面,反复压实、压平(图 20),过渡层厚度约 8—10mm,抹制完后加盖塑料膜使过渡层阴干。

3.5 粘贴新支撑体

新支撑体采用铝合金龙骨架与环氧树脂粘结层构成。粘结前首先要对粘接剂配比进行试验(图 21),对铝合金粘接面进行打磨、酒精丙酮擦除处理,同时再铝合金粘接一面按间隔钻 5mm 小孔,

图 19　利用石灰水加固壁画　　　　图 20　收压过渡层　　　　图 21　环氧树脂配比试验

以便增加粘接强度。

先将壁画背面过渡层清理干净，最好拉毛，以便增加站接力。再涂抹配好的环氧树脂，贴一层玻璃纤维布，压实后再以同样方法再贴一层玻璃纤维布，最后按照铝合金框粘接面，涂抹环氧树脂一层，粘接铝合金龙骨，上面压实待固化。

3.6 揭取贴布并修复画面

环氧树脂完全固化后就可再将壁画翻转，揭取表面贴布。揭取前先将壁画翻转时铺垫的皮纸揭掉。

图 22　打磨铝合金粘接面　　　　图 23　制作环氧树脂粘接层　　　图 24　粘接铝合金龙骨

① 揭去表面贴布：利用加热的蒸馏水润湿毛巾，覆盖在壁画表面，桃胶遇水回溶，片刻后可将表面贴布揭下（图 25）。利用同样的方法用热毛巾热敷回溶桃胶，揭取壁画表面的贴纸。

② 壁画画面修复：对画面缺失处进行填补，在缺失处润湿并利用皮纸作为隔离层，填充石灰膏，这样可以防止灰膏污染画面（图 27）。同时对壁画填补处白色画面进行全色处理，使其颜色接近壁画地仗层颜色，淡化修补痕迹，突出壁画内容（图 28）。修复前后对比（图 29、图 30）。

4. 讨论

关于石膏加固壁画的再处理是馆藏壁画（或已揭取壁画）面临的普遍问题，因为对于壁画的揭取保护带来的新支撑体材料的引人，必然改变了原壁画的存在物质基础，也就给壁画出现的新

图 25　热敷揭去贴布、贴纸　　　　　　图 26　表面贴布完全揭去

病害产生影响，所以在研究已揭取壁画病害的时候，除过壁画原位时已经发生的病害形式，所采取的揭取方法和修复工艺无疑是最有影响的因素之一。加之保存过程中的环境因素，搬运及利用等形成了壁画的复杂的病害形式。所以说材料原因引起的问题已成为已揭取壁画研究的主要课题。

图 27　缺失处补全后　　　　　图 28　人物面部全色后

图 29　修复前　　　　　图 30　修复后

① 关于早期薛氏墓壁画保护修复的评估，薛氏墓壁画是我国最早采取揭取保护修复的墓葬壁画，利用桃胶贴布揭取，石膏加固，表面封护等技术实施的保护修复，并采用了木箱加玻璃盖，利于搬运，既防尘又能观赏，总的来说是非常成功的案例。可以说当初从揭取到复原修复，再到收藏保存等各个环节考虑都非常周到，即使当时利用的石膏作为加固材料，由于处理工艺得当，也没有出现明显的问题，同时对画面色彩采用封护保护措施也发挥了作用，当然，任何材料都有时代的局限，如石膏笨重、易碎，也出现了局部断裂等病害，所以说使用任何材料都要考虑操作工艺，而且更要考虑给以后留有操作空间。

② 顶层设计问题，由于墓葬壁画揭取保护是一个干预性非常大的保护手段，从揭取到复原修复，再到长期的预防性保护的陈列与储藏，是一个环环相扣的系统工程，无论是材料的使用，还是工艺方法都需要考虑前后衔接，兼顾左右，需要规范化流程、需要科学化分析与诊断，需要真实完整的档案记录，这样才能给以后留有珍贵的资料，也是将来再次保护修复的科学依据。

③ 材料兼容性问题，对传统工艺方法的研究，利用原材料原工艺进行保护修复，本身就是对传统技术的继承，更是保护壁画真实性的体现。也就是说我们不仅要保护壁画的物质本体，更要继承传统工艺。同时材料兼容减少了因材料特性的差异引起新的病害出现。

④ 关于支撑体问题，馆藏壁画的支撑体是揭取壁画保护修复中必须面对的问题，从石膏支撑体、大漆木龙骨、环氧树脂木龙骨、环氧树脂铝合金龙骨、再到目前大家认可的蜂窝铝板，体现了对支撑体材料和工艺的进步，从科学和规范的角度出发，我们认为还是应该从壁画本身的保存状况和要求出发，结合现有商用材料的特性，科学评估馆藏壁画支撑体力学和理化指标要求，研发真正适合壁画的支撑体材料，比如说，目前买到的蜂窝铝板都是针对商用的航空板材或者建筑幕墙板材而生产的，并不完全适合于壁画，还有很多改进的空间，如面板材料再处理难度大，如果换成碳纤维树脂材料也许会更容易更换；另外我们还可以根据壁画的形状，直接在实验室做出蜂窝板支撑体，这些实验室的工艺技术都需要研发。

5. 结语

经过对我馆收藏的不同时期加固修复壁画的保存现状及病害调查评估，比较研究不同支撑体材料出现的问题，我们针对性的对 50 多年前石膏加固壁画进行保护修复研究，总的来说，石膏加固壁画因笨重、脆性大韧性不足，出现断裂、酥粉病害较多，经过科学实验，总结了一套对支撑体更换处理的"脱胎换骨"的壁画保护处理流程，成功的对上展的 30 余幅石膏支撑体壁画实施了支撑体更换处理。新的材料的应用，也考虑给以后留有操作空间。

参考文献

[1] 茹士安，介绍我们处理古墓壁画的一些经验，《文物参考资料》1955 年第 5 期。

[2] 贺梓城，唐墓壁画，《文物》1959 年 8 期。

[3] 张群喜，馆藏唐墓壁画科学保护中画面的清洗，陕西历史博物馆馆刊，2010 年 12 月，第 17 辑。

福州三坊七巷明清古建筑壁画和灰塑传统技法及工艺研究

杨秋颖　蔡博　张芳　刘东博　崔敏侠　田小平（陕西省文物保护研究院）

内容提要：福州三坊七巷古建筑宅院的壁画和灰塑，内容丰富、形式规整、布局精致，承载了三坊七巷民居建筑丰富的文化内涵。但目前能够完整保存下来的已不多见，只能看到散落在各个深宅大院残垣断壁上的零星残块。濒临消失。通过对数百处残块保护修复过程中的同步研究，对壁画和灰塑的传统形制、位置、内容、布局、技法及色调等艺术风格进行了总结；并通过走访调研和收集采样，进而对壁画和灰塑的传统制作材料和制作工艺进行了分析。为继续传承这一形式的壁画和灰塑提供科学依据。

关键词：古建筑壁画和灰塑　艺术风格　传统制作　材料　工艺

"三坊七巷"位于福州市中心位置，占地 40 公顷，明清古建筑 268 处，集中体现了闽越古城的民居特色和福州城市发展丰富的历史文化沉淀。历代共有 140 多人举进士，410 多位历史名人。其中林则徐、沈葆桢、严复、林旭、林觉民、陈衍、郁达夫、林徽因、冰心等人都曾生长或居住在这里。被誉为"近代名人聚居地"和"闽台渊源的寻根地"。有各级文物保护单位 28 处，其中国家重点文物保护单位 15 处。是中国十大历史文化名街之一。并被列入世界文化遗产后备名单。

1. 建筑壁画和灰塑的艺术风格

三坊七巷的建筑布局严谨而精致，匠艺奇巧而独特，体现了闽地古城的民居特色。建筑最突出的特点是高、大、宽，中轴线上的主厅堂与其他廊、榭等建筑形成高低错落，活泼而又极富变化的空间格局。厅堂一般是开敞式的，与天井融为一体。在北方建筑及其他南方建筑中，都极少见到。这是福州古建筑的重要特色之一。三坊七巷除了在布局结构上与众不同之外，还有独有的曲线形马鞍墙、木构件雕饰及建筑门等。最具特色的当属建筑墙院上的壁画和灰塑装饰，是福州民居建筑文化的重要元素。

从位置来看，壁画和灰塑主要绘制在庭院的四个位置：一是墙檐位置，二是天井回廊位置，三是隔墙的漏窗位置，四是门厅匾额位置，主要以壁画、灰塑或画、塑相间的形式为主。这些图案从内容到色彩，能与周围环境形成一种互动的关系，具有一种亲和而绚丽的独立审美因素，体现出深厚的民族文化底蕴和鲜明的地方特色，同时又反映了当时人的内在精神追求和审美心理。

从内容看，内容丰富，取材广泛，有人物故事、亭台楼阁、吉寿文字、花鸟山水、梅兰竹菊、福禄寿喜以及博古图案等。其中在墙檐和墙裙位置多以人物故事、亭台楼阁为主；在画面上下的荷西线、边框以及漏窗边框位置多以吉祥图案、花鸟博古等图案重复或对称出现。明清时期，其装饰的特点图必有意，意必吉祥，这种吉祥的寓意，以名称谐音表达和以图案形象表达，例如，两边对称塑绘花灯、花篮，这些纹样装饰大体构成一种对称的图形，在每个表现区域中，出现一些古典人物和一些象征物品，整体通过一些诸如绶带飘动，卡榫流转把所有图形统一起来，这种隐语表现在花篮、花灯，如灯就是添"丁"的谐音，作为民居，对子孙后代的衍生不息是极为重视的，凤朝牡丹图案又表现了富贵美好的期盼。图案的结构如圆形喻圆满，钱纹喻财富，莲花喻清白，蝙蝠喻福寿，蝴蝶喻美好，石榴暗喻硕果累累，鱼的形象暗含着年年有余，这些图象都有它本身的象征和隐喻意义，寄托了人们对美好生活的向往和吉祥如意的强烈愿望，这符合当地民俗习惯。另外还有表现文人品质的一些绘画内容，如有宋代诗人王安石的咏梅诗句"遥知不是雪，为有暗香来"以及琴棋书画、青铜彝器等内容。特别是在墙檐和墙裙装饰画的画心（当地名：框堵、壶边或统称荷西线）绘有大量的人物故事和传统典故内容，文化内涵丰富，寓意深远，形式上给宅院以装饰功能，而人文环境的效应是无声的传统礼教和文化熏陶，子嗣以尊者祀之，依仁者礼之，以贤者齐之。这种厚重的文化底蕴，孕育出历代名人辈出。

壁画构图形式上，不同位置有固定的格式、层次和尺寸。其中墙檐壁画紧靠檐下位置，总高55—60厘米，通常分为五层，每层都有图案装饰，结构顺序为：上边框（5cm）——荷西线（10—12cm）——中边框（5cm）——画心（30—40cm）——下边框（5cm），也有的达七层和九层之多；墙裙画的结构层次相对简单，画面一般距地90—115cm之间，主要由眉线和画心两部分组成，结构顺序为：眉线（5cm）——间隔（4cm）——画框上双边线（1cm）——画心（30—35cm）——画框下双边线（1cm）。

绘画技法上，不同的位置也有不同的特点。墙檐人物画一般采用工笔淡彩，墨色勾线，赭色、雌黄、朱砂填色晕染；墙裙人物画一般采用工笔白描和兼工带写的技法；边框装饰框线采取连续纹样，主题花纹连续重复更是增添了一种整体面积上的韵律装饰美感。

在壁画的色彩上，墙檐壁画色彩丰富，特点是画心淡雅，边框跳跃。不同的层次用色有一定的规律。边框和荷西线，色彩对比强烈，一般在边框上只用黑白黄三色，荷西线以蓝白两色为主，蓝色为底，白色图案，各色填色晕染；墙裙壁画色彩单一，以水墨为主。墙檐和墙裙上下既有对比又有协调，和谐自然，并讲究均衡和内在的节律，其布局法则格律中显见生动，强调变化中的均衡，符合艺术上形式美的规律。

2. 传统制作材料及工艺分析

2.1 传统灰塑材料调研

与一般传统壁画相比，福州三坊七巷壁画和灰塑制作材料有独特的地方特点。壁画地仗材料及浮雕的主要成分为壳灰。但随着现代建筑材料的发展，壳灰的传统烧制已不多见。在福建漳浦

图1　墙檐壁画修复前（上）和修复后（下）照片

沿海至今还保存着壳灰的传统烧制技术（图1、2），灰窑是个长方形的土槽，槽底架一层钢筋，钢筋上面铺上砖块，底下留空以便借助动力装置鼓风助燃，贝壳、谷壳、煤粉把三者混合均匀，然后填入灰窑。填入之前要在砖块槽底上面先铺上一层稻草或谷壳，便于引燃和增加透气性，点火煅烧，经过五、六个小时的煅烧，煤和谷壳被烧尽，贝壳就变成了白色的贝壳灰。

　　壳灰是蛤壳洗净晒干、碾成碎块煅烧而成。蛤壳：取净蛤壳置无烟火上煅至红透，取出放凉，碾碎即成。蛤粉：将煅蛤壳碾至极细成粉末状。蛤壳的主要化学成分是文石，化学组成：$CaCO_3$，$CaO56.03\%$，$CO_243.97\%$。常含有锰和铁；壳灰煅烧后结构与方解石化学成分相同，属同质多象现象。区别在于文石为斜方晶系，方解石为三方晶系。

　　用壳灰作壁画地仗材料具有强度高、抗风化力强、细腻光滑等特点。壳灰质白莹润，但时间长会逐渐泛黄。福州地区墙院装饰画处在室外，风吹日晒、雨水浸淋，而壁画地仗和灰塑历经百年甚至数百年能够留存至今，与其特殊制作材料的科学性紧密相关。

2.2 壁画传统制作材料及工艺分析

　　采用显微剖面分析、XRD等手段对壁画和灰塑的制作材料和工艺进行了分析。分析结果表明，壁画颜料为天然矿物颜料，其中蓝色为青金石，白色为方解石，红色为朱砂和赭石，黄色为针铁矿，绿色为石绿，黑色为炭黑。地仗主要成分为壳灰加麻筋。

　　彩绘层工艺：三坊七巷壁画至少有两次重彩，局部有多层重彩（图3）。原始彩绘层工艺为：

图 2　走访壳灰传统烧制现场

贝壳　　　稻壳　　　　　稻壳

焙烧池

池底部古风设备　　　　焙烧过程　　　　　　烧好的壳灰

图 3　壳灰烧制传统工艺

表1 原有壁画颜料成分 XRD分析结果

序号	样品编号	采样位置	颜料种类	分析结果
1	L-1	林宅檐画表层	蓝色	颜色矿物：青金石 下层：石膏 下下层：方解石
2	L-2	林宅檐画表层下	白色	方解石 石膏
3	L-3	林宅二层檐画	红色	颜色矿物（红）：辰砂 非色矿物：方解石
4	L-4	林宅二层檐画	绿色	颜色矿物：孔雀石 非色矿物：方解石
5	R-1	林宅二层檐画	黄色	颜色矿物：针铁矿 非色矿物：方解石、石英
6	R-2	二梅过厅腰线	黑色	炭黑
7	R-3	二梅过厅腰线黑色下	白色	方解石
8	R-4	二梅檐画	蓝色	青金石
9	S-1	水榭檐画	白色	滑石
10	S-2	水榭檐画	红色	辰砂

打底、勾勒、渲染三道工序。主要是工笔白描和工笔淡彩技法。

重彩层工艺有两种：一种是在原始彩绘层表面先重塑一层细泥层，然后作画；另一种是直接在原始彩绘层表面敷彩。主要是兼工带写的技法。

颜料种类：以黑色为主，其次为蓝、红、白、黄、绿等色。

福州三坊七巷部分古建筑宅院的装饰壁画，内容丰富、形式规整、布局精致，承载了三坊七巷民居建筑丰富的文化内涵，具有一定的历史价值和艺术价值。但是，由于院落年久失修，加之壁画多处于院落的室外院墙上，能够保存下来的已不多见，壁画、灰塑几乎残损无遗，只能看到散落在各个深宅大院的残垣断壁上零星残块。

由于大部分处在墙檐、墙裙及漏窗等部位壁画和灰塑都已缺失，古建筑宅院缺少了特有的文化内涵和装饰元素，修缮后的墙院内没有了壁画、灰塑，只剩下了白墙，久而久之就会给后代形成原墙面没有壁画的认识，这一独特的古建筑宅院装饰形式濒临失传。因此，当务之急是首先保护好残存壁画和灰塑，同时及时的在仅存不多的实物中研究和继承传统工艺和技法，并再现这一包涵浓郁文化底蕴的宅院风格，是抢救性保护修复工作的重要组成部分。

表2 原有壁画地仗材料成分XRD分析结果

样品编号	LK-1	LK-2	LK-3	RK-1	SK-1	BZ-1
采样位置	林宅檐画表层	林宅檐画二层	林宅檐画三层	二梅匾额	水榭墙裙	工程现用壳粉
矿物名称	各成分含量 w 10-2					
文 石	/	/	/	/	/	/
伊利石	/	7	/	7	/	/
绿泥石	/	/	/	/	/	2
石 英	/	8	3	8	3	3
方解石	98	74	92	78	97	14
高岭石	/	6	/	6	/	/
白云石	/	/	/	/	/	78
石 膏	1	/	4	/	/	/
长 石	/	4	/	/	/	/
滑 石	/	/	/	/	/	2
未检出	1	1	1	1	/	1

表3 彩绘层显微剖面分析

序号	样品编号	采样位置	剖面观察结论（表层→内层）
1	L-1	林宅檐画表层	红色层（10μm）+白色层（100-120μm）+地仗土层+白色层（50μm，发蓝色）
2	L-2	林宅檐画多层	褐色层（-25μm）+黄色层（10-40μm）+白色层（190-310μm）+地仗层，黄色与白色层无明显界限
3	L-3	二梅匾额	绿色层（40μm）+地仗层，绿色层与地仗层之间有较明显的黑色分割线。

参考文献：

［1］《画学简明 》，〔清〕郑绩 著 北京市中国书店。

［2］《明清民间木雕·祥瑞动物》卷 董洪全 著 万卷出版社。

〔3〕《任薰花鸟册》西泠印社出版社。

〔4〕《江介花卉册》西泠印社出版。

〔5〕《颐和园·长廊彩画故事大全》沈阳出版社。

〔6〕《中国狮子雕塑艺术》上海书店出版社。

〔7〕《工笔画线描山水画谱·树石篇》，李震，天津杨柳青画社。

〔8〕《明刻传奇图像十种》，〔清〕王文衡绘，北京工艺美术出版社。

〔9〕《中国近现代名家画集·陈少梅》陈少梅绘，天津杨柳青画社。

〔10〕《芥子园画传·第四集人物巢勋临本》胡佩衡、于非闇，人民美术出版社。

〔11〕《中国历代绘画经典·兰》王绣，河南美术出版社。

〔12〕《中国历代绘画经典·梅》王绣，河南美术出版社。

〔13〕《中国历代绘画经典·竹》王绣，河南美术出版社。

〔14〕《中国历代绘画经典·菊》王绣，河南美术出版社。

〔15〕《二十四孝图》陈少梅绘，天津人民美术出版社。

〔16〕《李霞绝笔·二十四孝图》李霞绘，福建美术出版社。

〔17〕《诗情画意画法》卢津艺绘，天津杨柳青画社。

〔18〕《工笔花卉传统笔墨参考》本社编选，天津人民美术出版社。

〔19〕《荣宝斋画谱》花鸟〔明〕吕纪绘，荣宝斋出版社。

〔20〕《荣宝斋画谱》百花图卷，〔宋〕无名氏绘，荣宝斋出版。

〔21〕《中国古代版画百图》周芜，人民美术出版社。

〔22〕连环画《红楼梦故事》上海人民美术出版社。

〔23〕《清.孙温繪全本红楼梦》刘廣唐，作家出版社。

〔24〕《千家诗.诗选》二卷，光绪十五年福州日新堂刻本。

〔25〕《绘图千字文》上海沈鹤记书局发行。

〔26〕《中国古代戏曲版画集》周心慧撰集，学苑出版社。

〔27〕《孔子圣迹图选》〔清〕改琦绘，福建美术出版社。

〔28〕《三坊七巷》杨勇等编著。

〔29〕《三坊七巷》北北编著，时代文艺出版社。

〔30〕《话说三坊七巷》唐希编著，福建电子音像出版社。

〔31〕《林聪彝故居古建维修设计方案》。

〔32〕《二梅书屋古建维修设计方案》。

〔33〕《水榭戏台古建维修设计方案》。

〔34〕《小黄楼古建维修设计方案》。

走访附录

〔1〕林聪彝第五代、原福建省人大副主任：林强。

［2］林聪彝第四代、书法家：林桢墉。

［3］林聪彝第五代：林晓钟。

［4］福州市林则徐博物馆前馆长：官桂铨。

［5］林聪彝古代维修工程：林智利。

［6］二梅书屋古建维修工程：徐明焰、萧闽森。

［7］小黄楼古建维修工程：葛工。

［8］福建文史研究馆。

［9］福州市科技情报所。

［10］闽清县明清宅院（四处）。

［11］福州西门外徐家庄明清宅院（四处）。

［12］福州闽侯林春泽故居（等六处）。

［13］三坊七巷 17 处国保明清宅院。

洛阳唐 49 号墓壁画清理及思考

杨　蕊（洛阳古代艺术博物馆　副研究员）

内容提要： 表面清理是壁画修复中风险最大的工作，因为清理是一个不可逆的过程，一旦去除掉，就不可能再恢复，所以必须慎重对待。本文结合洛阳唐 49 号墓壁画清理工作实践，对壁画的现场清理及实验室清理工作做了详细介绍；对该墓中出现的坚硬的"土绣"的清理提出了意见，指出壁画的现场清理非常关键，它直接影响壁画后期修复效果和修复时间。

关键词： 洛阳　唐墓　壁画　清理

1. 墓葬及壁画概况

洛阳唐 49 号壁画墓是唐代安国相王李旦（公元 662 ~ 716 年）孺人唐氏的墓葬，位于隋唐洛阳城遗址南。2005 年初，在配合洛阳新区建设时发现。该墓坐北朝南，由长斜坡墓道、过洞（4 个）、天井（3 个）、甬道、墓室等部分组成，总长 35.10 米。墓道长 15.56、宽 1.60 米。在该墓的墓道、甬道两侧和墓室中均绘有壁画，但由于损毁严重，墓室和甬道中壁画已不见踪影，仅剩一些地下残块。墓道、过洞、天井两侧所绘壁画保存较好且内容相似，从墓道开始，依次绘有青龙、白虎，代表东、西方位；人物、马、骆驼等，构成出行图；过洞两侧绘有面目狰狞的守门武士，为长眠地下的墓主人守门；天井和甬道两侧绘有扈前侍卫、童仆等各色人物，再现墓主生前奢华的生活。

历年来，洛阳考古工作者发现了大量唐代墓葬，出土大量精美的文物，但壁画墓的数量较少。该墓葬不仅保存了大面积的壁画（60 余平方米），而且由于墓主人为皇亲国戚，墓中壁画绘制技巧高超、画幅巨大、人物众多、线条流畅、气韵生动，壁画颜料虽历经千年，依然绚丽鲜艳，令人惊叹不已！这些壁画向我们展示唐代绘画艺术成就的同时，更是直观、形象地展示了唐代社会，特别是唐代上层社会的生活场景，为我们了解唐代的政治、历史、绘画、服饰、葬俗等提供了极为珍贵的形象资料，具有很高的历史考古价值和艺术价值。2005 年 6-7 月，洛阳古代艺术博物馆对墓中保存的壁画进行揭取保护。

墓中壁画从结构上分为四层：最后面土壁为支撑体；其上为拌有植物秸秆的草泥地仗层，再上为素白灰抹制的白灰地仗层，两者厚度约为 3 厘米；最外层是颜料层，以红、黄、黑矿物颜料为主。

2. 壁画的现场清理

壁画的清理分为现场清理和实验室清理两个阶段，其又分为正面清理、背部清理。

2.1 壁画表面清理

主要是去除壁画表面的泥土、植物根系等污染物、覆盖物。

由于墓主下葬后，墓道、甬道内要用土填满，而当地土为粘性较强的黄土；而此处位于洛南，地势低，地下水位较高；再加上此地多年来一直被用作农田，地下常年湿润，因此，千余年的浸蚀、破坏，使壁画表面覆着一层难以清除的黄色"土锈"，并且布满叠压、裂缝（图1、图2）。另外，绘好后尚未干透又被土填埋的壁画灰土层与土墙并未粘牢，多年来地下水的侵蚀和发掘后壁画表面压力的改变、环境（温度、湿度）的变化，又使壁画出现了褪色、空鼓、局部脱落或大面积坍塌等严重现象。壁画是绘在厚约3厘米左右的草泥加素灰墙面上，地下高湿、多盐的环境，使画面基础稳固性差，质地疏松，容易脱落。因此该墓现场清理难度大，且清理过程中要对空鼓、叠压、碎裂、酥碱粉化等较危险的地方进行临时加固措施。

图 1　土锈、裂缝　　　　　　　　　　　　图 2　土锈、叠压、裂缝

2.1.1 清理、加固前的准备工作

首先，对所有壁画进行拍照，留取最原始资料，以便以后修复时参照对比。

其次，准备好所用的工具、材料，如竹签、手术刀、漆刷、毛笔、注射器、塑料盆、剪刀、棉签、脱脂药棉、纱布、宣纸、白乳胶等。

最后，配制好清理及临时加固用药水：A、清理用药水：无水乙醇:纯净水 =1:1，随用随配，看用量而定；B、加固用药品：聚醋酸乙烯酯乳液，Paraloid B-72:丙酮 =1:10，配好待用时根据需要稀释，由于壁画面积大，药水应多准备一些。

2.1.2 壁画的清理

墓葬发掘时，壁画表面泥土已被大概清理；但为了保证揭取壁画时表面所贴纱布的牢固性，必须把壁画表面的淤土、粘土进一步清理干净，这是一项耐心细致的工作。

清土主要使用机械方法：土薄的地方，用棉签或脱脂棉蘸 50% 的无水乙醇润湿，然后轻轻揉擦去除；泥土较厚的地方，先润湿，然后用竹片或手术刀片轻轻一层层刮除，最后再用脱脂棉揉擦干净。壁画表面残缺的地方，如果仅缺绘画层，上面泥土也要清除去；如果地仗层缺失，泥土直接附着在支撑体上，则只需将泥土清理到与周边壁画同一平面上，以免周边壁画失去张力而破碎、脱落；对于有画面的地方的清理，若有困难，则一定要把画面周边的泥土清理干净（图 3）。

清理同时，对壁画空鼓、碎裂壁画用聚醋酸乙烯酯乳液的溶液注射加固；在碎裂壁画的边缘用细泥调成糊状勾边固定；在空鼓较为严重的地方还要有选择的贴宣纸后用大头针插入进行固定。

2.2 壁画背部清理

指壁画现场揭取后，清除壁画背部的部分草泥层，使壁画背部相对较为平整，以方便包装运输。

一般用小手铲、手术刀、毛刷等清理壁画背面泥土，较硬的土块，可先用刀锯成小方格（约 3—5 厘米见方），也可用小喷壶喷 50% 的无水乙醇水溶液湿润，然后用小平铲铲除干净；背面白灰层凹凸过高的，也要用刮刀慢慢刮除突起部分，使灰层达到基本平整，以防夹起壁画时出现新的碎裂。现场清理时必须注意，残缺裂隙处的泥土暂不清理，以使壁画成为一个整体，增加其强度（图 4）。

图 3　现场画面清理　　　　　　　　　　图 4　现场背部清理

3. 壁画的修复室清理

3.1 壁画背部的清理

实验室清理，一般先从背部开始，这也是揭取壁画实验室修复的第一步工作。此时要尽可能清理干净壁画背部草泥地仗层，仅保留白灰地仗层，使之成为一个相对平整的表面即可。

　　清理时用50%的无水乙醇溶液先软化草泥层和白灰层，再用手术刀和竹签清除草泥层，只留下约0.2-0.5 cm厚的白灰层地仗层。在清理背部时，发现白灰层上下钙化较好，而中间酥粉严重，我们采用边清理边加固的办法，对中间白灰层注入10%的Primal-016溶液进行渗透加固。对壁画碎裂小块，清理干净背部泥土后，仍原位摆放；壁画大块叠压处，清理加固后进行绘图、拍照，然后将其拉开，以便在正面进行拼对；小块叠压，拍照标记后可先取下保存，亦留待正面拼对（图5、图6）。

图5　实验室背部清理　　　　　　　　　　　　　　　图6　叠压处清理

3.2 壁画正面的清理

　　表面清理是壁画修复中风险最大的工作，因为清理是一个不可逆的过程，一旦去除掉，就不可能再恢复，所以必须慎重对待；同时，实验室表面清理也是壁画错位、碎裂处按内容、线条进行拼对等工作的基础。

　　该墓的壁画，多数土锈严重，而且由于现场时间紧，壁画数量大，现场清理不是太好。在经过了揭取时的药剂加固、胶液刷涂、炭火烘烤等一系列工作之后，泥土已变的"半陶质化"，异常坚硬、结实，特别难以清理（图7）。因此我们作了多种试剂、方法的清理试验。

图7　"半陶质化"泥土

3.2.1 清理试验及清理

首先在壁画表面保存状况较好、无颜料的地方进行清理小块试验，最后确定清理方法及清理溶剂。

溶剂测试：对于溶剂的使用，要根据实际情况而定，所以在对壁画进行清理时，应先对各种溶剂作实验，选择比较合适的清理剂。对于这幅壁画，在壁画的左上角选择没有图案的地方进行溶剂实验，共采用了8种方法。第一种：六偏磷酸钠（8%）；第二种：酒精：纯水（1:1）；第三种：无水酒精（95%）；第四种：纯水；第五种：EDTA256溶液（12%）；第六种：丙酮；第七种：酒精：丙酮（1:1）；第八种：酒精：纯水（1:2）（图8、图9）。

图8　在壁画正面做的八种试剂实验

图9　清理方法及工具

表1　试验结果

试剂	软化效果	清理效果	
酒精∶纯水（1∶1）	效果较差	效果一般	效果一般
酒精（95%）	效果一般	颜料层发白	蒸发太快
六偏磷酸钠（8%）	效果较好	效果最好	
丙酮（100%）	效果较好	清理较容易	蒸发太快
纯水	效果较差	效果一般	效果不太好
256溶液（12%）	效果较好	效果较好	效果较好
酒精∶丙酮（1∶1）	效果较差	清理较困难	效果一般
酒精∶纯水（1∶2）	效果最差	效果最差	

试验结果表明，蒸馏水∶丙酮（1∶1）和六偏磷酸钠（8%）的试验效果最好，考虑到丙酮对人体的毒害，我们采用了六偏磷酸钠溶液。在清理时，对于特别坚硬的地方，先进行软化，再使用手术刀慢慢剔除。实际操作时，发现人物的脸部、手部、红色衣服部位的颜料层较脆弱，我们采用了蒸馏水软化壁画表面的污染物，进行清理；人物的靴子部位和马尾部颜料层较为坚固，我们采用了六偏磷酸钠溶液，但也降低了浓度，由8%降到了5%。

3.2.2 清洁中的注意事项

清理时一要轻轻擦拭，以防擦掉白灰地仗层上的"古旧色"，这是千百年的历史形成的、一种很珍贵的自然旧色；二是有颜料的地方要特别注意，原则是能留土不去色，如有些人物身上有土黄的颜色，一不小心就会被当作泥色而清除掉，则损失难以挽回。

3.2.3 清理效果比较

清理完后，将壁画竖直放好，统一整体的清洁的效果、色调，并将壁画细节部位如缝隙内污物清洗干净。

通过对下面人物头脸部、壁画红色界栏清理效果比较可以看到，多次清理之后，壁画线条清晰，颜色绚丽，千年壁画重新焕发出了神采（图10、图11、图12）。

4. 壁画清理的几个问题

4.1 遵循最小干预、可再处理的修复原则。

人类对客观世界和科学的认识始终在进步和发展中，在清理时，遇到较顽固的泥土污物时，"能留土不去色"，我们可以考虑放弃，为今后的修复保护提供一个可以操作的空间，这也是对文物历史性和美学性的尊重。

4.2 壁画现场清理至关重要。

壁画刚发现或发掘出土时，表面没有其他人工干预，比如进行烘烤干燥、药物加固、胶液刷

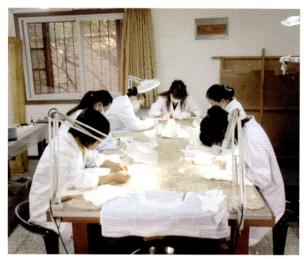

图 10 壁画表面的清理

图 11 清理前后比较

图 12 清理效果比较

涂等措施，污物相对来说较易清理。所以在条件允许的情况下，尽可能投入较多的时间、人力进行一个相对较为细致的画面清理，即可大大减少实验室清理的工作量，起到"事半功倍"的效果，且能更为有效的减少壁画受到的伤害。

比如在该墓中 1 ㎡ 壁画，现场是 1 个人两三天的清理工作量，在实验室就是 2—3 人半个月甚至 20 天的工作量，同时也增加了清洁中划伤、清洁过度、褪色等现象的发生。而 2008 年北宋富弼墓壁画，由于在现场作了比较彻底的清洁，而且现场封护用药剂浓度较低，因此室内清洁较为省时、省事，且效果明显，经实验后，大部分地方用 50% 的乙醇液或纯水即可清洁干净。

4.3 壁画清理过程是第二次发掘的过程，也是发现的过程。

在河南古代壁画馆中央展厅里，展出有一幅胡人牵驼壁画：画面正中一匹高大雄健的骆驼昂首挺胸、抬蹄甩尾、阔步前进，骆驼背上，是捆扎好的丝绸卷和胡瓶；前面牵着缰绳的是一位西域人，此人头戴高高的尖帽，身着大翻领半长衫，腰系黑带，脚蹬黑色紧腿高筒靴，高鼻梁、深眼窝、络腮胡、唇红齿白、满面笑容，正迈步牵驼前行……壁画生动再现了当时各国商人来到洛阳，把一捆捆的生丝和一匹匹绸缎，用麻布和皮革装裹，装上骆驼，然后浩浩荡荡地组成商队，西行走上丝绸之路的场景（图 13）。这是河南壁画馆的一幅镇馆壁画，曾多次被国内外专家学者看中，应邀外展。

这幅胡人牵驼驮丝绸卷的唐代这幅精美壁画的发现，是在它埋藏于地下 1300 多年后，在它发

图 13　胡人牵驼壁画

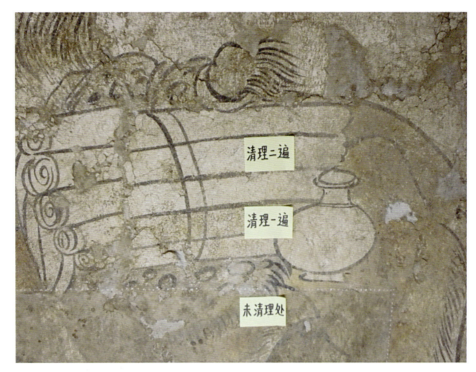

清理二遍

清理一遍

未清理处

图 14 丝绸卷的清理发现

掘了五年之后的 2010 年才逐步被发现的。2010 年，在清理这幅满是被泥土污染、干燥后颜色浅淡的壁画时，划片清理的一位工作人员突然发现一个墨线勾勒的圆圈状图案，接着是第二个，第三个 …… 这是什么？大家都非常纳闷，原来的发掘报告中没有记录，先前的照片资料中也只是一抹泥痕。猜测中，清理工作加快了速度，大家都在关注。直到清理到第五个圆圈，直到清理完整个后面连着的线条，大家惊呼起来：这不就是一捆驮在驼背上、正准备沿丝路西去的丝绸卷吗（图 14）？！和它正对面的，则是一幅稍矮的驮着丝束的母骆驼。在唐代古墓里发现驮丝绸骆驼壁画，这在洛阳还是第一次，补充了发掘材料的不足。

艺术史研究篇

壁画塑俑共现的唐代家乐中胡人

葛承雍（文物出版社　总编辑）

内容提要： 胡人乐工对唐代家乐的繁荣发展有着极为重要的作用，他们参与介入了唐代艺术活动的交流传播，将家庭筵宴变为家乐盛会，增强了当时上层社会和官僚阶层音乐歌舞的娱乐功能，同时又促进了外来"胡风"的深入。本文根据出土唐代的壁画和塑俑，结合文献诗歌，分析唐代达官贵族家中乐舞宴会上胡人乐工现象，诠释其曾被漠视的文化影响。

关键词： 唐代　家乐　胡人　乐工　壁画　塑俑

一、唐代上层社会盛行的家乐之风

家乐是指王公贵族、达官显宦以满足家庭娱乐为主的私人蓄养的乐舞班子，这种家乐活动是中国古代社会一种特殊的文化现象，参与了音乐、诗歌、文学、杂戏等众多艺术表演活动，延伸了除宫廷大型雅乐之外的所有音乐形式，创作传播了许多脍炙人口的诗歌词曲，介入了品类繁多的歌舞杂戏活动。

家乐与宫廷之乐、民间之乐共同构成中国文艺演出三大系统，从先秦至清代一直延绵不断，曾侯乙墓中出土的大型编钟就是诸侯蓄乐的明证，汉墓中出土的鸣钟吹管陶伎乐俑也是证明，北朝的"备设钟鼓、后列女乐"风习炽热，争相效慕，尤其是唐代家乐中出现许多胡人乐工和其他外来民族的艺人，形成胡（异族）、俗（民间）、雅（朝廷）三乐并立争胜的时代特征，对当时文化繁荣发展有着极大的影响。

一般来说，家乐是阶级社会奴仆制度下存在的前提和基础，没有王公贵族和达官显宦的经济基础，没有上层士人文化欣赏的前提，就不可能蓄养家乐班子"以歌娱情""以乐侑觞"，不会出现声浅音繁的"画弦素管"、"洞箫花笛"。

隋唐之世，沿袭北朝宴乐之风，朝廷赐乐现象仍很盛行，且养优蓄乐已得到官方认可。唐中宗神龙二年（705）九月，朝廷颁示了职官蓄乐敕令："三品已上，听有女乐一部；五品已上，女乐不过三人"。唐玄宗天宝十载（751）九月二日再度重申前令："五品已上正员清官、诸道节度使及太守等，并听当家畜丝竹，以展欢娱，行乐盛时，覃及中外"[1]。

　　上述记载证实了唐代职官蓄养家乐已为朝廷所准许，所不同的是中宗敕令对职官蓄乐规模有明确的规定，而玄宗诏令则无。事实证明，中宗敕令对职官蓄乐数目所作的限定不合时宜，导致逾制现象丛生。譬如李孝恭"性奢豪，重游宴，歌姬舞女百有余人"[2]。李林甫"车马、衣服侈靡，尤好声伎，侍姬盈房，男女五十人"[3]。段文昌"出入将相，洎二十年，其服饰玩好、歌童妓女，苟悦于心，无所爱惜"[4]。唐代门荫富绅家中蓄乐者也不乏其人，经常女乐一部，乐工众多，如果酒盏相劝、逢景奏曲，宴会高潮时主人和宾客先后舞蹈，这种交际舞据《朱子语类》卷九二记载"唐人俗舞称之打令"。朝廷对百官臣僚、蕃将功臣的蓄乐自娱采取积极的鼓励政策，时常奖赐女乐以示恩宠，歌舞娱乐以终天年。

　　唐代家乐班子盛行也带动歌诗之风。近人任半塘《唐声诗》一书，对唐代诗乐及唐人歌诗曾作过深入探讨，其中家乐歌诗表明士大夫主人自作歌辞，供家妓乐工演唱。《本事诗》"事感第二"记载年老的白居易经常放情自娱，家中养有绰绰丰艳的歌姬樊素，白居易据《杨柳枝》旧曲新翻歌辞，即由樊素歌唱。白居易家中酩酊后以《杨柳枝词》托意："六幺水调家家唱，白雪梅花处处吹。古歌旧曲君休听，听取新翻杨柳枝"[5]。"六幺"即"绿腰"，这类西域乐曲一直到唐宣宗时，朝廷国乐仍流传这种家乐上的歌辞数十章。

　　《南部新书》说"十宅诸王多解音声"，玄宗的兄弟邠王、薛王、岐王三家各有擅长胡音的艺户伎工，乐章也传播于王公之间。当时上层社会举办家宴时常常有家妓演唱讴歌宾客之诗篇，乐工则于酒筵间伴奏以助兴。唐玄宗时李泌被宁王、玉真公主等奉为座上贵客，每逢宴饮他必赋诗，由家乐奏乐唱词，而中唐高官牛僧孺曾邀诗人李绅赴宴，命家妓歌李绅新翻曲辞以夜宴。李绅《忆被牛相留醉州中，时无他宾，牛公夜出真珠辈数人》诗以记其事[6]。诗题中的"真珠"即牛僧孺家中有绝伦殊色的家妓真珠，善于歌诗舞蹈由此传播四方。李绅还曾利用家乐宴请与己不和的张又新，席间命乐工家妓歌唱张又新创作诗歌，并以家妓赐赠对方。因此历代文献记载中的家乐唱曲与歌诗、唱词往往难以明辨。例如宫中演奏的《霓裳羽衣曲》、《杨柳枝》等大曲、曲子，也在坊间家乐中由家僮乐工调法合奏。

　　当时家乐班子"诗皆能歌""乐则能舞"，乐工们和歌伎们都希望获取名人诗作填曲入歌，而外来的乐曲也成为时髦风尚，"开元二十四年，升胡部与堂上"，胡音夷乐成为一时之风。日本《仁智要录》收录的唐《酒胡子》："昨日东城饮，归来倒接罗。阿谁扶上马，不省下马时"。这原是长安西域胡人流行的民歌，"倒接罗"是突厥语 Jalakh 的音译，形容饮酒过量醉的"东倒西歪、晃啷晃荡"之意。《弊契儿》曲名也是突厥语 Bikar 的音译，意为"悠闲的、徒劳的"。《乌夜啼》曲名乃是七世纪焉耆语 Uyat 的音译，意为"含羞"或"羞涩"，李白将"乌夜啼"填作情歌，符合原义。《惜惜盐》曲名系龟兹语 Saissi 意译，意为"世俗的非宗教的"，"盐" Yakne 指歌曲，应译为"民歌"。《绿腰》又名《六幺》，突厥语 Lom-yol 的音译，意为"柔韧的歌舞"或"软舞"[7]。像这类西域外来乐舞在当时非常流行，甚至主人与宾客也会即兴表演，五代顾闳《韩熙载夜宴图》就描绘了主人与乐工共奏"绿腰"的互动场景。

　　与宫廷御宴乐舞相比，贵族高官家乐唱曲起舞之风甚为自由，多种多样。宋王灼《碧鸡漫志》一书撰录有《霓裳羽衣曲》、《凉州》、《伊州》、《甘州》、《胡渭州》、《六幺》、《兰陵王》、

《安公子》、《阿滥堆》、《何满子》、《凌波神》、《念奴娇》、《文溆子》、《盐角儿》、《喝驮子》、《河转》等三十曲属于源自西域的曲子，任半塘考证一望曲名就知为外国伎曲的有 35 首[8]，它们均为公卿贵族家乐所歌，特别是流行传唱边地的胡曲，如开元时宁王李宪家乐中曾广泛演唱《伊州》，白居易《伊州》诗有云：“老去将何散老愁，新教小玉唱伊州”[9]。温庭筠《弹筝人》诗云：“天宝年中事玉皇，曾将新曲教宁王。钿蝉金雁今零落，一曲《伊州》泪万行”[10]。唐代大量的家乐唱曲散见于诗文笔记中，尤其是西域乐舞在《教坊记》《乐府杂录》记载较多，从《胡旋舞》《胡腾舞》到《剑气浑脱》《柘枝》《拂菻》，不仅给人们留下乐舞想象的空间，并逐渐由“胡音”演变为“汉歌”。《新唐书·礼乐志》记载天宝十三载明令“道调法曲与胡部新声合奏”，“胡乐”参合“清乐”轮番演奏成为唐代乐舞的一个标志。

二、出土文物再现唐代家乐中胡人乐工形象

家乐演出大多是厅堂式的，或是庭院里面的，而不是街坊场地式的，乐伎们凭借自己的身段舞蹈和美妙嗓音呈现技艺，而乐工们运用各种乐器配合演出表演绝技。在这样的演出空间里，皇亲贵族、达官勋臣一边享受着美味家宴，一边欣赏着乐舞，体验着一种忘却官场斗争沉醉于恍若隔世的感受，彰显着自己的文化品位和身份地位，这是让各级官员都羡慕的同僚之间聚首的尊贵盛宴，类似于后世的小剧场专场演出。

《旧唐书·音乐志》记载京城教坊中音乐歌舞教练和表演时，每次数十人鱼贯而入，列队楼下，乐师笛笙，乐生琵琶，乐工击鼓，特别是训练乐队习艺演奏乐舞：

太常乐立部伎、坐部伎，依点鼓舞，间以胡夷之伎。

这就明确指出了不管是立部伎还是坐部伎，其间都安排有胡人或其他民族乐伎“依点鼓舞”。按常规，坐部伎技艺高，立部伎技艺低[11]，但他们官僚士族家中或室外庭院表演时，竞相沿袭宫中形式。唐玄宗时“太常乐工子弟三百人”按年考核，整个教坊依靠供奉廪食的梨园弟子虽有千人之多，均有严格等级区别，太常乐户有不少胡人凭技艺任职，皆番工，总号“音声人”。以理而论，太常礼乐之司的乐工限于男性，他们还要按照乐师、乐生、乐工的等级分出高下，以示技艺的区别。

唐代武则天时期著名的胡人安金藏，为了证明太子不反，竟然剖腹献忠，从而载入史书。实际上，安金藏为太常工人，即唐朝太乐署主管下演奏音乐的太常寺，太常工人就是供养的一批乐工，在庆典时擂鼓演出，齐奏声震环宇，在宴会时演出轻松乐曲，雅致安闲飘逸。《新唐书·安金藏传》记载其是胡人后代，洛阳出土安金藏之父《唐故陆（六）胡州大首领安君墓志铭》，追溯了安氏世系，尽管安氏家族入华后逐步汉化，但他们仍以熟悉的西域乐曲为特长，在朝廷国乐中担任重要演奏角色。

类似安金藏这样的胡人乐工还有许多，仅从北齐隋唐的著名胡人乐师来说，就有于阗尉迟青、尉迟璋，疏勒裴神符、裴兴奴，龟兹白明达，康国康昆仑、康洽，安国安马驹、安叱奴、安万善、安辔新，曹国曹妙达、曹保保、曹善才、曹刚、曹触兴、曹者素、曹供奉、曹叔度，米国米嘉荣、米禾稼、米万槌、米和等等[12]，还有零散记载的安公子、曹大子、何满子、胡攒子等名乐工，可

说在乐舞演奏中，胡人出身的乐工阵容十分强大。

《旧唐书·音乐志》记载，北周天和三年（568年），周武帝迎娶突厥可汗之女阿史那氏为皇后"于是龟兹、疏勒、安国、康国之乐，大聚长安。胡儿令羯人白智通为教习，颇杂以新声"。陪嫁来中原的西域诸国乐工和舞伎，他们演奏的歌曲《戢殿农和正》和舞曲《贺兰钵鼻始》、《末溪波地》、《农惠钵鼻始》、《前拔地惠地》等，都是耳目一新的音声，并具有急转如风、鼓乐齐鸣的西域特点。

唐代音乐的繁荣是以外来音乐为基础的，"十部伎"中"高昌""龟兹""疏勒""康国""安国""西凉"以及"高丽""天竺"等外来音乐就占了八部，胡人擅长西域音乐的得天独厚条件，使得他们以胡入雅、以胡如俗、以俗入雅，担负起从皇家教坊到官僚家乐中重要角色。《唐才子传·康洽》记载说："（康）洽，酒泉人，黄须美丈夫也。盛时携琴剑来长安，竭当道，气度豪爽。工乐府诗篇，宫女梨园，皆写于声律。玄宗亦知名，尝叹美也"。康洽不仅以西域黄须美丈夫的形象和豪爽气度赢得了长安人士的喜爱，而且他以乐府诗歌入乐融和声律被梨园宫女传唱，连唐玄宗都知其名、叹其美也。其他胡人乐工如白明达演奏的"龟兹乐"令唐高宗李治倾倒，旋律如

图1　1952年西安苏思勖墓出土胡腾舞之一

图 2　1952 年西安东郊苏思勖墓壁画，唐天宝五载　　图 3　1952 年西安东郊出土唐代乐舞图壁画之三
　　　《乐舞图》三幅之二

悦耳的黄莺啭啼，名为《春莺啭》后传入日本，成为日本最著名的左舞四大名曲之一。琵琶世家曹善才"紫髯供奉前屈膝，尽弹妙曲当春日"；其子曹刚更是善于用右手运拨风吼雷鸣之声，"拨拨弦弦意不同，胡啼番语两玲珑"。可见当时来自西域的胡人音乐家有很高的文化修养。

　　但是这些乐工大多在为皇家服务，帝王皇家有宫廷乐部，人才收揽全，生活有保障，技艺能发挥，《唐国史补》记载："梨园弟子有胡雏者，善吹笛，尤承恩宠"。可是实际上官僚贵族家中也蓄女伎养男伶，号为家乐，实为百戏。家乐是宫廷乐部的延伸和补充，有些乐工就是被宫廷淘汰遣散外放的，有着较高的乐舞修养。但是文献上只说养优蓄乐，很少记载胡人伎乐的具体事迹，只有唐代诗歌作了艺术描写，例如岑参《酒泉太守席上醉后作》咏叹："胡笳一曲断人肠，座上相看泪如雨。琵琶长笛曲相和，羌儿胡雏齐唱歌"。李颀《听安万善吹觱篥歌》"南山截竹为觱篥，此乐本是龟兹出。流传汉地曲转奇，凉州胡人为我吹"。岑参《梁州馆中与诸判官夜集》"梁州七里十万家，胡人半解弹琵琶"。诗人们面对夜宴上胡人擅长乐舞的特点，不由得不咏叹其表演的特长。

　　幸运的是，在出土的唐墓壁画与陶俑中，人们能清楚地看到胡人弟子的形象和影响。并通过当时皇亲贵族、达官贵人墓葬壁画以及出土文物中得到印证。

　　1952 年西安东郊苏思勖墓室东壁乐舞图（见图 1、2、3），满脸胡须的胡人站立在中间圆毯上跳跃起舞，旁边是九位乐工手拿笙篥、排箫、箜篌、琵琶、拍板等正在伴奏[13]。白居易《柘枝伎》诗云："平铺一合锦筵开，连击三声画鼓催"；《乐府杂录》"舞工"条里记载唐"开成末（约 840 年），有乐人崇胡子，能软舞，其腰肢不异女郎也。然舞容有大垂手、有小垂手，或象惊鸿，或如飞燕，婆娑舞态也"。这个崇胡子很可能是个胡人名字，他下腰姿柔，扭腰舒缓，跳得软舞轻盈飘逸，印证了元稹《西凉伎》"胡腾醉舞筋骨柔"诗句。

图 4　西安唐墓发现乐舞壁画之一　　　　　　　　　图 5　西安发现唐墓乐舞壁画之二

图 6　西安发现唐墓乐舞壁画之三

　　2005 年西安长安区少陵原一带发现的唐墓乐舞图（见图 4、5、6），虽然这幅壁画中有的人物还未画完，看来埋葬时等不及完工，就匆忙封闭墓室。但也原生态的保存了绘画的原样，家乐班子中有五个胡人乐工者，有的弹拨箜篌，有的吹排箫，有的弹琵琶，有的在指挥，胡人形象栩

图7　陕西蒲城唐李宪惠陵乐师图，
天宝元年（742）

图8　陕西蒲城唐惠陵李宪墓室乐队吹笙胡人图

图9　唐李邕墓后室乐舞壁画全图

图10　唐李邕墓乐舞壁画局部

栩如生[14]。李端《胡腾儿》诗中描述："扬眉动目踏花毡，红汗交流朱帽偏"；刘言史《王中丞宅夜观舞胡腾》"跳身转宝带鸣，弄脚缤纷锦靴软"，都是很好的印证。

陕西蒲城唐惠陵李宪墓抢救发掘后，其墓室壁画有六位乐工组成的乐队（见图7、8），分前后两排跪坐于方形地毯上，其中络腮髯须的胡人乐工手持芦笙正在演奏，整幅画面表现了皇亲贵族举行家乐的奢华场面[15]，也印证了墓主李宪生前精通乐律歌舞的记载。

此外，2004年陕西富平发掘的开元十五年（727）唐嗣虢王李邕墓壁画中也有家乐乐队图（见图9、10），虽然残缺较多，但仍能看出乐队前排坐部伎和后排站立式乐工，面对着立于长方形流苏装饰地毯上舞伎正在奏乐[16]。1996年西安陕棉十厂唐墓出土八人乐舞图（见图11、12、13、14），形象地表现了当时贵族私家乐舞场面[17]，六名乐工三坐三立，弹拨箜篌，拨奏琵琶，击钹拍板，其中吹笙箫的络腮胡须似胡人面相者神情专注，并有两名少年面庞者梳双髻站立伴唱。

从《旧唐书·音乐志》等历史文献记载可知，西域乐舞都有庞大的乐工队伍进行伴奏。例如《安国乐》乐工12人身穿白丝布裤，锦襟锦袖；舞伎2人着锦袖白袄，赤靴红带。《龟兹乐》乐

图11 陕棉十厂唐墓乐舞壁画之一

图12 陕棉十厂唐墓乐舞壁画
之二

图13 陕棉十厂乐舞壁画
之三

图14 陕棉十厂乐舞壁画
之四

工20人戴皂丝头巾，穿绯丝锦绣布袍；舞伎4人着绯袄，红抹额，白裤乌靴。《天竺乐》乐工12人乌丝头巾白上衣，紫绫裤；舞伎2人辫发，穿朝霞袈裟、缠裹腿、碧麻鞋。《疏勒乐》乐工12人，穿白丝布裤，皂丝头巾，舞伎2人白袄锦袖。类似《康国乐》《高昌乐》《西凉乐》等都有配套的乐工舞伎，《于阗佛曲》乐工一次演奏就达28人。实际上，以上乐工着装都是正式演出场合的服饰，从出土文物上看家乐似乎也有着严格的要求，乐工编组、乐器类数、衣服妆扮都有订制。

文献记载和壁画图像都告诉我们，乐工人数远远超过舞伎，乐工技艺精湛要求高于舞伎，而且乐工地位也高于舞伎。史书记载了许多乐工人名与技艺事迹，最宠幸的乐工还被授以朱紫官爵，但舞伎很少正式入传，说明当时对乐工的重视。《明皇杂录》记载安史叛军进占长安后，"安禄山尤致意乐工，求访颇切，旬日获梨园弟子数百人"。大批乐工被搜索押送洛阳后，"乐工雷海青不胜悲愤，掷乐器于地，西向恸哭"。因而惹恼安禄山被肢解示众，留下了乐工不愿贪生献乐的千古英名。

三、唐代家乐中胡人的艺术影响

家乐有时带有很大民间逗乐自娱自乐的方式，特别是胡人传至西域的朴拙民间艺术，有着严格的地域属性和草根属性，乐往悲来，欢歌虐语，不登丝竹雅乐的大雅之堂，因此官府史书从不记载。但是在唐诗中有所反映。

例如岑参《酒泉太守席上醉后作》："酒泉太守能舞剑，高堂置酒夜击鼓。胡笳一曲断人肠，座上相看泪如雨。琵琶长笛曲相和，羌儿胡雏齐唱歌。浑炙犁牛烹野驼，交河美酒金叵罗"。在太守置酒饮宴场面上，不仅有羌儿也有胡雏，配以胡琴、琵琶、羌笛协奏，充满了异乡情调。又例如《田使君美人如莲花舞北旋歌》："高堂满地红氍毹，试舞一曲天下无。此曲胡人传入汉，诸客见之惊且叹。曼脸娇娥纤复秾，轻罗金缕花葱茏。回裙转袖若飞雪，左旋右旋生旋风"。胡人传入汉人的乐曲，带来了新鲜奇特之感，令人陶醉。《玉门关盖将军歌》写道："军中无事但欢娱。暖屋绣帘红地炉，织成壁衣花氍毹。灯前侍婢泻玉壶，金铛乱点野酡酥。"出现这些场景中的人物、乐舞、服饰、饮食等，均以西域新异感受和别样生活而眩人耳目。

值得注意的是，梨园乐人主体往往是以男性乐工为佼佼者，我们从出土陶俑、壁画等文物中仔细观察，发现家乐中也是以男性为主。

1983年西安西郊唐代俾失十囊墓出土的六人乐工俑（见图15、16、17），有两个胡人形象的

图15　1983年西安唐墓出土乐人俑全景图

图16　1983年西安西郊俾失十囊墓出土唐彩绘
乐工六人俑

图17　1983年西安西郊俾失十囊墓出土唐彩绘
乐俑（六工六大俑）

乐工正在演奏，一个手拍羯鼓，一个手中乐器已损坏，虽有老胡容鬓沧桑的神色，但是可以看出这两个胡人处于乐队的主角地位。元稹《立部伎》说"胡部新声锦筵坐，中庭汉振高声播"；而乐队吹奏、弹拨、敲击乐器的组合，正是史书记载的龟兹乐、西凉乐所用。六人小型乐队也是家乐中小规模演出的起码条件。

　　1966年西安西郊制药厂出土唐墓的乐俑（见图18），其中也有高鼻深目、满脸须髯的胡人，

图18　1966年西安市西郊制药厂出土唐代彩绘演奏俑

因为他们手中没有乐器，所以人们认为是说唱俑，从造型上看具有歌者的特征，唐代乐舞歌唱人才中米嘉荣、安叱奴、裴神符、史从、史敬约等都是来自西域的胡人或是"土生胡"后裔。《新唐书·武平一传》曾记载唐中宗时后宫宴会"酒酣，胡人袜子、何懿等唱'合生'，歌言浅秽"。因而引起武平一谏言："伏见胡乐施于声律，本备四夷之数，比来日益流宕，异曲新声，哀思淫溺，始自王公，稍及闾巷。妖伎胡人、街童市子，或言妃主情貌，或列王公名质，好曰'合生'"。虽然我们不知道"合生"歌咏内容[18]，但是胡人演出的胡乐异曲竟能从宫闱进入闾巷，可见胡人乐工影响非常广泛。

美国底特律美术馆收藏的一套五人胡人乐工俑（见图19），更是典型地反映了唐代家乐中胡

图19　美国底特律美术馆，唐代胡人奏乐俑，高20厘米

人的形象。宋代沈作喆《寓简》卷十载"西域胡人自言其国山川险峻，或谓曰：'山高海深宛在其貌。'……明皇时又番胡入见，伶人讥其貌不能堪，相与泣诉于上前。"可见当时胡人的长相常常受到戏谑，正如《教坊记》中记载"有肥大年长者即呼为'屈突干阿姑'；貌稍胡者，即云'康太宾阿妹'"。胡人乐工的表演形象不是深目圆睁，就是滑稽戏谑，深深印在观众脑海。

除了成套成组的乐舞陶俑，从一系列出土文物来观察，家乐中胡人乐舞非常普及，早在北齐时就作为艺术传播多有表现，例如河南安阳出土黄釉扁壶上胡人乐工鼓乐齐鸣、翩翩起舞的形象栩栩如生（见图20）。宁夏盐池1985年出土的武周时期何氏墓门上胡旋舞浅浮雕亦是典型的家乐表演（见图21），清晰展现了迎宾时动态舞姿[19]。西安何家村出土唐代两件伎乐纹八棱金杯和银杯，雕刻了16个深目高鼻胡人乐工演奏站立形象（见图22），手执乐器各不相同[20]，粟特人物

图 20　1971 年河南安阳北齐范粹墓出土黄釉乐舞
瓷扁壶，表演者为西域胡人。

图 21　宁夏盐池唐代何氏墓出土墓门 1467

图 22　西安何家村出土八棱金杯

特色非常明确。

王建《凉州行》说"洛阳家家学胡乐"，实际上当时家乐往往呈现出胡汉互化、多元荟萃的特色。仅从出土演奏俑看既有胡人也有汉人，真正是胡汉之间共相容，他们跪地坐席，盘腿挺身，手拿乐器，前后错开，"形散而神聚"。有的弹琵琶，有的敲腰鼓，有的击节伴奏，有的怀抱箜篌，不拘泥于演出场地。众人演出时，一般由一个人主唱，到每段的最末一句，则众人齐唱以加强气氛，谓之"接后音"。更具特色的是，胡腾舞者演出前"帐前跪作本音语"，本语音即用粟特语演唱，乐工艺人们在酒筵歌席演出中边与听众交流，边即兴创作，并不为曲目原有内容所束缚。

胡人演奏者地位低下，"小面琵琶婢，苍头觱篥奴"[21]。他们多是处在社会下层艺人，有时要表现悲苦生活和凄苦心灵的泪音（哭音），"胡雏吹笛上高台，寒雁惊飞去不回"[22]。"龟兹觱篥愁中听，碎叶琵琶夜深怨"[23]。有时要表现真挚自然、妙趣幽默的笑音（甜音），随着主人消遣和听众喜好而变化。欣赏者每听到妙处短歌微吟、陶醉其中；反之瞋目瞪视，忤意斥责。杜牧《张好好诗》中描写家乐场景是"繁弦迸关纽，塞管裂圆芦；众音不能逐，袅袅穿云衢"。薛逢《听曹刚弹琵琶》："禁曲新翻下玉都，四弦根触五音殊；不知天上弹多少，金凤衔花尾半无"。技艺精湛、姿容俊朗的乐工才会受到恩泽宠爱。梨园弟子中善吹笛胡雏者冒犯了洛阳令崔隐甫，连唐玄宗也无力袒护而被立杖杀之[24]。

当时长安、洛阳等地达官贵人家中豢养的乐班也有着激烈的艺术竞争，必须拿出绝活凭真本事吃饭，胡人乐工也是师徒口传心授的传承方式，李白《观胡人吹笛》："胡人吹玉笛，一半是秦声"。特别是艺术家传有着保守和封闭的一面，乐家吸收胡人加入就是保持新的创作，胡人也离不开乐班藉以谋生。他们大多是白居易《柘枝词》中说的"柳闇长廊合，花深小院开；苍头铺锦褥，皓腕捧银杯；绣帽珠稠缀，香衫袖窄裁；将军拄毬杖，看按柘枝来"[25]。有时他们得到主人赏识赞叹，会赏赐"天马锦"、"水犀梳"以及金帛等物品。

随着"安史之乱"以及中唐之后国力衰退，宫廷屡遭浩劫，"梨园弟子，半已奔亡，乐府歌章，咸皆丧坠"；达官贵人的家乐班子中胡人乐伎也纷纷离去，唐文宗时，连《霓裳羽衣舞曲》的残谱都补充不了，乐工零星记忆片段已不成原貌。戎昱《听杜山人弹胡笳》诗中所记："当时海内求知音，嘱咐胡笳入君手。""更闻出塞入塞声，穹庐毡帐难为情。胡天雨雪四时下，五月不曾芳草生。须臾促轸变宫徵，一声悲兮一声喜。""南看汉月双眼明，却顾胡儿寸心死。回鹘敷年收洛阳，洛阳士女皆驱将"。作者诗中感慨"如今世上雅风衰，若个深知此声好"。虽然朝廷还想恢复《西凉乐》《龟兹乐》等胡风乐舞，可是规模压缩乐制衰驰，乐工流散元气大伤，难以再现盛唐辉煌。

四、余论

家乐与宫乐、官乐、军乐不同，他们的活动环境和社会角色认知也不尽相同，在官僚士大夫的娱乐活动中，几乎都有家乐的参与；在招待宾客时，也每每以家乐歌舞娱宾。如果说，宫中乐工是为皇家朝廷歌舞遣兴，官伎歌舞是为地方官员佐酒娱乐，这是唐代乐舞与乐府辞赋赖以传播的重要渠道,那么,贵族达官和士大夫以家乐为中介的娱乐消遣和社交活动,则又体现了当时家乐兴盛的社会文化意义,这方面已有学者论述,不再赘述[26]。

胡人乐工作为家乐班子中的重要构成,其与音乐创作和文学传播有着天然的血脉交融,尤其是文人士大夫阶层对他们的欣赏,使得胡人乐工对盛唐音乐文学的繁荣发展起过极为重要的作用。《通典》卷一四二记载"自(北魏)宣武已后,始爱胡声","琵琶及当路,琴瑟殆绝音"。传统中正和平琴瑟之音显然不敌琵琶胡声,新颖绝丽的胡音胡舞席卷几个世纪,胡人乐工妙绝音技的声名,深入到公卿贵族之家,浸淫于百僚文臣府邸。评量唐代西域乐舞的论著已有不少[27],但令人惋惜的是对家乐关注都不够。

中唐后朝廷失控,地方幕府蓄养乐工自娱自乐蔚然成风,家乐主人出于自夸自炫,即兴创作以附风雅,白居易《残酌晚餐》"舞看新翻曲,歌听自作诗";就是指家乐为主人传播其作品提供了便利,宾客之间撰作也借家乐得以传唱,大凡名篇越传播久远,越多有家乐的参与。唐代有大量宴乐类诗作,往往是文人们观看家乐后回应主人或家伎乐工乞请而作。据宋朱弁《曲洧旧闻》卷五载:"唐僧段和尚善弹琵琶,制道调《梁州》。国工康昆仑求之不得,后于元载子伯和处得女乐八人,以其半遗段,仍得之。"可知道调《梁州》的流传,也得益于伯和家乐的传播。

图23　安阳1959年隋代张盛墓8件伎乐俑群

图 24　1956 年湖北武昌何家垅唐墓出土陶伎乐女俑之一

令人疑惑的是，虽然《新唐书·西域传》记载康国开元初贡胡旋舞女，《册府元龟》卷九七一记载开元十五年（727 年）史国献胡旋女及蒲萄酒，开元十七年（729 年）米国献胡旋女三人，元稹《胡旋女》也说"天宝中，西国来献"[28]。《乐府杂录》记载宫人胡二子和梨园骆供奉因唱《何满子》相遇之事[29]，胡二子作为宫廷女乐很可能是诗人们描写的胡女。但是迄今为止，我们还没有发现出土文物上有胡人女伎的形象与胡旋女造型，究竟是家乐中没有胡人女伎，还是艺术工匠有意识不表现，需要进一步等待文物的出土来证明。现在各地出土的女性演奏俑（图 23、24），如果按照教坊女伎应分为"内人""宫人""搊弹家"，搊弹家就是以容色选入宫中的平民女子，教以琵琶、三弦、箜篌、筝的乐人[30]，她们基本上呈汉人面貌，眉清目秀。所以，出土的女伎乐俑大部分应该是家乐班子的造型，与宫中乐工并不一样。

最后需要指出的是，唐代画师和塑匠所展示家乐中的胡人艺术形象，不仅仅是显示外来的胡人职业身份，而是通过胡人的陪衬为唐人主家增色；也并不是胡人占据什么重要位置，而是通过胡汉比较塑造出不同演艺群体偶像。胡人乐工地位卑下，场景光鲜而背后艰辛，即使技艺高超、独步一时，仍是终生为奴或是轮番解聘。但是家乐中的胡人乐舞自然地表现出唐代文化的多样性，成为一种卑微与超卓的回响，一种外来文化符号，使得胡汉艺术图像向世界传达着民族文化之间有力交融的思想。

参考文献：

[1]《唐会要》卷三十四杂录，上海古籍出版社，第 733 页。

[2]《旧唐书》卷六〇《河间王孝恭传》，中华书局，第 2349 页。

[3]《新唐书》卷二二三上《李林甫传》，中华书局，第 6346 页。

[4]《旧唐书》卷一六七《段文昌传》，中华书局，第 4369 页。

[5]《白居易诗集校注》卷三十一，中华书局，第 2415 页。

[6]《全唐诗》卷四八一，中华书局，第 5471 页。

[7] 关也维《唐代音乐史》，中央民族大学出版社，2006 年。

[8] 任半塘《教坊记笺订》大曲名记录有《西河师子》《胡相问》《胡醉子》《穆护子》《达摩支》《西国朝天》等等，第 166 页，中华书局，2012 年。

[9] 白居易《伊州》，《全唐诗》卷四四八，中华书局，第 5049 页。

[10] 温庭筠《弹筝人》，《全唐诗》卷五七九，中华书局，第 6730 页。

[11] 白居易《立部伎》诗云："立部贱，坐部贵。坐部退为立部伎，击鼓吹笙和杂戏。立部又退何所任？始就乐悬操雅音"。讥讽无性识不可教的愚笨乐工才去搞雅乐。见《白居易诗集校注》第一册，291 页，中华书局，2006 年。

[12] 毛水清《唐代乐人考述》所列人物小传考释不确，例如何满子是西域降胡还是使府乐工，无法说清。东方出版社，2006 年。

[13]《西安东郊唐苏思勖墓清理简报》，《考古》1960 年第 1 期。壁画摹本见《丝路之都——长安瑰宝》第 263 页，香港艺术馆编制，1993 年。

[14] 感谢陕西历史博物馆文物征集处师小群处长提供新获唐人家乐壁画照片，其中改弃人物底稿的起稿线犹存于壁画之上。

[15]《唐李宪墓发掘报告》，第 150-152 页，图版一四，科学出版社，2005 年。

[16]《唐嗣虢王李邕墓发掘报告》，第 79-82 页，图版二四，科学出版社，2012 年。

[17]《壁上丹青——陕西出土壁画集》（下）第 387-390 页，科学出版社，2008 年。

[18] 关于唐宋"合生"的学术讨论，见刘晓明《杂剧形成史》第 140-147 页，中华书局，2007 年。

[19]《宁夏盐池唐墓发掘简报》，《文物》1988 年第 9 期。

[20]《花舞大唐春——何家村遗宝精粹》，第 75—85 页，文物出版社，2003 年。

[21] 白居易《宿杜曲花下》，《全唐诗》卷四四八，中华书局，第 5050 页。

[22] 杜牧《边上闻笳》，《全唐诗》卷五二五，中华书局，第 6010 页。

［23］刘商《胡笳十八拍》，《全唐诗》卷二十三，中华书局，第 301 页。

［24］李肇《唐国史补》卷上，上海古籍出版社，第 17 页，第 1979 年。

［25］白居易《柘枝词》，《全唐诗》卷四十八，中华书局，第 5053 页。

［26］刘水云《家乐盛衰演变的轨迹及其对中国音乐文学的重大影响》，《文艺研究》2007 年第 3 期

［27］见沈冬《唐代乐舞新论》，北京大学出版社，2004 年。宋博年、李强《西域音乐史》，新疆人民出版社，2006 年。

［28］元稹《胡旋女》，《全唐诗》卷四一九，中华书局，第 4618 页。

［29］段安节《乐府杂录》，中华书局，第 154 页，2012 年。

［30］崔令钦《教坊记》，中华书局，第 12 页，2012 年。

论日本古代壁画与历史环境

百桥明穂（日本神户大学　名誉教授）

　　日本の古代（5世紀~8世紀）には、佛教寺院と墳墓内に壁画が数例存在する。壁画には土や石壁に描かれた場合と、板や紙に描かれた場合とがある。その壁画の下地を支える壁体の強度の違いはあきらかである。土壁や石壁では温湿度や火災などの災害に対しては極めて丈夫であり、一方板壁や紙壁では、温湿度変化や火災、水害などの災害、さらには人為的な破壊にも脆弱である。壁画の保存状態の相違が伝存する可能性に大きな影響を与えている。また開放的な佛教寺院の堂塔内と、閉鎖的な墳墓内とでは、その壁画の保存環境は大きく相違する。すなわち温湿度変化が激しく、空気の流入、人の出入りが多い寺院の堂塔内と、密閉して湿度が極めて高く、温度変化や空気の流入の少なく、人の出入りのない墳墓壁画の環境の相違は大きい。普通壁画は壁体の上に下地層を塗布して描かれる。壁画の描かれる環境に応じて、寺院の堂塔内壁画では白土が、墳墓壁画では漆喰が用いられる。これらは中国においても通例のように見受けられる。壁画保存対策はその描かれた環境に応じた方法が最も重要である。佛教寺院の堂塔壁画はその開放性を重視し、それを損なわないように配慮する必要がある。しかしその開放性のために、参拝者の増加による人為的な破損が危惧される。一方密閉空間に描かれた墳墓壁画はその高湿度低温度、不活性な空気などの条件を、発掘・調査などで人の出入りが最も環境の激変に影響し、カビや剥落の危険など、壁画の保存に損害を及ぼすことが多い[1]。中国の例で説明すると、1995年から発掘された陝西省富平県節愍太子墓の場合（図1）、南の

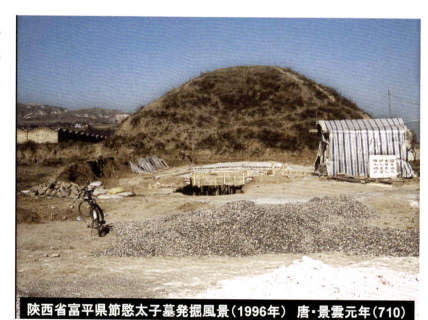

图1　陝西省富平县节愍太子墓发掘风景（1996年），唐景云元年（710）

墓道から進められ、発掘によって外気と雨水とが流入し、墓道や墓室内は一度に湿度と温度の激変が起こり、一気に黴が発生した。また、壁面の環境の激変による壁画の保存状態にも危惧されるようになった。中国では墳墓壁画は保存のためには剝ぎ取りをほぼ原則的に行っているが、この節愍太子墓でも同様であった。剝ぎ取りは順調に進み、現在では乾燥による退色はあるものの、黴などの心配はないようである（図2）。しかし1963年頃に多く発掘された乾陵陪葬墓の壁画は同じように剝ぎ取りがなされたが、その剝ぎ取りとその後の修復に課題を残している（図3）。一方佛教寺院の石窟寺院などではその開放性が特徴であり、特に敦煌莫高窟など、甘粛省・新疆省の乾燥地帯にある石窟寺院の壁画はその厳しい環境にも耐えてきた。敦煌莫高窟では、20世紀初めのスタインやペリオの探検時には、無残なほどに石窟が崩壊し、むき出しに見えるほどに荒れていたが、壁画は物

図2　节愍太子墓侍女图

理的な損傷は別として、案外しっかりと保存されていた（図4）。現在でもその自然環境は変わりがないが（図5）、保護の方策としては、石窟の崩落を防ぐためのコンクリートによる断崖補強と、出入りのための桟橋の設置、不法な侵入を防ぐための入口に扉を付けて鍵をかけて、密閉した（図6）。それは人為的な壁画の剝ぎ取り盗難や大勢の観光客の接触破壊からの防護であった。意図的な壁画の剝ぎ取り盗難は現実に多発して、貴重な文化財を破壊し

永泰公主墓壁画　仕女図　唐・神龍2年（706）

部分(発見時1963年)　　　　部分(発見34年後1997年)

図3　永泰公主墓壁画侍女图 唐神龙二年（706），局部（发现时1963年）；
局部（发现34年后，1997年）

敦煌莫高窟外観　1900年頃〔Les Grottes de Touen-Houang 1922-24年〕

图4　敦煌莫高窟外观1900年左右（Les Grottes de Touen-houang 1922-24年）

敦煌莫高窟　外観　南

图5　敦煌莫高窟外观　南

敦煌莫高窟　外観　現在

图6　敦煌莫高窟外观　現在

たことはよく知られている（図7）。しかし本来大勢の参詣者が出入りする礼拝空間である石窟を密閉することも壁画の保存環境としては課題を残している。

　日本古代では、これまで佛教寺院の堂塔壁画として、奈良・法隆寺金堂壁画が唯一の現存作例であった[2]（図8）。法隆寺金堂壁画は8世紀初めに描かれたと考えられる（図9・10・11）。その後、発掘によって発見された壁画として、鳥取・上淀廃寺壁画などがある[3]（図12）。上淀廃寺金堂周辺から壁画断片が出土した。考古学的な調査ではこの上淀廃寺も7世紀後半から8世紀に隆盛していた寺院であった。ところが上淀廃寺は10世紀に堂塔の火災によって倒壊し、堂塔内を飾っていた壁画は断片化し、地中に埋没していたが、1991年に発掘された。火災によって壁体が焼き締まり陶器化して発見された。断片化していた（図13・14・15）。高温に曝されて壁画は変色、退色していたが、その顔料特性が科学的に復元することができる。それには1949年の法隆寺金堂の火災という不幸な事件が逆に寄与することとなった。つまり、法隆寺金堂壁画はその折り

图 7 敦煌莫高窟 323 窟南壁画面中央部分

图 8 奈良法隆寺金堂 8 世纪初

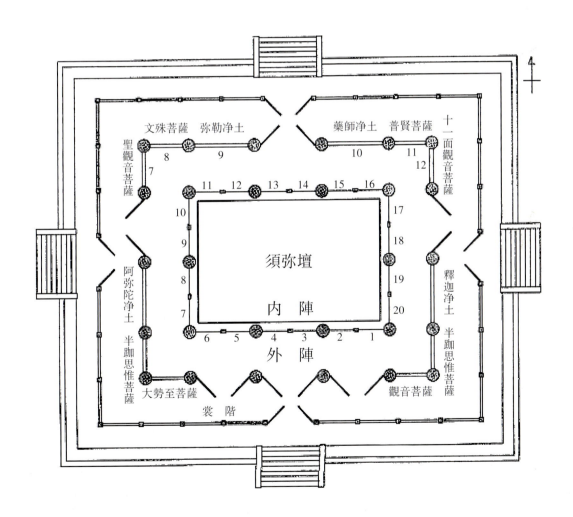

图 9 法隆寺金堂壁画配置图

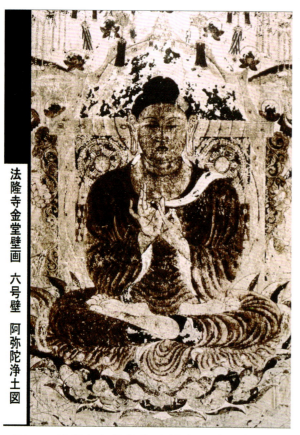

图10　法隆寺金堂壁画　六号壁　阿弥陀净土图

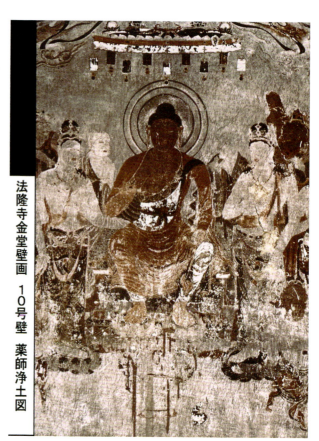

图11　法隆寺金堂壁画　十号壁　药师净土图

图12　鸟取上淀废寺金堂遗址发掘图　1991年

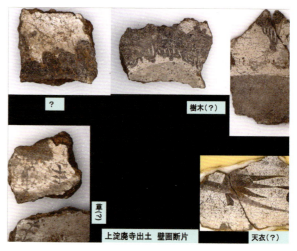

图13　上淀废寺出土壁画断片（树木？）（草？）（天衣？）

 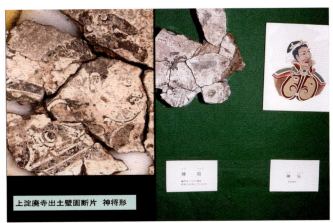

図 14　上淀廃寺出土壁画断片　甲冑 菩薩头部　　　　図 15　上淀廃寺出土壁画断片　神将图

の火災によって、高温の曝され、顔料、壁体が大きく損なわれた（図 16）。しかし元の壁画の状態は当時すでに科学的な分析が行われていたので、損傷前と損傷後の比較が可能であった。また今回新に壁画に用いられた顔料の焼成実験が行われた（図 17）。法隆寺の金堂の顔料はほぼ 1000 度の高温に曝されたと推定され、鉱物質の顔料はそれぞれその組成に従って、温度変化する。例えば赤色の顔料である水銀朱は蒸発して消滅し、丹は鉛の成分のため、溶解して、ガラス質に、また、鉄を主成分とする紅殻は溶解せず、水分を失ってより赤黒くなる。また青や緑の顔料である群青や緑青は共におなじ銅を成分とし、1000 度では黒く溶解状態となる。また有機質の藍や紅花、藤黄などは消滅する。さらに墨はもともと炭素であり、よく焼失してしまう。このように日本の仏教壁画の二例目は不幸な結果を経て出現したのである。それに基づいて上淀廃寺壁画は復元の試みがなされた。まず復元壁画の原図を作成し（図 18）、敦煌莫高窟第 311 窟隋時代の説法図（図 19）を参考に、廻りを千仏が取り囲む構図として復元案を提示した（図 20）。やがて上淀廃寺は堂内の仏像をも含めて、復元展示が行われた。（図 21）

 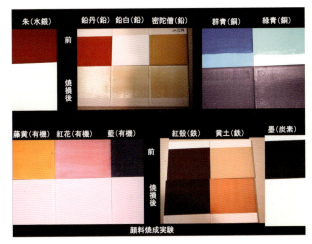

図 16　法隆寺金堂壁画　焼損前　焼損后　　　　　　図 17　顔料焼成実験
（1949 年——）

图 18　上淀废寺壁画复原方案

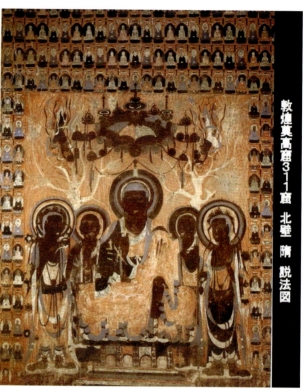

图 19　敦煌莫高窟 311 窟　北壁　隋　说法图

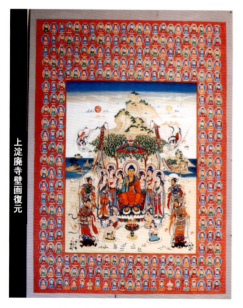

图 20　上淀废寺壁画复原图

图 21　上淀废寺复原金堂内部空间

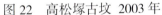

图 22　高松塚古坟　2003 年

图 23　龟虎古坟　2002 年

　一方墳墓壁画としては高松塚古墳壁画と龜虎（KITORA）古墳壁画の二例があるのみである。これらの壁画群はほぼ 7 世紀末から 8 世紀初めに描かれたと考えられる。それまで日本には大陸や朝鮮半島に匹敵する本格的な墳墓壁画はないものと考えられていた。ところが偶然の発掘から 1972 年に奈良・明日香村で高松塚壁画古墳が発掘された[4]。図 22）この年は折しも日中国交回復した年でもあったので、東アジアに大きな壁画文化が伝播して広がっていたことが知られるようになり、話題となった。その後龜虎古墳壁画の存在も知られ、明日香村には二例の墳墓壁画があることとなった[5]（図 23）。考古学的な調査からほぼ 7 世紀末から 8 世紀にかけての古墳と判断された。つまり佛教寺院壁画も墳墓壁画もほぼ同時期、すなわち 7 世紀末から 8 世紀の制作である[6]。墳墓壁画では、四神図（図 24）、天文図、

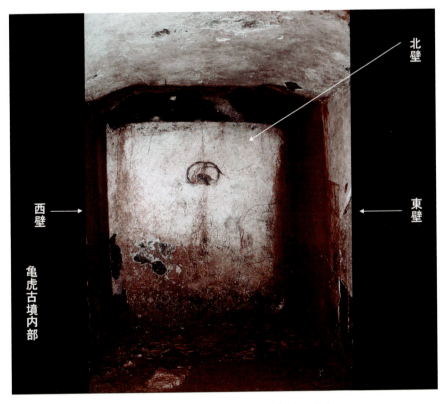

图 24　龟虎古坟内部　北壁　东壁　西壁

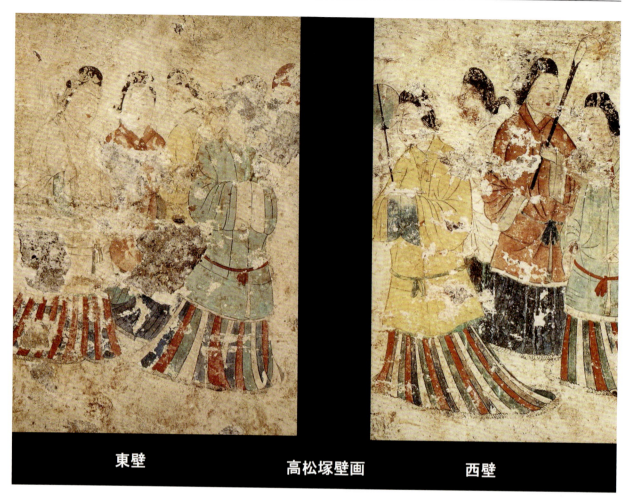

东壁　高松塚壁画　西壁

图 25　高松塚古坟壁画　东壁　西壁

日月象が両古墳壁画に共通するが、高松塚壁画では、男女群像（図25）、亀虎壁画では、獣頭人身の十二支像（図26）である。四神図、日月象については、中国においては漢代からある図像であり、朝鮮半島では三国時代（7世紀中葉）の高句麗壁画の後期に盛んに描かれた画題であることはすでに知られている[7]。しかし百済や新羅の版図には見当たらない。一方男女の侍者群像については中国では古くから墳墓壁画には宴飲図として描かれ、また隋唐代では、宮廷内の男侍・女侍として陵墓壁画に数多く描かれた[8]。十二支像については、動物の姿で表わす十二支像は古代から作例が見出されるが、獣頭人身像として表わされる十二支像は隋初（7世紀初）から初めて登場し（図27）、唐代を通じて袍服を着し、拱手する姿に表わされる。その後もその姿は変化しない。他方三国時代の朝鮮半島にはその作例がない。統一新羅時代になって（8世紀中葉～）甲冑を着し、武器を執る姿で表わされる（図28）。日本に亀虎壁画（7世紀末～8世紀初）では、文官の袍服様の服を着し、手に武器の如きものをもって立つ姿である。隋唐、統一新羅、古代日本では、十二支像の関してはいずれも同一ではない[9]。しかし日本の2基の壁画墓はその後保存に関しては大きな実検を経験することになった。つまり、高松塚壁

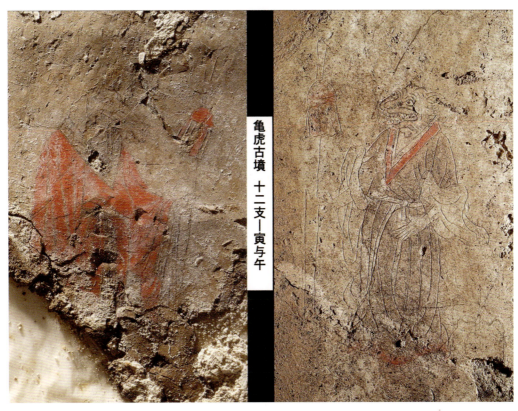

图 26　龟虎古坟壁画 十二支 寅与午

图 27　湖北省武汉市岳家嘴 隋大业年间（605-616）

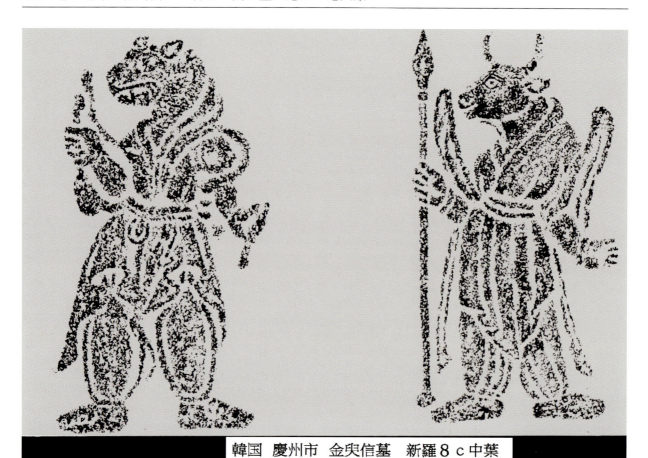

韓国　慶州市　金庾信墓　新羅８ｃ中葉

图 28　韩国庆州金庾信墓 新罗（8 世纪中期）

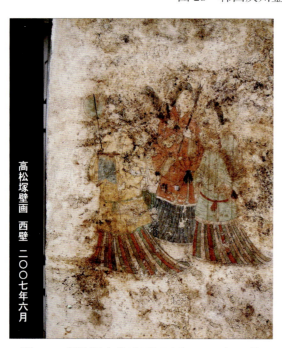

高松塚壁画　西壁　二〇〇七年六月

图 29　高松塚古坟壁画 西壁 2007 年 6 月

画はその後黴と顔料の退色に悩まされ（図 29）、遂に石室を解体して壁画の修復・保存に対処する以外に方策がなくなった。現在は石室の壁石毎に搬出され、施設内において壁画の黴と汚れの除去を行っている。また、亀虎古墳壁画は黴や剥落の危険を回避するため、壁画の剥ぎ取りを実施した（図 30・31）。日本のような高温・高湿度の環境においては、古墳壁画の現状維持は極めて困難であることが明らかとなった。

　7 世紀から 8 世紀の東アジアを廻る状況は、激動の時代であった。ことに朝鮮半島の三国時代は、三国の抗争から統一への動乱の連続であった。それには中国大陸の政治状況が大きく影響を与えている。朝鮮半島では 5 世紀から 7 世紀の間は高句麗と百済・新羅との争乱が続いた。589 年の隋

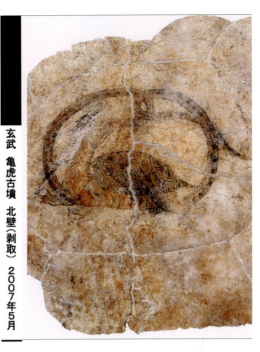

图 30　白虎 亀虎古坟西壁（切取）　　　　　　　图 31　玄武 亀虎古坟北壁（切取）2007 年 5 月

の統一以後、隋唐による 6 度に渡る高句麗遠征、そして、新羅の侵攻によって、660 年の百済が滅亡した。663 年の百済救援のための日本は、唐・新羅連合軍との白村江で戦い、そして敗北。続いて 668 年の高句麗が滅亡した。やがて 670 年新羅は唐と戦い、唐の勢力を朝鮮半島から駆逐し、676 年新羅による朝鮮半島を統一した。この間の極東アジアの危機的な状況から多くの文化・人材が日本にもたらされた。佛教を初め、科学技術、藝術など古代日本の発展に寄与した。なかでも今問題になるのは、百済・高句麗から多くの画師達が日本に絵画技術を齎したことである。まず、もっとも古くから友好関係にあった百済からは佛教がもたらされた。さらに588 年には造寺工や画師が献ぜられ、古代日本の佛教寺院建造に多大な貢献があった。さらに高句麗からは新に紙、彩色、墨の製法が伝えられた。やがて日本では 604 年河内画師（百済系）、黄書画師（高句麗系）などの画師集団が組織化され、大和朝廷にその技術でもって重用されることになった。それから半世紀後、百済、高句麗の滅亡をむかえることとなるのである。その折りに多くの亡命者が海を渡って日本に渡来した。一方で日本はそのような国際状況に鑑み、早くから遣隋使、遣唐使を送って、大陸の政治状況に対応し、また進んだ文化の摂取に努力していた。607 年には初めての遣隋使を、630 年には第一次遣唐使を派遣している。遣唐使の中には高句麗系画師の一族である黄書本実が加わって、長安（西安）に至っている。唐・王玄策がインド鹿野苑の仏足石図を伝え、さらに黄書本実がそれを写し取って日本に齎した。それを転写した仏足石が奈良・薬師寺にある（図 32）。東アジアの文化交流がもっとも盛んであった証左である。

　さて、壁画文化のテーマに戻ろう。国際環境が一段落した 7 世紀末 8 世紀初、日本の壁画

图 32 奈良药师寺佛足石

图 33 《十二神将图》醍醐寺 平安时代末期（12—13 世纪）

文化は花開くこととなった。そこに描かれたのは、古い伝統を引く図像と新しい図像との同居する奇妙な現象である。すでに壁画文化は高句麗の滅亡によって朝鮮半島には滅んで存在しない。中国大陸では隋唐の華やかな壁画文化が隆盛している。しかしその技術を支えたのはやはり古来から日本に来ていた百済、高句麗、新羅系の画師達ではなかったか？ことに高句麗系の画師達は大陸との関係から見ても最も活躍したと想像される。すで滅亡した故地での壁画文化をベースに、そこに新しく大陸から将来した最新の壁画文化を融合させたのでがないだろうか。その結果、中国にもない、朝鮮半島にもない、日本独自の壁画文化が成長してゆくこととなった。以後日本では日本の風土にあった壁画文化を成長させてゆく。ことに平安時代（9世紀～12世紀）の佛教寺院の堂塔内では、土や石の壁体ではなく、板や紙といった脆弱な材質に繊細な表現で描く壁画が流行した。日本では十二支像はやがてその姿も意味も変え、以後獣頭人身像の十二支像は佛教美術の中で、十二神将像として受容され、発展した（図33・34・35）。やがて

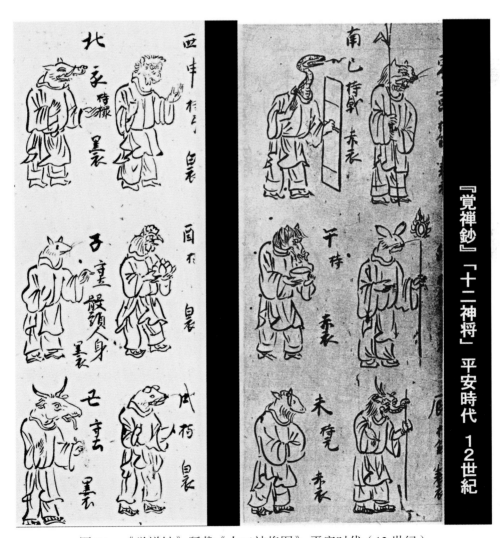

図34　《覚禅鈔》所載《十二神将図》平安時代（12世紀）

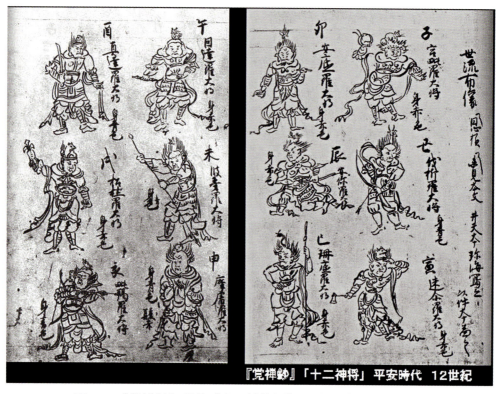

图 35　《觉禅钞》所载《十二神将图》平安时代（12 世纪）

图 36　京都平等院凤凰堂 平安时代 天喜元年（1053）

图 37　京都平等院凤凰堂内阿弥陀如来像

图 38　京都平等院凤凰堂内部空间（扉、柱、壁、天井）

图 39　九品来迎図（上品中生）　京都平等院凤凰
堂扉绘

图 40　九品来迎図（上品下生）　京都平等院凤凰
堂扉绘 临摹

907 年の大唐帝国の滅亡を契機に、日本は東アジア地域との交流が少なくなり、日本固有の気候風土や日本人の感性に見合った美術や文化が育まれていくのである。壁画文化としては、11 世紀（1053 年）に京都・平等院鳳凰堂（図 36・37）に阿弥陀浄土を描いた壁画が登場する（図 38）。1053 年当時の最高権力者であった藤原頼通がこの世に阿弥陀の浄土を再現する寺院として建立した鳳凰堂の内部を飾った壁画である。壁体としては板壁に描かれ、また画題も「観無量寿経」に基づいた阿弥陀浄土からの来迎を描き（図 39・40）、中国・敦煌莫高窟壁画にもほとんどない、当時の日本人の阿弥陀信仰を反映した独特の壁画となった[10]。

参考文献

［1］百橋明穂「東アジアの壁画保存」『遺跡学研究』3 p 、38–43 2006.11

［2］『法隆寺金堂壁画』2011.6　岩波書店

［3］『上淀廃寺』1995.3 鳥取県淀江町教育委員会

　　『上淀廃寺跡Ⅲ壁画・塑像調査報告書』2001.3 淀江町教育委員会

［4］『高松塚古墳壁画』高松塚古墳総合学術調査会 1974.12 便利堂

『国宝高松塚古墳壁画・保存と修理・』1987 文化庁

『国宝高松塚古墳壁画』2004.3 文化庁

［5］『キトラ古墳学術調査報告書』1999.3 明日香村教育委員会

『特別史跡キトラ古墳発掘調査報告 j』2008.3 文化庁・奈良文化財研究所・奈良県

橿原考古学研究所・明日香村教育委員会

［6］百橋明穂「古坟壁画的图像学——围绕高松冢、龟虎古坟两壁画墓」『東アジア美術交流史論』p, 378•384 2012.12　中央公論美術出版

［7］百橋明穂「東アジアの壁画芸術」『高句麗壁画古墳』p、54–59 2005.9 共同通信社

百橋明穂「高句麗古墳壁画」『韓国朝鮮の絵画』別冊太陽 p、11–34　2008.10 平凡社

［8］百橋明穂「中国の古墳壁画」『シルクロードの壁画 東西文化の交流を探る』p、73–80 独立行政法人文化財研究所 東京文化財研究所 文化遺産国際協力センター

2007.3 言叢社

［9］百橋明穂「龟虎古坟壁画的美术史学定位」佛教藝術 290 p, 33–42『東アジア美術交流史論』p, 359–363 2012.12 中央公論美術出版

百橋明穂「日本古墓壁画中的四神与十二支像——以高松冢、龟虎古坟为中心」「古代墓葬美術研究国際学術会議」北京大学 2011.9

［10］百橋明穂「日本的阿彌陀浄土圖與敦煌的浄土變」：『南藝學報』2 p、7–42 2011.6

臺南藝術大學

「日本の阿弥陀浄土図と敦煌の浄土変」『東アジア美術交流史論』p, 179–211 2012.12

中央公論美術出版

「日本的阿弥陀浄土图与敦煌的浄土变」『敦煌研究』創刊三十周年紀念号 2013 年第 3 期

2013.6

「日本的阿弥陀浄土图与敦煌的浄土变」『东瀛西域——百桥明穂美术史论文集』p、

103–146　2013.10 上海書画出版社

论日本古代壁画与历史环境

百桥明穗（日本神户大学 名誉教授）

内容提要： 日本古代壁画的传承和保存以开放的佛教寺院的塔堂内部空间和封闭的坟墓内部空间为主，而两者本身所具备的属性也使得在壁画的保存上存有差异。7至8世纪，佛教、科学技术和艺术等通过朝鲜半岛传入日本，对古代日本的发展起到很大的促进作用，大量来自百济和高句丽的画师促进了日本的绘画技术，伴随着遣隋使和遣唐使的派遣，日本与唐朝建立了紧密的联系，学习、吸收了唐朝高度文明的先进文化，并融合朝鲜半岛的技艺从而形成了具有本国特色的绘画艺术，反映在壁画上即是形成了与日本风土相吻合的壁画文化。

关键词： 寺院壁画 坟墓壁画 文化传播 本土化

日本古代（5-8世纪）的佛教寺院壁画和坟墓壁画都现存数例。壁画有描绘在土或石壁上的，也有描绘在板或纸上的。很明显这些壁画的支撑体的强度是不同的。土壁和石壁在遇到温湿度和火灾等灾害时很坚固，而板壁和纸壁在遇到温湿度变化或火灾、水灾等灾害，或人为的破坏时则很脆弱。壁画保存状态的不同会对壁画能否传承和保存造成很大的影响。此外，开放的佛教寺院的堂塔内部空间和封闭的坟墓内部空间的壁画保存环境有很大的不同。开放的寺院堂塔内部环境的温湿度变化剧烈、空气流动、人员出入频繁；而封闭的、人员不出入的坟墓内部环境湿度高、温度变化小，空气流入稀少。普通的壁画在支撑墙体上涂抹地仗层，根据壁画绘制环境而有所不同：寺院的堂塔壁画用白土作地仗层，而坟墓壁画用灰泥作地仗层。地仗层的这种结构在中国也很普遍。壁画保护中最重要的是寻找与其所描绘环境相应的对策。佛教寺院堂塔壁画应重视其开放性，考虑使其不受损害。但是因为其开放性，随着参拜者的增加而有人为损坏的隐患。在密封空间里绘制的坟墓壁画原来高湿度低温度、空气不流通，随着发掘调查人员的出入会对环境造成剧烈的影响，会出现霉菌和剥落等危险状况，进而对壁画的保存造成很大的损害[1]。

在此，首先以中国的例证加以说明。1995年发掘的陕西省富平县节愍太子墓（图1）曾经因为发掘而引起外部空气和雨水从南边墓道流入墓室，引起墓道和墓室的温、湿度发生激烈变化，导致霉菌的发生。此外，壁画环境的突变会使壁画的保存状态处于危险的状态。中国一般按照从原壁揭取的原则保存墓室壁画，节愍太子墓的壁画也同样被揭取下来。顺利从墓室中揭取的节愍太子墓壁画现在已经经过干燥处理，尽管有些褪色，但却已不存在霉变等危险状况（图2）。1963年左右发掘的乾陵陪葬墓壁画同样从原壁揭取，但是存在揭取后的修复问题（图3）。佛教寺院的石窟寺等具有开放性的特征，特别是敦煌莫高窟等甘肃省、新疆维吾尔族自治区等干燥地带的石窟寺院壁画经受着严酷环境的考验。敦煌莫高窟在二十世纪初斯坦因和伯希和探险时虽然因为石窟崩裂而呈现荒凉的景象，但是石窟壁画除了物理的损伤之外并没有别的损伤，保存状态良好（图4）。如今敦煌莫高窟的自然环境并没有改变（图5），石窟的保护策略主要是为了防止石窟崩裂而采取了水泥加固断崖的方法，铺设了出入石窟的栈桥，在石窟门口加锁以阻止不法入窟，因此使石窟处于密闭状态（图6）。这些措施有效地防止了石窟壁画被揭取和盗掘，也防止了大量游客可能引起的接触破坏。但是有计划的非法盗掘窃取壁画的案件多有发生，贵重的文化遗产遭到破坏（图7）。不过，石窟作为礼拜空间，敬拜者原本是可以自由出入的，现在封闭起来对于壁画的保存环境必定会有影响。

奈良法者隆寺金堂壁画是现存日本古代唯一的古代佛教寺院堂塔壁画[2]（图8）。法隆寺壁画绘制于8世纪初期（图9，图10，图11）。之后发掘出土了鸟取上淀废寺的壁画[3]（图12）。上淀废寺金堂周围出土了壁画断片。据考古调查研究，上淀废寺也是兴盛于7世纪后半至8世纪的寺院。然而，上淀废寺在10世纪时因为堂塔的火灾而倒塌，堂塔内装饰的壁画也因此被损坏成为断片，埋没于地下。1991年考古发掘出土了这些遗迹。火灾将墙体变为近似陶质的火烧土（图13，图14，图15），经过高温的壁画虽然发生了变色和褪色，但是经科学复原可了解其颜料特性。1949年法隆寺金堂壁画不幸毁于火灾，但同样给我们带来了一些新的发现。法隆寺金堂壁画的颜料和墙体因为火灾的高温而导致很大损害（图16）。但是因为壁画的状态当时已经进行了科学分析，因此可以对损害前和损害后的壁画进行比较，并对壁画所用颜料进行了新的烧成实验（图17）。学者们推测法隆寺金堂的颜料在火灾中经受了将近1000度的高温灼烧，高温使成分不同的各种颜料发生不同程度的变化。例如：红色颜料朱砂中的水银蒸发消失；丹，由于其中的铅成分而被溶解；玻璃材质或以铁为主要成分的赭石没有溶解，但失去水分而变成了红黑色；青、绿色的主要颜料的群青、石绿的共同成分为铜，铜经1000度的高温后变成了黑色溶解物；有机质颜料蓝、红花、藤黄等经灼烧消失了；墨的成分本来是碳素，一经灼烧便会消失。在此实验的基础上，学者们还对上淀废寺壁画进行复原探讨。首先，尝试着作出了壁画的复原图（图18）；之后，有学者参考敦煌莫高窟第311窟隋代说法图（图19），推测壁画为千佛围绕式构图（图20）。最终将包含堂内佛像的上淀废寺金堂整体复原了出来（图21）。

日本古代的古坟壁画有高松塚古坟壁画和龟虎（KITORA）两例。这些壁画被认为是7世纪末至8世纪初绘制的。此前日本没有发现能和大陆和朝鲜半岛匹敌的真正意义上的坟墓壁画。1972年偶然发现了奈良明日香村的高松塚壁画古坟[4]（图22）。这一年也是日中恢复邦交的年份，高松塚古坟壁画的发现引发了东亚地区大型壁画文化传播的话题。之后，又发现了龟虎（KITORA）古坟壁画，明日香村就有了两例坟墓壁画[5]（图23）。据考古学调查判断出这些古坟的年代大约是7世纪末期至8世纪。也就是说，日本的佛教寺院壁画和坟墓壁画都是大约同时期，即制作于7世纪末至8世纪。[6] 两个古坟壁画共同的主题是四神图（图24）、天文图、日月象，但是高松塚古坟壁画中还有男女群像（图25）、龟虎壁画、兽头人身的十二支像（图26）。

四神像和日月像是中国汉代以来的图像，在朝鲜半岛三国时代（7世纪中期）高句丽后期壁画中也很盛行[7]，但不见于百济和新罗境内。关于男女侍者群像，在中国古代壁画中被作为宴饮图表现，隋唐时代作为宫廷内的男侍、女侍而广泛描绘在陵墓壁画中[8]。动物形象的十二支像在古代已有数例出现，兽首人身的十二支形象在隋初（7世纪）出现（图27），唐代表现为着袍服拱手的姿态。之后这种形象很少变化。三国时代的朝鲜半岛也没有这样的例子。统一新罗时代（8世纪中期）之后，变为着甲胄持武器的形象（图28）。日本龟虎古坟（KITORA）壁画（7世纪末期–8世纪初）中的十二支像，着文官袍服手持兵器。可见，隋唐、统一新罗、古代日本的十二支的相关图像均不相同[9]。

日本的两座壁画墓都针对发掘后的保护问题进行了大量实验。高松塚古坟壁画发掘之后，一直都存在霉菌和颜料褪色的问题（图29），在别无对策的情况下，最终只有将石室解体进行壁画修复。现在壁画墓的石壁已从墓室内搬出，在实验室内进行霉菌和污染部分的清除处理工作。龟虎古坟壁画为了防止霉菌和剥落危险发生，也已将壁画揭取下来（图30，图31）。可见在日本这样高温、高湿度的环境下，要维持古坟壁画的现状极其困难。

7至8世纪的东亚局势动荡不安。朝鲜半岛的三国时代经历从三国争霸到统一的过程。中国大陆的政局对此造成了很大影响。5世纪至7世纪期间朝鲜半岛的高句丽与百济、新罗之间战乱频繁，589年隋统一后，隋唐六次远征高句丽，终于在660年因为新罗的进攻而使百济灭亡。663年救援百济的日本军队在与唐、新罗联军的白村江激战中败北。接着高句丽在668年灭亡。不久新罗与唐军在670年交战，将唐的势力驱逐出朝鲜半岛，676年新罗统一了朝鲜半岛。在这段东亚地区处于危机的状况下，大量的文化和人才流入日本。

佛教、科学技术和艺术等传入日本，对古代日本的发展起到很大的促进作用。其中值得关注的是，大量来自百济和高句丽的画师促进了日本的绘画技术。首先，佛教最早从古来与日本有友好关系的百济传入日本。随之，588年进献给日本的百济造寺工和画师对古代日本佛教寺院的建造做出很大贡献。接着从高句丽传入新的纸、彩色、墨的制法。不久后604年，日本的河内画师（百济系）、黄书画师（高句丽系）等画师集团组织化，他们的技术得到了大和朝廷的重用。半世纪后百济和高句丽相继灭亡，这种背景下很多流亡者渡海来到日本。与此同时，日本借鉴当时的国际状况，派遣遣隋使、遣唐使，一边应对大陆先进的政治状况，一边努力摄取先进的文化。607年首派遣隋使，630年首派遣唐使。属于高句丽系画师一族的黄书本实作为遣唐使的一员来到长安。黄书本实将唐朝的王玄策从印度鹿野苑传来的佛足石图进行摹写后传入日本。这幅佛足石图的摹本现存于奈良的药师寺（图32）。这些例子都佐证了东亚文化交流的盛况。

下面，再回到壁画文化的主题。在国际交流中断一时的7世纪末至8世纪初，日本的壁画文化繁荣起来。出现了同时描绘继承古代传统的旧图像与新图像的奇妙现象。这时壁画文化在朝鲜半岛业已消亡，中国大陆隋唐时期达到壁画文化的兴盛期。此时日本壁画的技术支撑力量依然是自古以来那些来自百济、高句丽、新罗的画师们。尤其是高句丽系的画师，从和大陆的关系来看，似乎最为活跃。他们可能以已经灭亡的故土的壁画为基础，并在其中融入来自大陆的最新壁画文化，形成了中国和朝鲜半岛都没有的、日本独自的壁画文化。

之后，在日本形成了与日本风土相吻合的壁画文化。平安时代（9—12世纪）佛教寺院堂塔内部开始流行在木板或纸等脆弱的材质上描绘的风格纤细的壁画，而非土壁、石壁壁画。日本十二支像的形式和内涵都发生了变化，兽首人身像的十二支像融合了佛教美术中的十二神将而发展变化起来（图33，图34，图35）。不久，907年唐朝灭亡，随着日本与东亚地域的交流减少，与日本固有的气候风土和日本人的感性相吻合的美术和文化逐渐形成。11世纪（1053年）京都平等院凤凰堂（图36，图37）的阿弥陀净土壁画（图38）是壁画文化的代表之作。1053年，日本当时最高权力者藤原赖通为了再现阿弥陀净土，平等院凤凰堂内的板壁上，依据《观无量寿经》描绘了阿弥陀净土来迎图（图39，图40），为中国敦煌莫高窟壁画中罕见的图像，反映了当时日本人的阿弥陀信仰状况[10]。

（杨效俊译）

参考文献

［1］百橋明穂：《東アジアの壁画保存》，《遺迹学研究》第3号，日本遺迹学会发行，第38-45页，2006.11。

［2］《法隆寺金堂壁画》，岩波書店，2011.6。

［3］《上淀廃寺》，鳥取県淀江町教育委員会，1995.3；《上淀廃寺跡Ⅲ　壁画・塑像調査報告書》，淀江町教育委員会，2001.3。

［4］《高松塚古墳壁画》，高松塚古墳総合学術調査会，便利堂，1974.12；《国宝高松塚古墳壁画——保存と修理——》，文化庁，1987；《国宝　高松塚古墳壁画》，文化庁，2004.3。

［5］《キトラ古墳　学術調査報告書》，明日香村教育委員会，1999.3；《特別史跡　キトラ古墳発掘調査報告》，文化庁・奈良文化財研究所・奈良県橿原考古学研究所・明日香村教育委員会，2008.3。

［6］百橋明穂：《古坟壁画的图像学——围绕高松冢、龟虎古坟两壁画墓》，《東アジア美術交流史論》，第378-384页，中央公論美術出版，2012.12。

［7］百橋明穂：《東アジアの壁画芸術》，《高句麗壁画古墳》，第54-59页，共同通信社，2005.9；百橋明穂：《高句麗古墳壁画》，《韓国朝鮮の絵画》別冊太陽，第11-34页，2008.10，平凡社。

［8］百橋明穂：《中国の古墳壁画》，《シルクロードの壁画　東西文化の交流を探る》，第73-80页；独立行政法人文化財研究所、東京文化財研究所、文化遺産国際協力センター，2007.3，言叢社。

［9］百橋明穂：《龟虎古坟壁画的美术史学定位》，《佛教藝術》290，第33-42页；《東アジア美術交流史論》，第359-363页，中央公論美術出版，2012.12；百橋明穂：《日本古墓壁画中的四神与十二支像——以高松冢、龟虎古坟为中心》，《古代墓葬美術研究国際学術会議》，北京大学，2011.9。

［10］百橋明穂：《日本的阿彌陀净土圖与敦煌的净土變》，《南藝學報》2，臺南藝術大學，2011.6；《東アジア美術交流史論》，第206-209页，中央公論美術出版，2012.12。

东平后屯1号汉墓壁画空间布局的象征意义

杨爱国（山东石刻艺术博物馆　馆长　研究员）

内容提要： 后屯1号汉墓的发掘，对古代墓葬壁画的研究又提供了一个有力的佐证。墓顶绘天象、门楣，墓壁绘人物故事等，将墓室空间布置成一个天地，这种布置不是画工个人的艺术想象，而应该是一种集体的文化意识，反映的是自西汉以来较为流行的宇宙观，这样布局的目的，是为了让死者在地下好好生活，"奉死如生"。

关键词： 空间　布局　文化意识

东平后屯1号汉墓是2007年在山东省东平县城的一个基本建设施工中发现并发掘的，同一墓地发掘了18座汉墓，其中壁画墓3座，都是石室壁画墓，以1号墓的壁画面积最大，内容最丰，保存最好，是继梁山后银山壁画墓[1]之后，山东汉墓壁画又一重要发现[2]。由于该墓位于鲁中南至苏北、皖北、豫东的汉代壁画墓的分布区之内[3]，因此，备受学者关注[4]。但迄今所见的研究，多是就其中的个别图像展开的，对全部图像的全面研究还有待深入。本文拟在研读发掘报告的基础上，对该墓壁画空间布局的象征意义谈点浅见，以就教于学术方家。

一、壁画内容的描述

笔者与原报告者对后屯1号汉墓壁画内容的描述有一定出入，为了便于下文的讨论，现重新描述如下。需要说明的是，本文对壁画内容描述的方向以原建筑和原石方向为左右进行[5]，与原报告以观者的方向不同。

1号墓墓门向西，壁画绘在前室内，具体部位是：墓门门楣内侧立面、前室[6]西壁墓门两侧立板、前室顶。

1号墓墓门门楣由两块长条石组成。内侧立面在白色底上彩站立人物12个，两石各绘6人。

南石右起第1人，头戴高冠，颈系黑带，张嘴瞪目，须发怒张，扭头左视。眼珠和嘴唇涂红彩。身着蓝色交衽长襦[7]，饰黑色宽边，挽袖露膊。下身露白色长袴，左腿前弓，右腿后蹬。左手放在左膝上，右手执物似锤。身后佩长剑。

第2人，束发，圆脸高鼻，胡须飘扬。身着黑色交衽长襦，挽袖露膊。小腿裸露，似未穿袴。

脚穿黑履。左手箕张在身前斜伸，右手握长剑[8]横于胸前。

第 3 人，头戴高冠[9]，身着蓝色交衽长襦，饰黑色宽边，腰系黑带。下身露白色长裤，脚穿黑履。左手向下张开，右手执一黑色盾牌，身后佩长剑。

第 4 人，头戴高冠，冠外短发飞扬，胡须飘扬，扬头右视。身着青色长袍，饰黑色宽边，内着粉红衫。右手提于胸前，左手握一长剑触地。

第 5 人，头戴三叉冠（？），胡须飘扬，扬头左视。身着赭色长襦，饰黑色宽边。右手张开上扬[10]，左手持长剑。双腿裸露，脚穿黑履。

第 6 人，侧身向右站立。头戴冠[11]。身着蓝色长袍[12]，饰黑色宽边，袖端饰白色宽边，双手拢袖，置于胸前。怀中抱一物[13]（图 1）。

图 1　门楣南石壁画

北石右起第 1 人，头戴长冠，扭头左视。身着黄绿色长袍，饰黑色宽边，内着白色宽袖长衫。右手端于胸前，左手下垂，执长剑。

第 2 人，正面站立。头部不清晰。身着青色交衽长袍。双手后扬，身后佩长剑。

第 3 人，头发蓬松。身着黄绿色交衽长袍，饰黑色宽边，内着粉红衫，下着白色长裤。双手于身前握长剑。右腿侧弯，左腿斜伸。

第 4 人，向右侧跪。头戴梁冠，身着青色长袍，饰黑色宽边。双手拢袖于胸前。

第 5 人，向左侧立。束发，身着白色长襦，饰黑色宽边，卷袖露膊，下身着白色长裤。右手握长剑。

第 6 人，向右侧立，与第 5 人相对。头戴冠，身着蓝色长襦，饰黑色宽边，内着粉红衫，下身着白色长裤，脚穿黑履。左手握长剑[14]（图 2）。

图 2　门楣北石壁画

上述 12 人，除北石第 4 人可能是文官外，其他 11 人皆是武士，10 人执剑，1 人抱长戟。

墓门南侧立石为 2 石板左右并列，壁画绘在白色底上。图像分 3 层。

上层：4 人物，为一男一女相向对坐。右边 2 人相对跪坐。居右者头戴黑色高冠，身着黑色长袍，双手置胸前，右手伸出袖外。居左者头梳高髻，身着蓝色长袍，饰黑色宽边，双手拢袖置于腿上。两人之间置 1 圆盘，盘中置杯。左边 2 人相对跪坐。居右者头戴黑色高冠，身着绿色长袍，饰黑色宽边。右手斜放在腿上，左手前伸，作礼让状。居左者头梳高髻，身着蓝色长袍，饰黑色宽边。左手前伸，作礼让状。两人之间置 1 圆盘，盘中置杯。

中层：4 人物，表演舞蹈。第 1 人为舞长巾的女伎。头梳高髻，后垂长发，身着蓝色长袍，双臂前低后高伸展，手舞白色长巾。前腿弯曲，后腿伸展，似跪地而舞。其身后为 1 女子助另 1 女伎倒立于樽上[15]。倒立者侧身向右，身着绿色长袍，双手按在樽上。身后 1 着绿色上衣蓝色下衣的女子双手握住前者双腿，助其倒立。最左边 1 女子侧身向右，头梳高髻，后垂短辫，身着蓝色长袍，左手下垂，右手舞长袖。3 组舞蹈虽动作各异，应为一组。

下层：1 形象高大的武士正面站立。武士发须箕张，眉毛斜竖，大眼圆睁，呲牙裂嘴，形象威猛。身着绿色交衽长襦，饰黑色宽边。左手执盾，右手执斧（图 3）。

图 3　墓门南侧立石壁画

图 4　前室南壁壁画

前室南壁。图像分 3 层。

上层：4 人，两两对坐。右边 2 人对坐。居右者头戴冠，身着绿色交衽长袍，饰黑色宽边，双手拢袖置于腹前，向左侧坐。对面之人头戴冠，身着蓝色交衽长袍，饰黑色宽边，双手拢袖置于腹前。2 人之间置 1 圆盘，盘中置耳杯。左边 2 人对坐。居右者头戴笼冠，身着绿色交衽长袍，身体前倾，左手拄地，右手高抬，脸向左侧坐者。居左者头戴冠，身着蓝色交衽长袍，双手拢袖按地。2 人之间置 1 圆盘，盘中置耳杯。

中层：4 舞者。居右者头梳高髻，身着蓝色长襦，下身着白色长袴翘袖折腰跳七盘舞。左侧 3 女子姿势相同，皆身向右侧，双手拢袖置身体左侧，似在伴舞。3 女子皆头梳高髻，左右两人身着绿色长袍，居中者着蓝色长袍。

下层：房屋 1 座。白色直墙，下面绘黑色长方形门，上绘黑色宽扁门楣，四面坡的屋顶也是黑色（图 4）。

墓门北侧立石为 2 石板并列。白灰底上，施粉红底色，上绘壁画。图像分 3 层，上层与中层间用墨线画分隔线。

上层：右端 1 女子头梳高髻，后垂长发。身着蓝色长袍，宽袖细腰，袍下白色边脚宽大飘舞。左手斜垂身后，长袖飞扬。右手执一带柄鼓形物。侧身向右，作行进状。身后随 1 男子，束发，身着青色长袍,饰黑色宽边。双手拢袖于胸前,背一包裹。其后随1男子,身着绿色长袍,双手拢袖上举,不知是为前2人送行,还是随行者。

中层:5人,右3人1组,左2人1组。居右者头戴冠,身着黑色交衽长袍,佩剑,双手拢袖于胸前,扭头向左前方。左边1人侧身向着他作拜谒状,头戴冠,身着黑色长袍,佩剑,双手拢袖于胸前。其后1人看着他俩行礼,头戴冠,身着黑色长袍,佩剑,双手拢袖于胸前。左2人拱手相对行礼,皆戴冠,佩剑,居右者身着青色长袍,居左者身着黑色长袍。

下层:3人。居右者侧身向右躬立,头戴冠,身着褐色长袍,佩剑,双手拢袖作拱手状。身后1人正面站立,扭头向右,戴冠,身着褐色长袍,左手执盾垂于体侧,右手举剑。左边1人侧身向右前方,着装与前者相同,姿势与之相近(图5)。

前室北壁。图像分3层,上、中层间用墨线分隔。

上层:3人与墓门北侧立石上层3人似为相同的人物。居右者为侧身向右,扭头向后的女子,伸左手作接物状。身后男子还是墓门北侧立石上层紧随女子身后的男子,双膝跪地,双手向前伸,将一物递给女子,样子极虔诚。左边侧立者为1女子,身着镶蓝边的绿袍,姿势与墓门北侧立石上层左边的男子相近,手似拎一黑袋。

中层:4人作拜谒状。居右者侧身向左前方,头戴冠,身着绿色长袍,脚穿黑履,双手分上

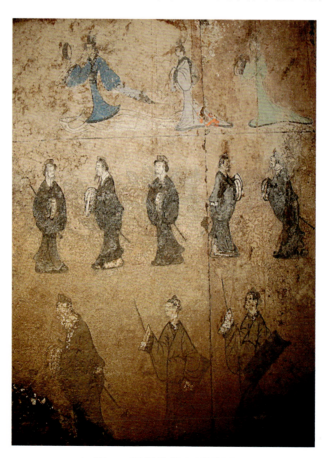

图5 墓门北侧立石壁画

图 6　前室北壁壁画　　　　　　　　　图 7　前室顶部壁画局部

下置于身前。身左 1 人侧身向右立，拱手作拜谒状，头戴冠，身着黑色长袍，佩剑。身后之人侧身向右前方，头戴冠，身着黑色长袍，佩剑，双手拢袖于腹前，扭头看着左边之人。最左边之人头戴冠，身着黑色长袍，佩剑，拱手作拜谒状。

下层：绘人物和斗鸡走狗图像。右边为 1 女子向左侧立，身着褐色长袍，双手平举于身前，作驱鸡相斗状。其前 1 鸡头前伸，作欲斗状。对面 1 鸡昂着走来，准备应战。其后 1 人侧身向右躬立，身着褐色长袍，佩剑，双手拱于胸前。鸡上方为两条狗，居右者向右侧立，扭头向后，身后之狗飞奔追来（图 6）。

前室顶由 7 块长石板横盖，石板上抹白灰膏，然后用黑线色轮廓，涂彩。内容为卷云和红日，日中有金乌（图 7）。

另外，前室后壁门楣石加工平整，其上刻有连弧、十字穿环、菱纹等图像和花纹（图 8）。

二、壁画是把墓室空间布置成天地

后屯 1 号汉墓墓顶绘天象，门楣和墓壁绘人物故事等内容，是把墓室空间布置成天地，正所谓"图画天地，品类群生"[16]，这里的地不是地下鬼怪，而是地上的人生，以及与人相伴的动植物。这种布置不是画工个人的艺术相象，而是一种集体的文化意识，反映的是当时流行的

图8　前室后门楣画像石

宇宙观。班固在《汉书·礼乐志》中说："人函天地阴阳之气，有喜怒哀乐之情，天禀其性而不能节也，圣人能为之节而不能绝也，故象天地而制礼乐，所以通神明，立人伦，正情性，节万事也。"[17]而把墓室布置成天地也不是到这座墓建造的王莽时期才出现的，在此之前就已经产生了。

秦始皇预作寿陵即将其建造、布置为天地。"始皇初即位，穿治郦山，及并天下，天下徒送诣七十余万人，穿三泉，下铜而致椁，宫观百官奇器珍怪徙臧满之。令匠作机弩矢，有所穿近者辄射之。以水银为百川江河大海，机相灌输，上具天文，下具地理。以人鱼膏为烛，度不灭者久之。"[18]秦陵中是否真有江河大海，不得而知，但秦陵汞异常则已为勘探所证实[19]。

以壁画的形式把墓室布置得象天地，至晚在西汉早期就出现了。河南永城柿园崖墓主室顶绘龙、虎、云气纹等图像，主室南壁绘动物下山、鸟、树等图像，主室西壁门道口以北墓壁上的壁画残存边框，画面主体已不存[20]（图9）。报告者认为壁画再现了墓主人欲乘龙升天和长生不死的思想[21]。不论这一推测能否成立，墓顶表现的是天空应属无疑。这座墓葬的年代被推定在西汉景帝至武帝初年[22]，显然至晚在西汉早期人们已经有了把墓室布置成天地的想法。不过，这种想法的源起可能更早。有学者根据安徽蚌埠双墩春秋钟离君柏墓的形制[23]，认为墓室被建造成象征天地

图 9　河南永城柿园汉墓主室顶壁画

的观念可以上推到春秋时期[24]。

　　虽然我们不能确切地找到墓室象征天地的观念起源于何时，但到了西汉中晚期这一思想流行起来却是事实，不仅洛阳地区的卜千秋墓[25]、浅井头墓[26]、61 号墓[27]、洛阳新区墓[28] 等壁画墓的墓顶壁画描绘的是天空，西安地区的西汉晚期壁画墓也有同样的现象，如西安交通大学西汉晚期壁画墓的墓顶描绘的是一幅完整的天象图[29]（图 10）。西安理工大学西汉墓主室券顶绘朱雀、龙、日、月、云气等天象图；墓门两侧分别有青龙、白虎守卫；东壁绘狩猎、出行场面；北壁为乘龙羽人，其下有黄蛇和青蛇各 1 条，另有 1 兽；西壁是以赏乐和斗鸡为主的画面[30]（图 11）。西安曲江翠竹园西汉墓主室券顶天象图（图 12），有太阳、月亮、星宿、青龙、白虎、云气等，天象图与其下的生活场面以一周帷幔相隔；向北的墓门两侧分别绘守门吏；东壁绘女子，有执杯捧盒的婢女和女主人；西壁绘抱婴儿妇人、儿童、2 仆、执环刀男子、佩剑男子和胡人[31]（图 13）。

　　西汉人把墓室布置得象征天地除了继承从前的传统外，还可能在"奉死如生"观念的影响下，受到当时地面建筑的启发。据王延寿《鲁灵光赋》载，鲁灵光殿在西汉末年的动乱中没有被毁，是因"其规矩制度，上应星宿，亦所以永安。"而灵光殿内的壁画据说也是"图画天地，品类群生。"[32]不仅鲁灵光殿，据班固的《西都赋》载，西汉都城长安"其宫室也，体象乎天地，经纬乎阴阳。

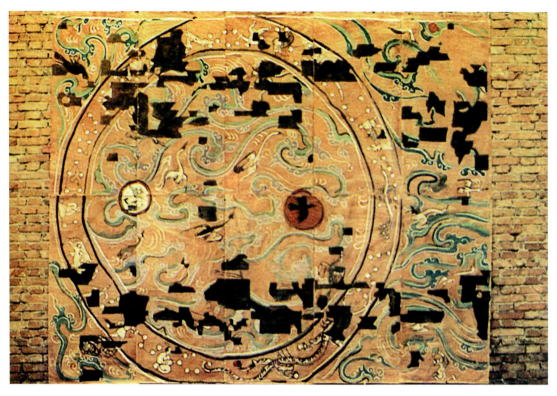

图10 西安交通大学汉墓主室顶壁画摹本

图11 西安理工大学汉墓主室西壁南部宴乐图

图 12　西安曲江翠竹园汉墓券顶太阳星象图　　图 13　西安曲江翠竹园汉墓西壁人物图

据坤灵之正位，仿太紫之圆方。"[33] 张衡在《西京赋》称赞长安时也有"牵牛立其左，织女处其右，日月于是乎出入"的文字[34]。可见，把建筑象征为天地不是个别人的想法，而是一种较为流行的观念，且多有实施。此后这一观念流行下来，自东汉以后至明清时期的墓都继承这一传统者[35]。

　　因此，从总的布局上看，后屯 1 号汉墓壁画所体现的观念是当时流行的宇宙观。这样布局的目的，是为了让死者在地下好好生活，正如王充指出的那样："是以世俗内持狐疑之议，外闻杜伯之类，又见病且终者，墓中死人，来与相见，故遂信是，谓死如生。闵死独葬，魂孤无副，丘墓闭葬，人物乏匮，故作偶人以侍尸枢，多藏食物以歆精魂。"[36] 虽然王充只提到偶人和食物，没有提到壁画，可以推想，壁画的意义与它们无别，因为整个墓室都是死者的生活空间，其中的物品、装饰意义是一致的。

　　由此引起我们对另一个问题的思考，即早期的画工把墓室象征天地的观念用图像的形式表现出来以后是如何流传下来的？由于传世文献中缺少这方面的文字，壁画榜题中也未见画工师承关系的记录，这一问题还只能停留在思考阶段。

　　本文在形成过程中，曾与中央美术学院郑岩教授交流，并采纳他的意见，在此诚致谢意。

本文插图出处：

图1—6，《东平后屯汉代壁画墓》。

图7，前室顶部壁画局部，东平县博物馆杨浩提供。

图8，前室后门楣画像石，东平县博物馆杨浩提供。

图9，河南永城柿园汉墓主室顶壁画，《芒砀山西汉梁王墓地》，彩版一。

图10，西安交通大学汉墓主室顶壁画摹本，《西安交通大学西汉壁画墓》，彩版一，2。

图11，西安理工大学汉墓主室西壁南部宴乐图，《文物》2006年第5期，第27页，图45。

图12，西安曲江翠竹园汉墓券顶太阳星象图，《文物》2010年第1期，第35页，图26。

图13，西安曲江翠竹园汉墓西壁人物图，《文物》2010年第1期，第33页，图19。

参考文献

［1］关天相、冀刚：《梁山汉墓》，《文物参考资料》1955年第5期，第43～页。

［2］济南青龙山M1虽然也发现有壁画，但已剥落不清。参见济南市文化局文物处：《山东济南青龙山汉画像石壁画墓》，《考古》1989年第11期，第984～993页。

［3］参见白云翔为《东平后屯汉代壁画墓》作的序。山东省文物考古研究所、东平县文物管理所：《东平后屯汉代壁画墓》，文物出版社，2010年，第1页。以下凡引后屯墓地的文字皆出自该报告，仅标注页码。

［4］姜生：《汉画孔子见老子与汉代道教仪式》，《文史哲》2011年第2期，第46～58页。

［5］这样描述的理由参见拙著：《幽明两界——纪年汉代画像石研究》，陕西人民美术出版社，2006年，第15～17页。

［6］原报告称"前庭"（第21页），本文改成汉墓常见的描述方式，称"前室"。据山东苍山城前村元嘉元年（151）画像石题记，考古学上所谓的"前室"在汉代称"堂"。山东省博物馆、苍山县文化馆：《山东苍山元嘉元年画象石墓》，《考古》1975年第2期，第124～134页。杨爱国：《山东苍山城前村画像石墓二题》，《华夏考古》2004年第1期，第45～49页。

［7］原报告称"长衫"（第21页），与汉制不合。参见孙机：《汉代物质文化资料图说》，文物出版社，1991年，第238页。

［8］原报告称"长竿"（第22页），辨原图，与第1人所佩长剑相同，据改。

［9］原报告称"发辫高翘"（第22页），辨原图，应为长板形高冠，据改。

［10］原报告称"拳头紧握"（第22页），与原图不符。

［11］原报告称"头梳高髻"（第22页），与原图不符。

［12］图像下部不清楚，也可能是长襦。

［13］所抱之物下部为长竿，上头不清，猜测可能是戟（彩版七）。

［14］原报告称"双手反抄"，与原图不符。

［15］原报告称"圆形高垫"（24 页），细审原图，应为"樽"。

［16］严可均辑校：《全上古汉三国六朝文·全后汉文》，中华书局，1958 年，第 790 页。

［17］班固：《汉书》卷二十二《礼乐志》二，中华书局，1962 年，第 1027 页。

［18］司马迁：《史记》卷六《秦始皇本纪》，中华书局，1959 年，第 265 页。

［19］刘崇民，史长义，胡树起，鄢卫东：《汞量测量及 a 杯氡测量在探测秦始皇陵中的应用》，《物探与化探》2005 年第 4 期，第 336 ~ 341 页。

［20］河南省商丘市文物管理委员会、河南省文物考古研究所、河南省永城市文物管理委员会：《芒砀山西汉梁王墓地》，文物出版社，2001 年，第 115 ~ 119 页，图四九、五 O，彩版一~四。

［21］第 234 页。

［22］第 236 页。

［23］安徽省文物考古研究所、蚌埠市博物馆：《春秋钟离君柏墓发掘报告》，《考古学报》2013 年第 2 期，第 239 ~ 282 页。

［24］冯时：《上古宇宙观的考古学研究——安徽蚌埠双墩春秋钟离君柏墓解读》，《历史语言研究所集刊》2011 年 82 本第 3 分。

［25］洛阳博物馆：《洛阳西汉卜千秋壁画墓发掘简报》，《文物》1977 年第 6 期，第 1 ~ 12 页。

［26］洛阳市第二文物工作队：《洛阳浅井头西汉壁画墓发掘简报》，《文物》1993 年第 5 期，第 1 ~ 16 页。

［27］河南省文化局文物工作队：《洛阳西汉壁画墓发掘报告》，《考古学报》1964 年第 2 期，第 107 ~ 126 页。

［28］洛阳市文物管理局、洛阳古代艺术博物馆：《洛阳古代墓葬壁画》（上），中州古籍出版社，2010 年，第 92 ~ 99 页。

［29］陕西省考古研究所、西安交通大学：《西安交通大学西汉壁画墓》，西安交通大学出版社，1991 年。

［30］西安市文物保护考古所：《西安理工大学西汉壁画墓发掘简报》，《文物》2006 年第 5 期，第 7 ~ 44 页。

［31］西安市文物保护考古所：《西安曲江翠竹园西汉壁画墓发掘简报》，《文物》2010 年第 1 期，第 26 ~ 39 页。

［32］严可均辑校：《全上古汉三国六朝文·全后汉文》，中华书局，1958 年，第 790 页。

［33］严可均辑校：《全上古汉三国六朝文·全后汉文》，中华书局，1958 年，第 603 页上。

［34］严可均辑校：《全上古汉三国六朝文·全后汉文》，中华书局，1958 年，第 763 页上。

［35］东汉至元的墓室装饰参见贺西林、李清泉：《中国墓室壁画史》，高等教育出版社，2009 年。汉代墓室表现这一观念者还见于肖路：《埋在地下的宇宙——汉画像石墓和壁画墓的布局》，《文物天地》1991 年第 1 期，第 19 ~ 22 页。明代墓室装饰参见拙文：《明代墓室建筑装饰探析》，《贵州大学学报》（艺术版）2013 年第 1 期，第 54 ~ 62 页。清代墓例有山东淄博市淄川区商家镇大邢村 2 号墓，该墓墓顶绘云气纹。参见党浩：《中国考古学年鉴》（2002），文物出版社，2003 年，第 249 页。

［36］王充：《论衡》卷二十三《薄葬》，王晖校释，中华书局，1990 年，第 961 页。

宁夏固原出土壁画简述

程云霞（宁夏固原博物馆　副馆长）

内容提要：宁夏考古出土壁画主要集中在固原北朝、隋唐墓葬中。自20世纪80年代以来，在固原相继发现并发掘了50余座北朝－隋唐墓葬，出土了一批珍贵的文物，其中3座北周墓葬、1座隋代墓葬及2座唐代墓葬出土了百余幅保存较为完整，具有较高历史价值和艺术价值的壁画。这些墓葬分别是：北朝的三座北周时期的宇文猛墓、李贤墓及田弘墓，隋代的史射勿墓，唐代的史索岩墓、梁元珍墓。

关键词：宁夏固原出土壁画　北朝墓葬壁画　隋代墓葬壁画　唐代墓葬壁画　李贤墓

从目前宁夏考古发现情况看，宁夏考古出土壁画主要集中在固原北朝、隋唐墓葬中。北朝、隋唐时期，固原是西魏、北周统治者的根据地，是丝绸之路东段北道的必经之地。这种特殊的地理环境，对该地墓葬产生了重大的影响。自20世纪80年代以来，在固原相继发现并发掘了50余座北朝－隋唐墓葬，出土了一批珍贵的文物，其中3座北周墓葬、1座隋代墓葬及2座唐代墓葬出土了百余幅保存较为完整，具有较高历史价值和艺术价值的壁画。

一、北朝墓葬出土壁画

北朝后期是继东汉之后中国历史上又一个壁画墓兴盛时代。北朝时期壁画墓，主要是东魏—北齐的墓葬，壁画内容丰富，绘制水平较高。西魏—北周的壁画墓发现较少，保存状况不好。关于北周的壁画，目前已知的有陕西省咸阳市北斗乡北周建德四年（575年）叱罗协墓，陕西省咸阳市底张湾北周建德五年（576年）王德衡墓，宣政元年（578年）若干云墓、孤独藏墓，大成元年（579年）尉迟运、贺拔氏合葬墓，保定五年（565年）王士良、董荣晖合葬墓和建德元年（572年）墓的墓室或墓道都残存壁画痕迹，保存状况较差。

宁夏北朝时期的出土壁画，主要为固原三座北周时期壁画墓的图像。这三座墓葬为宇文猛墓[1]、李贤墓[2]及田弘墓[3]。保定五年（565年）宇文猛墓位于固原南郊乡王涝坝村，1993年发掘。墓主身份为大将军、大都督、原、盐、灵、会、交五州诸军事，原州刺史。墓葬为五个天井，长斜坡式墓道单室土洞墓，在墓道、天井、过洞、甬道及墓室均绘制有壁画，因后世进水遭到严重破坏，隐约可见零星线条和白、黑、红色块。目前仅存第五天井东壁一幅执刀武士画像。人物侧身而立，头戴小冠，着红色交领长袍，双手柱仪刀。

北周天和四年（569年）李贤墓位于固原南郊乡深沟村，1983年发掘。墓主身份为柱国大将军、大都督、原、泾、秦、河、渭、夏、陇、成、幽、灵十州诸军事，原州刺史，为北周重臣，是关陇集团的重要成员。墓葬为三个天井，斜坡式墓道单室土洞墓。在墓道、过洞、天井、甬道、墓室都绘有壁画，题材有门楼、柱、持刀武士、侍女、伎乐等，每幅图均用红色边框分隔。人物均为独幅形式，人物面部及衣纹施晕染，壁画保存较好。墓道、过洞、天井两壁绘有武士图18幅，武士皆戴高冠，上身有的着裲裆明光铠，有的着交领袍，下身着裤褶，脚穿麻履，拄、持刀。除第一洞口2幅外，四周均绘红色宽带边框。第一过洞与第二过洞口前上方分别绘一单层和双层门楼图。墓室四壁原绘有20幅侍女、伎乐图，因墓室残塌，仅西壁、东壁与南壁残存5幅。西壁南端第一幅为执团扇侍女。东壁南端残存一幅腰间挂一细腰长鼓，左手屈指弹击鼓面女伎。南壁西端残存一双环发髻侍女头像，东端绘有一双手持佛尘侍女。

1996年发掘于固原县西郊乡大堡村的北周建德四年（575年）田弘墓。墓主身份为柱国大将军、大都督，襄州总管、襄州刺史、原州刺史。墓葬为五个天井，斜坡式墓道多室土洞墓。壁画绘于甬道及主室、侧室和后室内，题材为人物，画面有边框，框内绘多人。因严重塌陷，甬道与主室顶部壁画内容不详。从保存情况看，主室北壁（后室入口）东侧绘有两文吏拱手侧立，西侧绘两武士持刀侧立。四人皆上着交领宽袖红袍，下着白色裤。东壁（侧室入口）北侧壁面下部残存两人腿部。西壁北侧上部塌毁，下部可确认为五个面南侧身持刀站立武士。南侧墓壁塌毁，绘有人物头部的壁画滑落墙角，残存四个人的头部。后室与侧室两壁及后壁仅存红白两色画痕，没有其它图案。

三座北周墓葬从随葬墓志得知，壁画绘制时间仅差十年，但壁画布局与内容却有所不同。从宇文猛墓残留壁画痕迹看，布局到画法都与李贤墓壁画的风格接近。而李贤墓与田弘墓从墓室、墓道各部位壁画的配置、壁画的构图、绘制手法、服饰看，各自都有明显特征。李贤墓墓道、过洞、天井、绘侍卫、门楼壁画，象征邸宅的多重院落；田弘墓墓道不作壁画，墓室北壁、东壁、西壁北侧绘侍卫，西壁南侧绘侍从群像，是以主室象征宅院的想法[4]。李贤墓墓室在安置棺枢的四壁绘侍女，伎乐；田弘墓的棺室是后室，入口处绘有侍卫，棺室只绘简化的木构建筑的梁柱。李贤墓从墓道至墓室壁画内容为单幅正面人物立像，每个单体图像独立成幅，形成彼此独立的挂轴式格局，属于较早的屏风画。田弘墓为成组人物或群体人物侧身立像，人物群像形成了东魏—北齐那种由群像构成的横卷式壁画布局。群像绘制在东魏-北齐墓中十分常见，但在北周墓葬壁画中尚属首例。李贤墓着裲裆铠的武士居多，服饰壁彩有一个渐变过程；田弘墓侍卫中未见着裲裆铠者，颜色以红、黑为主，色彩鲜艳。

北周墓壁画的布局与主要内容有沿袭旧制的，也有自身特征并对后期墓葬壁画风格产生影响的。如李贤墓道绘侍卫壁画见于河北磁县东魏武定八年（550年）茹茹公主墓[5]和山西寿阳北齐河清元年（562年）库狄回洛墓[6]。李贤墓道仪卫所沿袭的是北魏旧制[7]，隋代史射勿墓壁画中手柱环首刀侍立的武士亦可看作是这种制度的延续。田弘墓人物眉下涂红线，颊部用类似于晕染的手法涂红色圆点，与敦煌西魏288窟供养人像、北周296窟本生图中俗人像、461窟弟子像的面部画法近似。说明北周原州与临近西域的敦煌地区的画工集团之间存在某种交流[8]。李贤墓壁画在靠近墓主人棺椁的西半部壁画内容是侍女，面对棺椁的则是伎乐，墓室壁画如此安排，似未见前例，却与西安三原唐贞观四年（630 年）李寿墓[9]、西安羊头镇唐总章元年（668 年）李爽墓[10]墓室壁画布局相近颇多。李贤墓每幅壁画都用红色边框分隔，大约在同时，北齐亦流行人物屏风画。类似李贤墓壁画的绘画布局，对以后的隋唐墓室壁画风格的形成有着重要的影响。在墓门上方制作门楼的习俗，在关西地区由来已久[11]，但以壁画形式在过洞上方绘制则以李贤墓为最早。这些对以后的隋唐墓葬壁画风格的形成有着重要的影响。尤其固原北朝墓葬李贤墓壁画第一次完整展现了北周墓葬绘画的风采，填补了我国绘画史北周的空白。田弘墓壁画为搞清西魏—北周墓葬壁画的全貌提供了新的重要资料。

二、隋代墓葬出土壁画

已知隋代墓葬壁画仅有为数不多的几例，有陕西西安东郊白鹿原大业十一年（615 年）刘世恭墓、西安东郊韩森寨开皇十二年（592 年）吕武墓、陕西三原双威村开皇二年（582 年）李和墓、山东嘉祥满硐杨楼村开皇四年（584 年）徐敏行墓、西安东郊大业四年（608 年）李椿夫妇墓，以上墓葬仅徐敏行墓壁画保存较好。五例隋代壁画墓布局与内容有所不同。原属北齐辖区的徐敏行墓壁画中侍卫出行的场面及牛车女侍、鞍马驭夫和墓主人坐于帐内的形象，基本上属于东魏时期若干传统的延续，原北周势力范围内的其余四例隋墓壁画要简单些。如李和墓室内绘有树木、山水，墓道两壁绘有侍卫形象等。

宁夏隋代的出土壁画，主要是 1987 年在固原县南郊乡小马庄发掘的大业五年（609 年）史射勿墓[12]，墓主身份为正议大夫右领军骠骑将军，墓葬地下部分为二天井斜坡式墓道单室土洞。在墓道、天井、过洞、墓室都绘有壁画，是一座壁画墓。在墓道天井处绘有武士、侍从壁画十幅，过洞处绘有建筑、花卉各一幅，墓室绘侍女。墓道前部分壁画大部分已残，只有零星线条。在接近第一过洞的左右两壁、过洞与第一天井交界及第一天井左右两壁，皆绘武士图，均戴冠，身着红色交领长袍，下穿宽口裤，足蹬乌靴，双手前举，执环首刀。第二天井南端东西两壁则各有一幅武士图，双手执环首刀。其后的是两名侍者，均戴幞头，身着红色圆领长袍，腰束带，足蹬乌靴，双手执笏，作进谒状。第一过洞口和第二过洞口上方分别绘有一幅建筑图和花卉图。墓室壁面原绘有壁画，由于壁面塌毁，仅西壁南侧存有一幅侍女图，其上共绘有五个侍女，其中一人完好，其余皆头部略残。

已知隋代墓葬壁画为数不多，保存较好的是山东嘉祥满硐杨楼村徐敏行墓[13]。史射勿墓壁画是极为珍贵的隋代墓室壁画，为隋代考古中所稀见，艺术价值颇高。史射勿墓壁画布局与内容有承袭旧制的因素，也有新内容题材的出现。墓道两壁所绘侍卫形象，表现的是北魏旧制，武士执仪刀的作法，也明显承袭北周。在过洞上方绘制门楼的作法继续延续，只是并不是一种固定形式，在第二过洞上方绘有一幅莲花图，像史射勿这样品级或许只能绘单层门楼，而第二过洞则以花卉代替。第二天井内绘有的四个相对的执笏板侍从形象是两武两文。执笏板侍从在汉代画像石中是表现最多的题材之一，后渐衰，降至隋唐又重新盛行，是唐墓壁画中常见的内容，但似史射勿墓为初见。侍从头上所戴的幞头约始于北周时期，有关北周幞头的实例，在过去的考古发现中未见到，更多看到的是隋代幞头的形象。史射勿墓壁画中的幞头是我国早期幞头最完备的形式。

三、唐代墓葬出土壁画

唐代是中国古代壁画艺术百花盛开、繁华似锦的兴盛时期。在陕西、山东、山西、新疆、广东、湖北等省区，发掘清理了一批唐代墓葬，使许多精美的壁画公布于世。

唐代的出土壁画，见于固原史索岩墓[14]、梁元珍墓[15]。史索岩墓，1985 年发掘于固原南郊乡羊坊村，为唐麟德元年（664 年）墓葬，墓主身份为平凉郡都尉骠骑将军，墓葬由斜坡墓道、五个过洞、五个天井、甬道和墓室组成。该墓由于后世进水，墓道、天井、墓室的壁画损毁严重，现仅存墓道第五过洞上方的一幅朱雀图保存完整。朱雀整个形象雄壮威武，有势若腾飞之态，为唐代朱雀壁画中的精品。北朝时期，在墓门上方绘制朱雀的作法，史索岩墓过洞上方出现的朱雀图，应该被看作是北朝时期传统的延续，与长乐公主墓中朱雀图具有相同的意义，其目的主要是导引墓主人的灵魂。

1986 年发现的固原南郊乡羊坊村唐圣历二年（699 年）梁元珍墓，墓主身份为隐士，墓葬由斜坡式墓道、三个过洞、三个天井、甬道和墓室组成。壁画绘于天井、过洞、甬道及墓室内。天井和甬道的壁画没有地仗层，将生土修平后直接绘画，保存情况较好。主要绘制有人物牵马图。天井的东西两壁共绘人物牵马图 6 幅，人物侧身站立，头戴幞头，身着圆领长袍，足穿乌靴，双手执物于胸前。马通体光滑，首修长，前胸凸起，背有鞍鞴，鞍上搭有鞍袱，臀肥圆，尾束起，左侧或右侧两腿提起后勾。甬道东西两壁各绘有一幅牵马图，与天井牵马图不同的是马呈伫立状，牵马图前绘有一幅人物。墓室壁画则是在砖墙上涂抹草拌泥绘制，由于草拌泥的附着力差，壁画整体保存情况不好。墓室四壁及顶部均有壁画。东壁主要绘有侍女、捧包袱男装侍女、捧花果侍者及执笏板者等人物。南壁为一拱手侍从形象，其后跟一动物。西壁和北壁均为人物屏风画，每壁各有五幅，每扇均有红色边框。屏风内均绘一枯树，其下有一老者。画面脱落严重，许多人物面部已残损不清。墓室顶部绘有银河、太阳、月亮、北斗七星等，是一幅较完整的星象图。

梁元珍墓道天井、甬道两壁绘制的牵马图，其内容与以往唐墓道、天井安排的步骑仪卫、众多侍从及列戟等壁画完全不同。这主要是由于其他唐墓壁画的主人往往是中高级官员，而梁氏虽然出身名门，但毕竟是一介布衣。在壁画的内容上当有明显的差异。墓室壁画除侍者图外，围绕棺床还有十扇中的屏风画，所表现的内容当是魏晋名士"竹林七贤与荣启期"的故事。其年代属唐代墓葬屏风画中较早者，纪年明确，这对于判定此类屏风画的年代有着重要的参考价值。

参考文献：

［1］宁夏文物考古研究所固原工作站：《固原北周宇文猛墓发掘简报》，《宁夏考古文集》，宁夏人民出版社，1996 年。

［2］宁夏回族自治区博物馆、固原博物馆：《宁夏固原北周李贤夫妇墓发掘简报》，《文物》1985 年 11 期。

［3］原州联合考古队编：《北周田弘墓—原州联合考古队发掘调查报告 2》，日本勉诚出版社，2000 年。

［4］［8］苏试：《田弘墓几个问题的讨论》第三节，载原州联合考古队编《北周田弘墓—原州联合考古队发掘调查报告 2》，日本勉诚出版社，2000 年。

［5］磁县文化馆：《河北磁县东魏茹茹公主墓发掘简报》，《文物》1984 年第 4 期；汤池：《东魏茹茹公主墓壁画试探》，《文物》1984 年第 4 期。

［6］王克林：《北齐库狄回洛墓》，《考古与文物》1979 年第 3 期。

［7］［11］宿白：《宁夏固原北周李贤墓札记》，《宁夏文物》1989 年总 3 期。

［9］陕西省博物馆、文管会等《唐李寿墓发掘简报》，《文物》1974 年第 9 期。

［10］陕西省文管会：《西安羊头镇唐李爽墓的发掘》，《文物》1959 年第 3 期。

［12］宁夏文物考古研究所、宁夏固原博物馆：《宁夏固原史射勿墓发掘简报》，《文物》1992 年第 10 期。

［13］山东博物馆：《山东嘉祥英山一号隋墓清理简报—隋代墓室壁画的首次发现》，《文物》1981 年第 4 期。

［14］［15］罗丰《固原南郊隋唐墓地》，文物出版社，1996 年。

宋墓壁画夫妻对坐图的再研究

程　义（苏州博物馆　馆长助理）

内容提要： 二十世纪五十年代宿白先生在发掘白沙宋墓时提出夫妇对坐图是文献中的开芳宴，并对其性质和意义做了探讨。随着发现的宋墓越来越多，尤其是发现了了很多相关题记，学者们对所谓的开芳宴提出了不同的看法。本文回顾和总结目前各种观点，并提出这一图像是由一桌二椅发展而来，是灵座和影堂的模仿，其意义还在于对先人的祭祀。唐代墓葬没有夫妇对坐图是因为下帐已具备祭祀的功能。

关键词： 宋墓　壁画　夫妇对坐　开芳宴　灵座　影堂

墓室壁画是美术考古研究的一个重要领域，近年来新发现新成果不断报道和发表。相对于汉唐壁画而言，过去比较寂寥的宋辽金壁画研究也因为一些重要的发现和成果而得到极大的重视。当然，任何一个学科，随着资料的增加，认识的深入，旧的观点也就有了被修正的可能，尤其是像考古学这样的以实证为基础的学科，更是与时俱进。在此，笔者想就宋墓壁画中的夫妻对坐图做一点探讨，不足之处恳请同行赐教。

1. 夫妻对坐图的发现与内容

夫妻对坐图，顾名思义就是墓室壁画里一男一女相对而坐的图像，这种模式和日常生活里的一些仪式上的座次非常相像，所以分辨起来并不困难。据统计夫妇共坐之造型样式:1、半身像：二人位于桌后的胸像。2、全身像：可分为以下三种形式:1）夫妇共坐之全身正面像；2）夫妇共坐之全身侧面像；3）夫妇共坐之全身四分之三像，此类又分为两种：A、墓主夫妇共据一桌。B、墓主夫妇各据一桌。这是粉本的拆分与灵活运用。[1] 最先发现的比较清晰的夫妇对坐图要数白沙宋墓 1 号墓西壁，此后在各地都有发现。据易晴的不完全统计，仅河南山西河北等地已多达四十余处[2]。韩小囡在其博士论文《宋代墓葬装饰研究》[3] 中列有详细的表格，这一图像除了较集中的河南山西外，陕西四川[4] 贵州[5] 等地也有少量的发现。此外薛豫晓在研究所谓的"开芳宴"时，也对此图像的分布做了分区研究。在其论文中所列举的"开芳宴"图中均包含有夫妻对坐图，所以他的研究也有一定的参考价值。他将这一图像的分布分为：豫北区、晋南区、晋北河北内蒙区、鲁东区、陕甘宁区。[6] 就目前的考古发现看，这一图像的核心分布区域是豫北晋南一带，其余地区发现的数量少，时代也略微靠后。

据已发表的报告和各位的研究，夫妻对坐图的核心内容包括以下几个内容：第一、人物，包括椅子上端坐的人物，后侧的站立者，两侧的侍奉者；第二、桌椅；第三、桌上陈设，主要有注子、盏、酒瓶、盆花，桌子下边有的置有站立或平躺的大瓶子；第四、帐幔、屏风等陈设。当然还有常见的散乐、庖厨、灯檠、衣架、盥洗盆等内容，都是和此图像关联的内容。

2. 夫妻对坐图的位置

据易晴的统计，可以看出这一图像的分布有明显的规律，即只分布在北壁或西北壁，极个别的分布在东壁。过去很少有人考虑这些图像是一次形成的，还是多次形成的？即便是在一座墓室里，不同的壁面发现了不同的对坐图，往往按固有的思路解释为墓主不同阶段的表现。但是近些年发掘的一些带题记的宋金元墓给我们提供了新的线索[7]，改变了我们固有的认识。2008年陕西甘泉县发现四座金代墓葬是很好的例子。其中M1墓室东壁绘有宴饮图，图中部绘有一黑色方桌，上置碟盏，两侧鼓形墩坐老年夫妇，两侧各站一男女。根据墨书题记可知，四人关系为朱俊夫妇及嗣子朱孜夫妇。西壁中部绘有相似的图像，根据题记可知，人物关系为朱孜夫妇及其嗣子喜郎夫妇，由南壁题记可知，出钱修筑墓葬的是朱孜。[8]如果不是有墨书题记，我们就很难发现这是一座多人合葬墓，每一幅对坐图都有具体不同的所指。再如1983年山西新绛吴岭庄曾发现一座元墓，由前室、后室和左右耳室组成。后室拱眼壁墨书题记揭示出这些图画中的三对夫妇，可能是墓中所葬三代人的摹绘。再结合墓室北、东、西的棺床骨架摆放来看，可知北边者为墓主人卫忠及妻聂氏之位，东边者为其子卫德及妻冯氏之位，西边者为卫忠之父卫坚及母杜氏、王氏之位，是一座典型的家族合葬墓。[9]由这些带有题记的金元墓反观宋墓，我们也发现同一座墓中有数副墓主图的例子。如白沙宋墓2号墓，东南壁绘帐下夫人，西南壁绘夫妇对坐、白沙宋墓3号墓西南壁砖砌一桌二椅，右侧椅子上绘夫人像，左侧却未有人像。另外，河北平山县下槐镇宋墓，壁画明显有改绘或重绘的迹象。[10]因此，结合宋金辽墓，以及有些元墓的题记，我们认为这些大型的砖室墓不一定就是一代墓主夫妇合葬，而是几代直系亲属的家庭合葬。而是家庭合葬的成员有时会在墓室壁面以砖雕壁画图像或题一记的形式表现出来，并在不同墓壁都有其相应的"位"。因此，一些传统观点认为夫妇对（并）坐图中端坐墓主人身后人物的身份是侍者的看法需要重新审视。[11]虽然这是研究晋东南宋墓的结果，但是其结果仍有很高的参考价值。这一点《郑州宋金壁画墓》报告的编者早已注意到了，编者在多处指出椅子后站立的男女一概是老人儿子和儿媳。[12]它的意义在于让我们更加关注墓主画像的身份,而墓主画像的身份对于认识和解释壁画是至关重要的，尤其是像甘泉金墓那种一座墓室里有多处对坐图的例子。事实上，根据郑岩对墓主画像的研究和统计，这一现象不是宋代新出现的，至少在曹魏以后，"在多人合葬墓中往往有多套墓主夫妇画像"。[13]

3. 前人对夫妻对坐图的理解

墓主画像或墓主夫妇的画像在汉代画像石以及汉魏壁画墓里频繁出现，郑岩[14]、巫鸿等人对此已做了很深入的研究。巫鸿的研究对墓主画像的研究具有非常重要的启发意义。巫鸿在研究武梁祠画像石时指出，在武梁祠的画像系统里存在两个系统[15]：他认为传统的侧面的不对称构图是情节式的，画面中人物的相互作用是叙事性的，其构图是闭合式的，它所表达意义包含在画面本身的结构中……看画人只是一位旁观者，而不是参与者；正面的对称的西王母东王公等则是偶像式的……中心人物不仅仅存在于整体画面中，它所表达的意义，同时又依靠外在的观者来实现。实际上，这种开放式的构图设计，即建立在有一位观者，并且他与偶像之间有着直接联系的假设上。郑岩将此分类和观念应用到墓主画像的研究上，指出开放式的正面像强调画像与观者的交流，显然更适合于祭祀的礼仪。这是两汉以来祭祀重点由远祖转向近亲，加之孝的思想及有关制度流行，使得祭祀中越来越强调与死者的交流，因而新的正面形式占据上风也就成了大势所趋。[16]

但是，由于隋唐时期，尤其是唐代大量的壁画墓中缺乏此类对应的画面，所以人们在讨论宋墓壁画时很少联系到魏晋南北朝时期的传统。当然在发掘白沙宋墓的年代，那时已经发掘的壁画墓非常少，制约对这一画面的理解。目前学术界主要有以下几种观点：

A、开芳宴。宿白先生在他的《白沙宋墓》中，介绍一号墓时，曾经做过一个"开芳宴"的注释。他在注释里说此壁当与东壁合观，为壁画的主要内容——墓主夫妇开芳宴。他引用了罗烨《醉翁谈录》壬集卷一中《红绢密约张生负李氏娘》里所记载的张官人夫妇宴饮的情况："彩云更探消息，忽至一巷，睹一宅稍壮丽，门前挂斑竹帘儿，厅前歌舞，厅上会宴。……遂问青衣，此是谁家。青衣曰：此张解元宅……常开芳宴，表夫妻相爱耳。"按唐以来饮宴多备乐，至宋相沿成习……[17]。宿白先生认为书中所记载的开芳宴场景与墓中夫妻宴饮及乐舞图像极为相似，应该就是开芳宴的再现，是为了表示墓主夫妇恩爱。此后研究人员在遇到宋辽金元时期的夫妻对坐宴饮赏乐图象，或者是夫妻对坐宴饮图象时，都一律冠以"开芳宴"的名称。后来一些研究戏剧的学者对此更是深信不疑，正如廖奔先生说的："例如杂剧和大曲舞旋砖雕通常装饰在与墓主人神主位置对应的墓壁上，使之成为墓主人的观看对象，而整个墓室结构的组合，又成为人世间厅堂演出场面的象征性环境，构成了一个完整的家庭演出的立体空间"[18]。薛晓豫先生在其硕士论文《宋辽金元墓葬中的开芳宴图像研究》的前面几章中也反复强调，"开芳宴"在墓葬中的功能是为了表现平民家庭生活的和睦与夫妻恩爱。当然，可能有的图象中在家具设置和厅堂装饰上费了较大力气，希望借助繁复精美的装饰来反映生前的富裕，但这是次要的，是人们实际运用中给予"开芳宴"的附加意义，其主题仍然是家庭生活的和睦与夫妻恩爱。同时"开芳宴"基本都出于平民墓葬，它也不可能是用来炫耀墓主人的身份与地位的。针对秦大树先生的灵座说，薛晓豫认为，在实际操作的"开芳宴"图象中，供奉的含义是有的，表示子孙对祖先的尊敬与纪念，但不能将它扩大化，这也只能算是"开芳宴"的附加意义。[19]

B、灵座说。最早对宿先生这一论断提出质疑的是秦大树先生。秦先生指出早期在仿木构砖室墓中出现的雕砖和壁画，除了少量的家具和建筑彩画，主要有门窗和一桌二椅两种题材。一桌二椅装饰指在墓内某一壁面砌出一个方桌，两边放置一对椅子。约从北宋中期开始出现了变化，在桌面上出现了碗、盘、盏托、注壶、经瓶等饮食器，在桌下或附近出现了尺、剪、熨斗、刀、银挺等一组小型用具。约从神宗朝（公元 1068——1085 年）开始，椅上出现墓主人夫妇的形象，两人各据一边，相对而坐，身后还常立有侍者，在其上方常有帷幕，似在厅堂之中。此后，这种题材成为中原北方最流行的一种装饰，南方的部分地区也有发现。金代时，这种装饰进一步变化，在晋南地区出现了墓主人夫妇正面并坐场景，中间相隔的桌上摆放一大丛牡丹花，坐的位置也变成了在通壁的三开间格子门之前。宿白先生指出，将这一场景与对壁的伎乐场面合观，与文献中所记"厅前歌舞，厅上会宴"的"开芳宴"场面相合。因此，在很长时间里都将这种墓主人夫妇对坐的场景称为"开芳宴"。然而，随着众多宋金墓葬的清理发掘，人们已可初步看出这种题材的发展变化情况。而且，既使在这种题材最兴盛的北宋未到金代，对坐场景与伎乐或杂剧题材正面相对的墓例也只占较少数。再看桌子上下摆放的器具，很难说是一组宴饮用具，而更接近一组祭祀用具。在山西晋光药厂发现的一座金大安二年（公元 1210 年）墓中，北壁做成堂屋状，内坐墓主人夫妇，男执念珠，女持经卷，后有侍童，中间桌上放置一大盆花卉。另在牛村发现的金天德三年（公元 1151 年）墓中的墓主人像佛龛上方书写"永为供养"四字。再结合山西樱山马村 M7 金墓内的《段梅预修墓记》中所言"修此穴以为后代子孙祭祀之所"。这些说明从早期的一桌二椅演变到晚期的墓主人夫妇对坐、并坐的场景，是墓中最重要的装饰，似乎是在墓内设置的墓主人夫妇的灵位。[20] 最近易晴在秦大树论述的基础上，进一步探讨"墓主人对（并）坐图"在宋金中原地区砖雕壁画墓图像构成中的功能及意义。通过大量的分析，易晴认为，北宋仁宗朝以后流行于宋金中原地区砖雕壁画墓中的"墓主人对（并）坐图"，虽然是"开芳宴"的形式，但是其核心的寓意应是在墓葬中为死者设置的灵座，而墓主人的画像则是具有标志性的图像，与丧仪过程灵座中放置在椅上的魂帛一样，代表着墓主人的魂灵。[21] 任林平在其硕士论文《晋东南宋墓研究》中引入巫鸿提出的"位"观念，推测"墓主对坐图以夫妻对坐、家庭成员围绕的表现形式，实质上体现的是祖先祭祀的丧葬礼仪功能—"位"。这一功能的象征意义主要由桌、椅、墓主人及桌上摆放的食具、茶果、盆花等一系列要素表现。这些要素有时并不全部出现（构图中有时没有墓主人，有时没有装饰物），但并不影响观者对其功能的意会。"位"并不是专指"座椅"，而是山桌、椅、墓主、桌上摆放的物品等多种物品构成的一个礼仪性空间。用绘画的形式表现时，从三维的角度看，绘画描绘出的虚拟空间则代表位；从二维而言，则指那块壁面，都是围绕这个"位"为中心而展开的。[22]

　　C、张鹏等人也和秦大树一样把目光投向了夫妻对坐图和一桌二椅图的联系，并设计了一个变化的路径和模式：先有了一桌二椅的组合关系，形成了基本的画面重点。到了夫妇共坐图像中一桌二椅虽然是支撑画面的关键，但已经成为道具，是墓主夫妇共坐图像的硬件，而不再是画面的主角。因此对墓室和画面的题材必须精心挑选以成为对主题的提示或者象征，通过调整壁面人物关系，把适意的建筑以及宜人的环境当作一种"场所"提供给画中的墓主夫妇，而体现世人的心理，关注"地下"空间，艺术地处理"阴宅"壁面装饰，从一个侧面也反映了"设计者"或匠师观念的渗透。但是对这一很具生命力的经典图像的意义，作者显得很谨慎，作者云：然而笔者深知本文的阐述无法完全涵盖史实的细节，也无法完全避免与古人的初衷有所偏差，但这种开放性的图像本身也形成了本文的开放性的也是有待完善的结论：1、孝道伦常与责任义务。2、上层权贵无奈的选择与下层民众理想的追求。3、还有一个有趣的现象是：……由夫妇共坐样式及其组合图像组成的墓室空间仿佛一个舞台，呈现出一种气氛。它是现实和虚幻交织在一起的，并且和日常生活有关的复杂作品。它似乎模糊掉了朝代，形成了中国化的语境，而最可贵的是感情和想象力的传达。[23] 李林在研究辽墓壁画时，对此图也做了分析，他认为：这类出现在有明器台的墓室前廊较大右耳室的无情节性的墓主夫妇对坐宴饮图，已经摆脱了之前墓主图像所标示或指代的情节性场景，而成为了具有象征性、偶像性的图像，是在这一祭奠空间中的图像化了的墓主灵魂，即受祭拜的对象，是格套化了的、类似于后来的文字牌位形制的图像铭记。[24]

D、影堂与家园说。最近李清泉在《墓主夫妇"开芳宴"与唐宋墓葬风气之变》一文中提出夫妇对坐图可能和影堂有关。作者认为北宋中期以后，由于夫妇合葬墓的极度流行，同时兼受到当时士庶之家广建影堂风气的影响，墓葬当中表现男女墓主合坐一堂的墓主夫妇像也便应运而生，而且很快成为宋金墓葬装饰中最为核心的艺术母题。这种墓主夫妇像在基本形式上因袭了一个 8 世纪中最后作为"灵座"而出现的"一桌二椅'，及其"供具"和"供品"的表现贯例，从而将墓主夫妇像转化为墓葬当中"永为供养"的对象，使墓葬兼具了享堂的功能。但是作者认为宋金时期的墓主像并不是影堂肖像的简单模仿，并且宋金时期墓葬也绝非仅仅专意于再造一个地下享堂。作为一种夫妇合葬墓，以及与夫妇合葬墓相适应的墓主夫妇共坐像，本身就就共同体现了一种"家"的概念，而且，加上当时墓葬建筑装饰的高度家宅化以及由砖雕、壁画装饰所营造的"一堂家庆"气氛，令我们感到这种墓葬更像是一个个吉庆、温馨的家宅。[25]

4. 我的认识

如前所述，各位对夫妇对坐图做了有益探索，就其核心而言，仍然不出所谓的"偶像型"和"叙事型"的范畴。主张开芳宴者，认为这一图式和周边的备宴乐舞等组成一个叙事场景，目的在于表现夫妻的恩爱，即墓主夫妇画像只是整个场景的主角，是整个画面的一部分；主张灵座者，则认为虽然乐舞备宴等场面频繁出现，但究其核心仍然是以一桌一椅，墓主画像只是其灵魂的表征，是祭祀和供奉的对象，也就是偶像。当然目前由于没有文献的有力支持，大家的意见还是很难统一，也有些学者调和二者，认为既有叙事性，也有供奉的意味在里面。

为了进一步探讨这个问题，我将目前可以辨明的相关墓葬制成简表如下：

一桌二椅与夫妇对坐图像统计表 [26]

序号	墓例	时代	墓葬形制	主要内容	出处	备注
1	河南郑州二里岗宋墓	北宋初	单室方形砖墓	北壁：假门，两侧假窗； 东壁：灯檠、衣柜、衣架，剪刀、尺子、熨斗； 南壁：水井、水桶、人物； 西壁：一桌二椅，残存 1 人头	《文物参考资料》1954 年 6 期	

续表

2	河南郑州南关外宋墓	至和三年（1056）	单室方形砖墓	北壁：假门，两侧假窗； 东壁：剪刀、尺子、熨斗、衣架、梳妆台、镜子、衣箱、笔架、砚、墨； 南壁：丁字形架、东侧盆架 西壁：<u>一桌二椅</u>，北侧灯架，桌下有一瓶	《文物》1958年5期	
3	河南郑州赵荣墓	元祐元年（1086）	单室六角砖墓	北壁：假门； 东壁：涂红色，图像已模糊 西北壁：格子窗，窗下一桌二椅； 东南壁：灯檠； 南壁：丁字形架、东侧盆架； 西壁：<u>一桌二椅</u>，帐幔，绣球、屏风	《中原文物》1997年4期	
4	河南新安梁庄北宋壁画墓	北宋哲宗时期	单室八角形砖墓	东南壁：门吏；东北西北壁：假窗；北壁：假门； 东壁：<u>一桌一人（男）</u>，三侍者；西壁：<u>一桌一人（女），三侍者；</u>	《考古与文物》1996年4期	
	河南尉氏县张氏镇	北宋早期偏晚			华夏考古2006年3期	墓门榜题时思堂
	河南荥阳槐西宋墓	北宋晚期	单室长方形砖墓		中原文物2008年5期	
	河南登封城关南庄宋墓	北宋晚期偏早	单室八角形砖墓	东南壁：左侧交股剪熨斗，右侧灯檠； 东北壁：镜架、帐幔； 西南壁：架状物、盆架、盆、幔帐； 西北壁：烛台、柜子、帐幔； 北壁：半启门、帐；东壁：衣架、帐； 西壁：<u>一桌二椅，仅绘出夫人坐在椅子上，二侍女</u>	郑州宋金壁画墓117—136	

续表

	河南泌阳宋墓 M2	北宋晚期偏早	单室六边形砖墓	东南壁，左侧用砖砌一柜，柜右下角雕剪刀和熨斗，右则是砖砌灯台。东北壁，左侧砌直棂窗一扇与西南壁窗户，右侧砌矮足柜一个。西南壁，中部砌方桌一张，上砌雕壶一只，盏托四只，两侧各砌对称靠椅。西北壁，靠右侧用条砖砌直棂窗一扇。北壁，正面砌出假门。南壁，中间为甬道券门，两侧各砌对称倚柱。	华夏考古2005年2期
6	河南巩义涉村宋墓	北宋晚期	单室方形砖墓	北壁：假门，假窗，上部左侧绘六人，题记五君兄弟认娘处，五君兄弟来见义母处，右侧绘二人，后者扛一杆，杆上挂一瓶；东壁：一桌二椅，绘夫妇对坐，侍者二人，上部左侧绘三人，题记五君初？结义兄弟处，右侧绘三人，题记五君兄弟问？？之家庭、五君见墓，下绘一靠椅；南壁：绘二人备食；西壁：长案，高几，方柜，上部绘四人，题记五君见府处，右绘五人，题义君处，下部绘帐幔、鸟笼、交股剪、猫	郑州宋金壁画墓159-176

续表

7	河南白沙宋墓1号墓	元符二年（1099）	双室长方形砖墓	前室南壁绘进奉者，东壁绘女乐，北壁绘兵器，西壁夫妇对坐，男女侍；后室东南壁绘进奉图及盆架，东北壁窗灯檠，西南壁绘梳妆图，西北壁窗，剪刀、熨斗、矮几、瓶、猫、北壁妇人启门	白沙宋墓25-60	赵大翁墓，合葬
	河南林县城关宋墓	元符政和间	单室砖墓	北壁：假门，妇人启门；东壁：帐幔，夫妇对坐，男女侍；南壁：帷幔，送行图，伎乐图；西壁：行孝图	考古与文物1982年5期	
8	河南新安宋村宋墓	神宗哲宗时期	单室砖墓	北壁：五个隔扇门；东壁假门；南壁：墓门两侧窗，两人及帐幔；西壁：夫妇对坐，男女侍，帐幔	考古与文物1998年3期	多人合葬
9	河南新安古村宋墓	不详	单室砖墓	北壁：假门，有妇人启门，东壁：夫妇对坐	华夏考古1992年2期	多人合葬
10	河南登封刘碑宋墓	不详	单室六角形砖墓	东南壁：备洗图；东北壁：家宴图；西南壁：乐舞图，西北壁：夫妇对坐图；北壁：假门，门侧有侍女	郑州宋金壁画墓55-61页	被盗，葬式不明
	河南登封唐庄2号宋墓	北宋晚期中段	单室六角形砖墓	甬道东壁：进贡图，一男子肩扛装满钱币的筐子；西壁：出行图，一马一持伞人；墓室西南壁：备宴图；西北壁：夫妇对饮图，帐幔，侍者等；北壁：半启门图；东北壁：帐幔，衣架，上搭白蓝黄巾各一条，前立二妇人，左侧一男子，身后一装满钱币的陶缸，右侧一女子；东南壁：耳室门	文物2012年9期	三具骨架，有迁葬的痕迹

	河南登封唐庄2号宋墓	北宋晚期中段	单室六角形砖墓	西南壁：一桌二椅；西北壁：灯檠；北壁：假门，东北壁：柜子；东南壁：衣架	文物2012年9期	合葬
11	河南登峰箭沟宋墓	北宋晚期中段	单室八角形砖墓	东南壁：备洗图；东北壁：家宴图；西南壁：侍奉图；西北壁：备侍图；北壁：假门，横帐，门内绘悬帐，帐下有床被子等；东壁绘伎乐图；西壁绘夫妇对坐	郑州宋金壁画墓136–158页	合葬
12	河南新密平陌北宋墓	大观二年（1109）	单室八角形砖墓	东南壁：读书图；东北壁、西南壁：梳洗图；西北壁：书写图；北壁：假门等；东壁：备宴图；西壁绘夫妇对坐	郑州宋金壁画墓41–54页	合葬
13	河南安阳新安庄西地北宋墓	大观三年（1109）	单室八角形砖墓	东南壁：衣架，矮几；东北壁：窗，方凳，窗下剪刀、熨斗，瓶子；西南壁：灯檠、矮桌，椅子，经书，椅子上有人双手合十盘膝而坐，后一侍女；西北壁：窗，矮桌，矮几；北壁：假门；东壁高柜，矮桌，桌上奁匣；西壁一桌二椅	考古1994年10期	3人合葬，墓主为小商贾王现夫妇

续表

	河南焦作小尚宋冀闰墓	大观元年（夫）1107 政和三年（妇）1113	单室八角形砖墓	北壁：大门，砌出门框、立颊、门镇石、门槛、格扇门、破直杖窗、上下台阶和护栏。 西北壁：正中砌出一高大仿木制柜桌，橱柜两侧用黑彩勾画出两站立侍女的壁画。 东北壁：正中砌出一木制高案，案面上以黑彩、红彩绘制出壶、盆、碗、钵、鱼等图案，占满案面，两侧用黑彩勾画出两站立侍女的壁画。 东壁、西壁：大门 东南壁：正中砌出一仿木制餐桌，食物比较模糊，餐桌两端置两把官椅，<u>椅子上端坐两人。</u> 西南壁：正中砌出一床，床上绘制出一被子，上部绘出帷帐。	文物世界 2009年 5期	夫妇合葬
14	河南安阳新安庄西地 36号墓	北宋晚期	单室圆形砖墓	北壁：一门二窗；东壁：衣架，矮桌，箱子；南壁墓门两侧高足灯架；西壁：<u>一桌二椅</u>	考古 1994年 10期	合葬
15	河南洛阳涧西972号宋墓	北宋晚期，上限不过哲宗	单室八角形砖墓	东南东北西南壁：格子门各两扇；北壁：<u>一桌二椅</u>；东壁：衣架、衣箱；西壁：衣架，三足凳	文物参考资料 1955年 9期	人骨等已无存

续表

15	河南林县一中宋墓	元祐政和间	多室八角形砖墓	东侧室后壁绘假门，西北壁绘孝行图，后壁绘女墓主像	中原文物1990年4期	其余各壁破坏严重
16	河南荥阳司村宋墓	大观政和间	单室六角形砖墓	西北壁：一桌二椅；北壁：假门；	中原文物1982年4期	其余各壁不详
17	河南安阳小南海宋墓	北宋末徽宗时期	单室长方形砖墓	北壁：窗，夫人启门，窗下长案，衣箱；东壁：一桌二椅，夫妇对坐，幔帐2男2女侍，衣架；南壁：门洞左侧绘杂剧，右侧绘二人一马；西壁：假门，灯檠，左侧备宴图，右侧乘轿图	中原文物1993年2期	人骨无法判断
18	河南白沙宋墓2号墓	北宋末徽宗时期	单室六角形砖墓	东南壁：帐幔，夫人坐像，背后高足柜，衣架，侍女；东北西北壁：窗，帐幔；西南壁：帐幔下夫妇对坐及侍者，另有一女执拍板，一男叉手而立；北壁妇人启门；南壁：券门上绘牡丹水禽云朵	白沙宋墓69-81	合葬墓
19	河南白沙宋墓3号墓	北宋末徽宗时期，但不晚于宣和六年（1124）	单室六角形砖墓	东南壁：衣架，矮足柜；东北西北壁：窗；西南壁：二桌二椅，右侧有女墓主坐像，其后有屏风侍女，左侧椅子上未画人像，而画束扎上端的袋囊。	白沙宋墓87-95	壁画多有脱落，合葬墓

续表

20	河南新安石寺李村宋四郎墓	宣和八年（1126）	单室八角形砖墓	东南壁：上部绘窗户，下部杂居；东北壁：上部窗户，下部备食图；西南壁：上部窗户，下部湖石牡丹；西北壁：上部窗户，下部纳贡图；北壁：上部卷帘，下部墓主夫妇一桌二椅，男女二侍；东壁西壁上部格子门	考古学年鉴1985年	
21	河南登封高村宋墓	北宋末年	单室八角形砖墓	东南壁：盆架、衣架，两侧有侍女；东北壁：帐幔，执物侍女，屏风，床榻，灯檠；西北壁：帐下墓主夫妇宴饮图；北壁：假门；东壁：备洗图；西壁：执物侍女、犬，瓶座，扫把，剪刀，熨斗，尺子	中原文物2004年5期	
22	河南洛阳邙山宋墓	北宋末年不晚于靖康时期	单室砖墓，带耳室	北壁：仅存帐幔；东壁：灯檠，衣架，侍女，挂轴画；南壁：仿木结构的门，两侧各一窗，窗下一桌二椅，猫；西壁：梳妆台、剪刀、灯檠，侍女，挂轴画等	文物1992年12期	墓主可能和皇室有关
23	河南嵩县北元村宋墓	大观年间	单室八角形砖墓	东南壁：隔扇门下裙板上绘女墓主及侍女；西南壁：隔扇门下裙板上绘男墓主及侍女；西北壁：隔扇门；北壁：假门；东壁：假门；西壁：假门	中原文物1987年3期	被盗严重

24	河南陕县化纤厂3号宋墓	不详，北宋末	单室砖墓	墓室北壁绘假门，两侧各绘一人物，东西壁绘直棂窗	华夏考古 1993年4期	合葬
25	河南洛阳市郊宋墓	不详	单室六角形砖墓	北壁有一幅似为墓主画像	文物 1958年1期	
26	河南巩县宋墓	不详	单室圆形砖墓	北壁：残存破棂窗；东壁：一桌二椅，夫妇对坐；南壁：残存一门吏；西壁：衣架，柜子，床	考古 1965年8期	
27	河南上蔡宋墓	上限为北宋大观年间	单室八角形砖墓	东南壁：假门，门边立一老妇人；东北西南壁：格子门；北壁西壁：各一桌二椅；东壁：盆架等，右侧男子执帛，右侧女子双手入盆，为备洗图；南壁：育儿图	河南文博通讯 1978年4期	
	河南济源东石露头村宋墓	北宋晚期	单室砖墓	东西格子门至墓门两侧各绘一菩萨二供养人；墓室东西壁均为所谓的开芳宴；北壁：宴饮图，夫妇对坐，侍女等	中原文物 2008年2期	三具骨架
	河南济源市承留	北宋中晚期	单室八角形砖墓	南壁：中心为拱券封门，东侧砌一灯。 西南壁：板门 西壁：一桌二椅，桌上壶盏 西北壁：直棂窗 北壁：板门 东壁：衣架、凳子 东南壁：板门	中原文物 2012年4期	

续表

28	河南荥阳孤伯嘴宋墓	宋末金初	单室六角形砖墓	东南壁、东北壁、北壁应为家具陈设；西南壁：<u>一桌二椅</u>；西北壁：衣架，衣柜	中原文物 1998年4期	破坏严重
29	河南新密下庄河宋墓	宋金之际，上限不过大观二年	单室八角形砖墓	东南壁：左侧男子执物，后一女子；东北壁：锦帐，衣架，剪刀，熨斗；西南壁：一马二人；西北壁：<u>墓主夫妇端坐</u>，中间侍女一人；北壁：假门；东壁：备宴图；南壁：建筑图；西壁：帐下右侧三人	中原文物 1999年4期	合葬
30	河南宝丰李坪村宋墓	宋金之际，上限不过政和	单室八角形砖墓	东南壁：<u>一桌二椅</u>；东北壁：假窗，衣架；西南壁：灯檠；西北壁：假窗衣柜；北壁：仿木门楼；东壁西壁：假门	华夏考古 1995年4期	多人合葬
	山东济南山东大学南校区	建隆元年（960）	单室圆形砖墓	东南壁：灯檠，衣箱；东北壁：<u>一桌二椅</u>；北壁：假门，假窗；西北壁：衣箱，七色巾子衣架，盆，罐子，勺；西南壁：架子	文物 2008年 8期	合葬
31	山东济南山东工业大学宋墓	建隆元年（960）	单室圆形砖墓	东南壁：灯檠，衣箱；东北壁：<u>一桌二椅</u>；北壁：假门，假窗；西北壁：衣箱，衣架，盆，勺；西南壁：架子	宋代墓葬装饰研究引用	

续表

32	济南洪家楼宋墓	不详	单室圆形砖墓	北壁：假门，假窗；西壁：衣架，衣柜；东壁：<u>一桌二椅</u>；南壁：灯檠	文物 2005 年 11 期	扰动
33	山东临淄召口乡宋墓	上限不过哲宗时期	双室带耳室砖墓	后室北壁：供奉容器，左侧绘<u>一男一女</u>，右侧绘二女一男；东壁：二侍女，大帐，隔扇，大椅，山石屏风，方桌；南壁：灯台，花瓶，瓶架；西壁：男子三人，一人叉手而立，另二人执物	华夏考古 2003 年 1 期	合葬
34	河北武邑龙店 1 号宋墓	早于仁宗庆历二年	单室圆形砖墓	北壁：仿木假门；东壁：<u>二桌二椅，北侧绘一侍者，南侧椅子上有人物</u>；南壁：灯座，东侧绘人物；西壁：衣架，衣柜，靴子，剪刀，熨斗	河北省考古文集，东方出版社 1998 年，323–329 页	骨骼被火烧过
35	河北武邑龙店 2 号宋墓	仁宗庆历二年	单室圆形砖墓	北壁：仿木假门；东壁：<u>二桌二椅，椅子后有人物</u>；南壁：西侧一假门；西壁：衣架，衣柜，靴子，剪刀，熨斗，衣架，一女子对镜而立	河北省考古文集，东方出版社 1998 年，323–329 页	骨骼被火烧过
36	河北武邑龙店 3 号宋墓	晚于仁宗庆历二年	单室圆形砖墓	北壁：仿木假门；东壁：<u>一桌二椅，椅子后有人物</u>；南壁：西侧一假门，东侧灯檠；西壁：衣架，衣柜，靴子，剪刀，熨斗，衣架侧有一人物	河北省考古文集，东方出版社 1998 年，323–329 页	骨骼被火烧过

续表

37	河北平山西石桥 1 号宋墓	仁宗嘉佑末	单室圆形砖墓	东南壁：一桌二椅；东北壁：直棂窗，剪刀，熨斗，立柜；西南壁：桌椅各一；北壁：一桌二椅；东壁：假门；南壁：灯擎；西壁：假门，帐幔，容器	文物春秋 1989 年 3 期	人骨已朽
38	河北曲阳南罗北宋墓	政和七年（1117）	单室圆形砖墓	东南壁：一桌二椅；东北壁：灯台，假门；西北壁：剪刀，熨斗，衣柜；西南壁：灯擎，假门；北壁：假门，直棂窗	文物 1988 年 11 期	合葬
39	河北两岔 1 号宋墓	报告推测为北宋晚期	单室六角形砖墓	东南壁：残存衣物，罐，上部所绘不清，二次改绘一牛；北壁：残存墨竹，罐；西南壁：第一次绘虎，后改为流云，下绘一狗，侍女；西北壁：上绘花卉，下绘一桌二椅；北壁：格子门	考古 2000 年 9 期	合葬
40	河北两岔 3 号宋墓	报告推测为北宋晚期	单室六角形砖墓	东南壁：一桌二椅；西南壁：一桌，一窗；北壁：仿木门楼	考古 2000 年 9 期	
41	河北两岔 5 号宋墓	报告推测为北宋晚期	单室八角形砖墓	东南壁：一桌二椅；东北壁：家具；西南壁：熨斗，剪刀；西北壁：柜子；北壁东壁西壁：各一假门	考古 2000 年 9 期	
	河北武邑崔家庄宋墓 M2				文物春秋 2006 年 3 期	
42	河北博野刘陀店 3 号宋墓	宋末金初	单室圆形砖墓	北壁：假门；东壁：一桌二椅；南壁：灯擎；西壁：衣架	河北省考古文集，燕山出版社 2001 年 296-306 页	

43	山西汾阳北偏城宋墓	不详	单室八角形砖墓	东南壁：直棂窗，猫，羊；东北壁：直棂窗，犬，食盆，狮子绣球；西南壁：妇人启门；北壁南壁：隔扇门；东壁门两侧奔马、舞鹤；西壁：隔扇门，<u>夫妇坐像</u>	考古 1994 年 3 期	合葬
44	山西闻喜下阳宋金墓	早于金明昌二年	单室砖墓	北壁：假门，上绘帐幔，假门间绘山水，<u>两侧各绘一桌二椅即男侍</u>；身后衬以山水飞鸟等；东西壁均为假门，直棂窗；南壁：西侧上一龛	文物 1990 年 5 期	合葬
45	山西侯马镇西宋墓	推测为宋墓	单室砖墓	北壁：<u>墓主夫妇坐像，男女侍者</u>；东壁西壁：乐舞图；南壁：墓门两侧各一力士灯台	文物 1959 年 6 期	尸体 6 具
46	山西平定姜家沟宋墓	推测为宋墓	单室六角形砖墓	东南壁：乐舞图；东北壁：残存财帛等；北壁：隔扇门，侍女；	文物 1996 年 5 期	墓葬残毁
46	山西绛县下村宋墓	推测为宋金时期	双室砖墓	侧室为仿木门窗 主室北壁：四扇格子门；东壁：<u>一桌二椅，夫妇画像，</u>侍女；南壁：墓门两侧隔扇门	考古 1993 年 7 期	盗扰
47	甘肃王家新窑宋墓	大观四年（1110）	单室砖墓	北壁：板门、棂子窗，妇人启门，伎乐等；东壁：阁楼屏风，山水画；南壁：下层绘板门，棂子窗，妇人启门，<u>上层中间明堂内一桌二椅，桌上置注壶，盏托及侍者，东西次间也雕妇人</u>；西壁：仿木结构	考古 2002 年 11 期	

续表

48	甘肃陇南城南李泽夫妇墓	建炎二年（1128）	单室砖墓	墓室四壁上层13女像工作图，自左壁起一幅二人抱瓶，一人煽火煮茶，二女子捧碗送茶；自右壁起，一幅是女子在灶下烧火蒸物，接着是一人搬运器物，二女子送食物；后壁：<u>一桌二椅</u>，两旁两侍女，两侧假门	文物参考资料1955年9期	合葬
49	湖北襄阳刘家埂5号宋墓	北宋中期偏早	单室砖墓	北壁：假门，直棂窗；东壁：衣架，衣柜，剪刀，熨斗；西壁：<u>一桌二椅</u>	江汉考古1994年3期	合葬
50	湖北老河口张集王冲2号宋墓	推测为北宋	单室砖墓	北壁：假门；东壁：衣架，衣柜，直棂窗，熨斗，剪刀；西壁：<u>一桌二椅</u>	江汉考古1995年3期	
51	湖北老河口张集王冲10号宋墓	推测为北宋	单室砖墓	北壁：假门；西壁：<u>一桌二椅</u>	江汉考古1995年3期	
52	湖北襄樊油坊岗1号宋墓	推测为北宋后期	单室砖墓	北壁：假门，直棂窗；东壁：衣架，柜子，灯台，剪刀，熨斗；西壁：<u>一桌二椅</u>	考古1995年5期	合葬
	陕西汉中金华宋墓	北宋末期	前后室同茔异穴长方形砖墓	前室东壁设壁龛，龛内有砖雕椅子一对，椅子上有男女陶俑，中间为砖雕桌子，椅子两侧有侍者；西侧为假门	文博1993年3期	异穴合葬

53	江苏淮安1号宋墓	嘉佑五年（1060）	单室砖墓	后壁：床，帐幔，卧具；东壁：一桌二椅，上置杯盘壶盒等，椅子两边又各有一男一女，右侧有一桌，上置托子等物，其后一女子双手捧物，桌前以小童温酒，左侧一桌，前立四瓶，后有提壶提罐二侍者，后又有蒸笼等，似为备宴图；西壁：方桌一张，右置高椅一把，椅侧一侍女拱手而立，右下衣架，其后一侍女拱手而立，桌子左侧立一女子，拱手回望，另有二侍女分捧镜子等物	文物1960年8-9期	合葬
55	福建尤溪县梅仙1号宋墓	推测为北宋	左右室砖墓	左室后壁：帐幔，床榻及卧具，山水屏风，两侧侍女；右壁：仅存人头部；左壁：一男子凭几而坐，几上放书卷笔墨，周围侍从杂役武将文吏等	考古学年鉴1991年229-230页	
56	四川青川竹园宋墓	不早于徽宗崇宁年间	M1M2均为单室石室墓	M1墓室后壁龛内浮雕一桌一椅，桌上置执壶，杯盏；M2基本相同	四川文物2001年2期	
57	四川大足龙水镇1号宋墓	绍兴三十年（1160）	单室石室墓	后壁龛下层中间椅子，两侧立侍女，龛上层一男一女倚栏而立；右壁：假门，女童站在门内双手捧物；左壁：假门	四川文物2002年5期	发现一半身像

续表

58	四川大足龙水镇2号宋墓	接近绍兴三十年（1160）	单室石室墓	后壁龛下层中间椅子，龛上层一男一女倚栏而立；右壁：假门，上雕一平台，上有5个伎乐人物；左壁：假门，上有4个杂居人物	四川文物2002年5期	
59	四川大足龙水镇3号宋墓	绍兴三十年（1160）	单室石室墓	后壁龛下层中间椅子，上坐一老妇像，左侧侍女捧物，后为屏风，上部一平台，上有4个伎乐人物	四川文物2002年5期	
60	四川昭化曲迴乡宋墓	淳熙十年（1183）	单室石室墓	墓室后壁：帐幔，庆堂匾额，桌子，2侍女，牡丹，狮子绣球等；东壁：牡丹，夫人坐像，男女侍，供桌，供品；西壁：荷花，人物故事，夫人骑驴等	文物1957年12期	
61	四川广元杜光世夫妇墓	庆元元年（1195）	双室石墓	西室东壁：武士，夜梦，庖厨，壶门；北壁：壶门，帷帐，夫人手执念珠坐像，侍女，打开的隔扇门；西壁：武士，拜祭，抬轿，花卉，壶门东室北壁：壶门，一桌一椅，打开的隔扇门，侍从；东壁：武士，抬轿图，庖厨图，花卉图；西壁：武士，牵马图，侍奉图，花卉，壶门	文物1982年6期	夫妇合葬
62	四川资中赵雄夫妇墓	绍兴四年1193）—嘉定二年（1209）间	单室石室墓	北壁：墓主夫妇，侍从，伎乐；东壁：六位旗手，分执子丑寅卯辰巳字样旗子，另有两人在前；西壁：旗手（午未等旗子），另有两人在前	四川文物1995年6期	被盗

续表

63	四川资中水南区谷田乡宋墓	上限北宋建中靖国元年	双室石室墓	右室南壁：<u>长方形供龛正中一男子</u>	四川文物1992年1期	
64	贵州遵义皇坟嘴宋墓	推测为宋代	双室石墓	<u>左室北壁：正中墓主人坐像</u>；东壁：夫人启门，文官像，卷发男子；南壁：左右两侧各一武士；西壁：妇人启门，文官像，台子台布龛	文物参考资料1955年9期	

通过上表的统计，我们可以得出如下几个简单明了的认识：

第一，一桌二椅的地域分布以河南、山东、河北、山西为核心；

第二，一桌二椅图像的时代分布贯穿整个宋代，上述核心区域周边持续尤长，且和夫妻对坐图的持续时间有交错；

第三，一桌二椅图像在墓室里的位置不固定，但通常以北壁、西壁、西南壁为常见；

第四，一桌二椅与夫妇对坐图在河南较为发达，尤其是夫妇对坐图，随后向周边蔓延开来；

第五，与一桌二椅相关的基本因素，如灯擎、衣架、剪刀、柜子、帐幔等在夫妇对坐图的相关场景中出现的频率很高；

第六，夫妇对坐图虽然和伎乐图同时出现的比例较高，但正如有的学者观察的那样，二者之间的相对位置并不利于墓主观看；且一墓中有多位墓主，多幅夫妇对坐图，这个矛盾就更难以调和；

第七，夫妇对坐图根据已发现的题记，将其比定为墓主夫妇是可信的，其身后的侍者，有些可能是墓主的家人，而不是奴仆之类。

前人对夫妇对坐的理解由于资料的限制，目前看来存在着明显的不足。以流传最广的开芳宴说而言，我们可以从上表发现以下几点难以解决的问题：如果是开芳宴，那么宴饮图一定是整个场景必不可少的场景，但是我们发现有的墓里面仅有夫妇对坐图，而无伎乐图，如新安梁庄宋墓、新安宋村宋墓、荥阳槐西宋墓、安阳小南海宋墓、巩县稍柴宋墓。这种情况的出现表明，伎乐并不是这一场景的必备元素；此外，即使有乐舞，但根据统计数据来看，大多夫妇对坐并不正对着乐舞。如果果真乐舞是为了墓主夫妇，那么没有理由将其置于不便主人观看的位置，这殊不合情理；如果确如大家理解的那样，开芳宴的目的是为了表达夫妻恩爱，那么如何理解一墓多人合葬？如白沙宋墓、武邑龙店1号墓，城南庄宋墓，两把椅子，而只有一把上有人，有的甚至只有椅子没有人，稍晚的墓例中还有分坐门两侧的，如果是开芳宴，要表示夫妻恩爱，那就更难理解了。另外，如果椅子后的侍立者不是仆役之属，而是儿子和儿媳妇，那又和夫妻恩爱有何关系呢？

如此多的疑问，让人无所适从，因而对这些画面的解释只好另寻途径。既然这个画面是由一桌二椅演化而来，我们不妨把眼光投向没有人物的一桌二椅图式。在最简单的一桌二椅图式中出现频率最高的，就目前的发现和数据统计来看，灯擎、剪刀、衣架、盆及盆架是最常见的组合。一桌二椅在丧葬中具有特殊的意义。据《司马氏书仪》载：魂帛结白绢为之，设椸于尸南，覆以帕，置桌椅其前，置魂帛于椅子上，设香炉杯注酒果于桌子上，是为灵座。[27]但在小注中，司马光解释道："士民之家未尝识也，皆用魂帛，魂帛亦主道也。《礼》大夫无主者束帛依神，今且从俗，或用冠帽衣屐装饰如人状，此尤鄙俚，不可从也！又有世俗皆画影，置于魂帛之后。男子生时有画像，用之尤可，至于妇人，生时深居闺阃，出则乘辎軿拥蔽其面，既死岂可使画工直入深室，揭掩面之帛执笔望相画其容貌，此殊为非礼，勿可用也。"在丧葬的过程中，以及以后的祭祀中，灵座一直处于中心地位，无论是吊酹、赙赠、大殡殓，乃至虞祭都要设灵座。如虞祭时，"执事者设盥盆帨巾各二于西阶西南东上，东盆有台，帨巾有架，在盆北，主人以下亲戚所盥也，其西无台架，执事者所盥也。设酒一瓶于灵座东南（置开酒刀子拭布于其旁），旁置桌子上，设注子及盏一。别置桌子于灵座前，设蔬果匕筋茶酒盏酱碟香炉"[28]。刀子就是砖雕里常见的剪刀。2008年济南大官庄发现的一座金墓中发现了魂帛的疑似图像[29]。这幅图像位于M1墓室的东壁（第三空间），据原报告称：墙壁正中绘悬幔，其下似为大幅中堂，两侧为条幅……桌面涂朱彩，上置食品。南侧椅子上铺椅披，坐男主人……北侧座位只搭黄椅披。但是根据桌子上的物品的摆放位置，似为两人而设。如果是为两人而设，那么北侧座位上虽然无人，但也是一种存在。所以我们颇怀疑所谓的椅披应该就是魂帛的形象。如此一来，我们前面所讨论的几座只有一桌二椅中只有一个人的形象的问题就可得到解决。没有出现人物形象的那一位，应该是以椅子或椅子上的魂帛来代替的。这是更加传统的表达方式，当然也不能排除因故未能绘制的可能。

如果这一推断成立的话，我们就可以在一桌二椅和夫妻对坐图之间建立起坚实的图像基础。既然夫妻对坐是由一桌二椅发展而来，那么它具有一座二椅，即灵位的功能就理所当然了。魂帛在葬之后，即"形归窀穸，神返室堂"[30]了，也就是要入祠堂之类的场所了。三虞祭之后，即要祔，祔后则如时祭。这时候就要在影堂举行祭祀了。"设曾祖考妣坐于影堂，南向，设死者坐于其东南，西向，各有椅桌，设盥盆帨巾于西阶下，设承版桌子于西方，火炉汤瓶火筋在其东，其日夙兴，设元酒酒瓶盏注桌子于东方，设香桌子于中央，置香炉烛香于其上。质明主人以下各服其服哭于灵座前，奉曾祖考妣祠版匣，置承版桌子上，出祠版置于坐，籍以褥，次诣灵座奉祠版诣影堂。"影堂为何物？[31]"古者庶人祭于寝，士大夫祭于庙，庶人无庙，可立影堂"[32]，显然祭祀是在影堂里举行。

但是代表灵位的夫妇对坐图为何出现在墓室壁画里？墓室壁画到底要表达或者是模拟了哪一场景？最能说明问题的莫过于榜题之类的文字记载了。据赵冉的研究，宋元墓葬壁画榜题之类的文字里有许多是标明建墓人及墓主关系的，"如祭祀者长男闰同悉妇"、"长男秉彝造此寿堂"，在山西稷山马村金墓M7里就有"修此穴以为后代子孙祭祀之所"的题记[33]。还有诸如，"祖父之位""永为供养""鲜花供养""香花供养"，由此似乎可以判定，这一场景确实是祭祀的场景。问题是墓室作为祭祀的场所，持续的时间很有限，我们知道即使在埋葬前后墓室会有短暂的开放时间，子孙可以进入墓内进行祭祀活动，但是随着葬事的结束，墓室就会永远关闭，子孙自然就无法再进入墓室了。所以我们倾向墓室壁画是对祭祀场景的描绘，也可能是短暂的祭祀场所，但是其使用的时间很有限，主要作用还在于传统的壁画功能，即营造一个模拟现实的场景，即地面祭祀场景。这一场景我认为应该就是影堂祭祀的描绘，所以这一在宋金壁画墓里频繁出现的画面就是对影堂里祖先画像的复制和描绘。从一桌二椅到夫妇对坐，我们看到了一个由无人像到，有人像的过程，这个转变过程恰恰发生在司马光生活的时代。司马光之类的人士要旗帜鲜明的反对为墓主画像，其实际的情形恰恰是墓主画像的风气已经非常盛行之故。这一风俗遭到反对的理由主要是："大凡影不可用祭，若用影祭，须无一毫差方可，若多一茎须，便是别人"。[34]在影祭流行之前，过去对祖先的祭祀是以无形的灵魂为主，面对的是牌位神主之类的象征物，没有具象。由神主祭祀转化为影祭后，这一转变使得祭祀的对象更加鲜活，更加具体明了，所以虽然理学家如二程、朱熹之流极力反对，但从宋代中期开始，这一趋势一直流行不衰，上自皇室，下到庶民，都有自己祖先的画影，甚至发展到明代连基本的像与不像都在人们的考虑之列，"我们只图好看，那要他像？"[35]墓室壁画最主要的设计思想就是由来已久的"事死如生"，即假设死者仍有活人一般的需求，所以在墓室壁画里我们看到了很多内在的矛盾，虚与实、生与死、存在于虚构交织在一起。宋代墓室壁画正是在这一框架之下，加入了祖先祭祀这一环节。这一环节的加入改变了墓室由死者独享的特质，而带有祭祀空间的性质。

总而言之，宋墓壁画里的夫妇对坐图，是对墓主夫妇画影的模拟，整个墓室所表现的主题是以墓主夫妇画像为对象的一个祭祀场景。尽管有伎乐的存在，也是为祭祀服务的，不是对墓主夫妇生前恩爱的模拟或想象。

5. 附论——唐代缺乏墓主画像的原因

对中国古代墓室壁画稍有了解的人都会发现一个非常有趣的现象：墓主画像为何在隋唐时期突然不见了？郑岩等人对隋唐以前墓主画像的问题作了深入的研究，可以说从春秋战国时期开始，墓主画像就不绝如缕，一直延续到北朝都有发现，但是到了墓室壁画最发达的隋唐时期，墓主画像却忽然消失，到了宋代突然又大规模流行起来，一直到清代甚至到近现代都有孑遗。这一终断的原因是什么呢？有无替代品，或相应的其他设施呢？我以为有，就是被人们一直忽视的"下帐"。下帐一词最先出现在《隋书》里，北周大象元年（579 年），年幼无知的周静帝宇文阐下令："又造下帐，如送终之具，令五皇后各居其一，实宗庙祭器于前，帝亲读版而祭之。"[36]此后在唐代文献如《旧唐书》《新唐书》《通典》《唐会要》里均有记载。通过文献和考古发现的对勘，我们基本明了了下帐的形制和用途。据我们的研究，下帐是一个以竹木为骨架，布帛为帐幕，里面放有神座，食盘等祭器，置于棺椁之东的一个"送终之具"。根据考古发现，里面可能有凳子凭几之类的物品。[37]凭几和小凳子之属恰恰就是古礼中倡导的以椅子之类的坐具代表灵位的具体表现。如此一来就可以将晚唐宋初的一桌二椅图式联系起来。因为墓室里已有代表灵位的下帐，自然不需要再画蛇添足的绘制墓主画像了。由此，又引发了另一个问题，为何墓主画像在北朝墓里发现多，而南朝几乎没有发现？道理也和前述原因一样，南朝墓葬里放置的凭几陶案组合和下帐里的凳子的功能基本相似，所以没有必要再画像了。隋唐礼制基本是对南朝礼制的沿用[38]，所以在隋唐时期墓室壁画里没有出现北朝墓室壁画里的墓主画像，而是沿用坐具代表灵魂的做法，自然不足为奇。

那为何消失了很久的墓主像又忽然在宋代复活呢？这受到两方面的影响，一方面和大量的佛教高僧影堂兴建有关[39]，另一方面和家庙的兴起有关。[40] 随着立庙标准的降低，品级较低的官员也有了立庙的机会，唐末家庙大量出现。古礼认为，祭祀必须有主，也就是牌位，但是经过五代战乱，家庙损毁殆尽，所以北宋初年王禹偁称："古者自天子至士皆有家庙，祭祀其先，以木为主，以示敬也。唐季以来，为人臣者此礼尽废，虽将相诸侯多祭于寝，必图其神影以事之。"[41] 这一现象的出现正是司马光所谓的"俗"，即下层人士利用祖宗画像来替代木主作为祭祀对象的风气。和仅仅书写有祖先名讳的木牌位相比，画像更加具像，更加有利于勾起晚辈对祖先的回忆和追思，所以当时的"俗"慢慢演化为后来的"礼"，因而墓主画像也就大规模流行开来！

参考文献

［1］张鹏：《勉世与娱情——宋金墓葬壁画中的一桌二椅到夫妇共坐》，《美术研究研究》2010 年 4 期。

［2］易晴：《宋金中原地区壁画墓"墓主人对（并）坐"图像探析》，《中原文物》2011 年 2 期。

［3］韩小囡：《宋代墓葬装饰研究》附表，山东大学 2006 年博士论文。

［4］杨祖垲：《资中宋右丞相赵雄墓纪实》，《四川文物》1995 年 6 期。此墓北壁浮雕墓主夫妇。

［5］贵州省博物馆筹备处：《贵州遵义专区两座宋墓简介》，《文物参考资料》1955 年 9 期。

［6］薛豫晓：《宋金辽墓中的"开芳宴"图像研究》，四川大学 2007 年硕士论文。

［7］赵冉：《宋元墓葬中榜题题记研究》，《南方文物》2012 年 1 期。

［8］王勇刚：《陕西甘泉金代壁画墓》，《文物》2009 年第 7 期。

［9］山西省考古研究所：《山西新绛南范庄、吴岭庄金元墓发掘简报》，《文物》1983 年第 1 期。

［10］河北省考古研究所：《河北平山县两岔村宋墓》，《考古》2000 年 9 期。

［11］任林平：《晋东南地区宋墓研究》，南京大学 2012 年硕士论文，第 35 页。

［12］郑州市文物考古研究所：《郑州宋金壁画墓》，科学出版社 2005 年，第 34、44、170 页。

［13］郑岩：《墓主画像的传承与转变——以北齐徐显秀墓为中心》，载《逝者的面具——汉唐墓葬艺术研究》，北京大学出版社 2013 年，第 200 页。

［14］郑岩：《逝者的面具——汉唐墓葬艺术研究》，尤其是第三编，北京大学出版社 2013 年。

［15］巫鸿：《武梁祠·中国古代画像艺术的思想性》，北京：三联书店，2005 年，第 149-150 页。

［16］郑岩：《墓主画像的研究》，载《逝者的面具——汉唐墓葬艺术研究》，北京大学出版社 2013 年，第 182 页。

［17］宿白：《白沙宋墓》，文物出版社 2002 年重印，第 48-49 页。

［18］廖奔.《宋金元仿木结构砖雕墓及其乐舞装饰》.《文物》2000 年第 5 期。

［19］薛晓豫《宋辽金元墓葬中的开芳宴图像研究》四川大学硕士学位论文 2007 年，第 47-48 页。

［20］秦大树：《宋元明考古》，文物出版社，第 145-146 页。

［21］易晴：《宋金中原地区壁画墓"墓主人对（并）坐"图像探析》，《中原文物》2011 年 2 期。

［22］任林平：《晋东南宋墓研究》，南京大学硕士学位论文 2012 年，第 41–41 页。

［23］张鹏：《劝世与娱情——宋金墓葬壁画中的一桌二椅到夫妇共坐》，《美术研究研究》2010 年 4 期。

［24］李林：《石室丹青——辽东汉魏墓室壁画研究》，中央美术学院 2011 年博士学位论文，第 139 页。

［25］李清泉：《墓主夫妇开芳宴与唐宋墓葬风气之变》，第二届中国古代墓葬艺术研讨会会议论文打印稿。此文承蒙范淑英女士提供，在此谨表谢忱！

［26］本表因为主要考虑图像，所以材质未统计，关于刻画与壁画的关系问题，请参见拙作：《唐墓壁画研读札记三则》，《陕西历史博物馆刊》第 16 集，陕西人民出版社 2010 年。

［27］《司马氏书仪》，卷五，第 54 页，丛书集成初编本，商务印书馆 1936 年。

［28］《司马氏书仪》，卷五，第 93 页。

［29］济南市博物馆、济南市考古所：《济南市宋金砖雕壁画墓》，《文物》2008 年 8 期。

［30］《司马氏书仪》，卷五，第 92 页。

［31］《司马氏书仪》，卷五，第 97 页。

［32］吕祖谦：《东莱别集》卷四，庙制。

［33］赵冉：《宋元墓葬里的榜题题记研究》，《南方文物》2012 年 1 期。

［34］程颐，程颢：《二程集》卷 66，第 286 页，中华书局 2006 年。

［35］此点柯律格在《明代的图像与视觉性》中以《金瓶梅》和《醒世姻缘传》做了说明，见 101–104 页，北京大学出版社 2011 年。

［36］《隋书》第 630 页，中华书局 1973 年。

［37］程义：《谈唐代墓葬文献里的下帐》，《中国文物报》2011 年 7 月 22 日。

［38］陈寅恪：《隋唐制度渊源略论稿》，第 66 页，三联书店 2004 年。

［39］刘雅萍：《唐宋影堂与祭祖文化研究》，《云南社会科学》2010 年 4 期；屈涛：《说影堂》，《中国文化》第 36 期。

［40］王鹤鸣：《唐代家庙研究》，《史林》2010 年 6 期。

［41］王禹偁：《小畜集》卷二画继，文渊阁四库全书，台湾商务印书馆 1986 年。

汉墓壁画色彩组配初探
——以定边郝滩汉墓为观察中心

龚　晨（上海大学美术学院　博士生）

内容提要：壁画作为再现历史的一种重要载体与形式，不仅对研究汉代时期的社会生活、经济状况、丧葬礼仪、文化思想史等方面有着重要的意义，且能为复原、研究当时的绘画艺术、建筑艺术等提供了直观、真实的图像资料。而色彩作为壁画中重要的图像语言，以定边郝滩汉墓为样本，通过壁画的图像分布、壁画的色彩类分、色彩的组配分析及色彩与图像单元的对应几方面的讨论，试图廓清以色彩作为参照系的诸多问题。
关键词：汉墓壁画　色彩　基底色　组配　图像

谈及汉墓壁画的色彩组配，先需了解何谓色彩。早在《尚书·正义》中有载："末用谓之彩，已用谓之色。"末用之彩即自然之色，已用之色则即人化之彩。点明"色"与"彩"辩证关系。绘画具有岩面、壁面、织物、纸帛等多种载体样态，绘画的过程实质上是载体选择、线条勾勒、设色经营等环节构成的生产链条，色彩的组配正是该链条的最终呈现。正如古代建筑中"彤轩紫柱"、"丹挥缥壁"、"绿柱朱穗"[1]等描述，可达到"金碧丹青足以眩人之心目"[2]之效果。而"画毂朱丹"之组配，还使流动的车辆具有了明快、热烈的动感。来自传统文化礼制规定下的多元组配程式，呈现出多姿多彩的视觉样式。色彩组配的功用，于此得到淋漓尽致的展现。

目前学界对汉代墓室壁画的研究，多集中于墓葬形制与内容、壁画墓的分区与分期、汉代思想观念与丧葬文化等内容，而对壁画的色彩组配重视不够，为我博士论文选择汉墓壁画色彩为研究中心提供契机。研究范围以定边郝滩为中心，主要基于它边郡重地的区位特征、壁画保存完整、色彩绚丽生动等多种因素。望通过图像分布、壁画的色彩类分、基底色、色彩的组配分析和色彩组配与单元图像的对应几方面的阐释，试图廓清以色彩组配作为参照系的诸多问题。

一、定边郝滩汉墓壁画的图像分布

有关图像的分布，李泽厚在分析汉代陶明器彩绘中亦谈到："神话——历史——现实三混合真正五彩浪漫的艺术世界。"将彩绘主题归纳为三部分。这与出土汉墓壁画题材基本吻合，即天象升仙、历史故事与现实生活。为能更好诠释壁画色彩与图像之关系，故对定边郝滩汉墓图像分布予以概述，整体布局如下所示（图1、图2）：

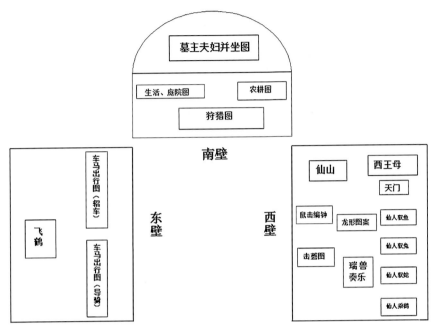

图1　陕西定边郝滩汉墓南、东、西三壁图像分布

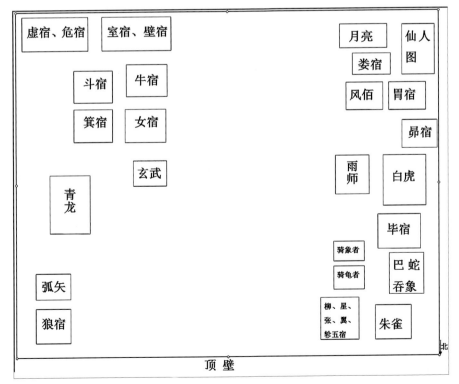

图2　陕西定边郝滩汉墓顶壁图像分布

南壁和东壁为墓主人生前生活写真，以不同时间片段、不同生活场景连缀方式，再现完整生活场景。虽是现实生活摹写，但整体勾结，却显示出当时人们最美好的生、死需求。扬弃了萧瑟的冬季，继而选择春种、夏锄、秋收及出行等美好生命场景，而青绿色彩的大量使用正突出了这一主题。关于色彩的象征意义，东汉刘熙在《释名·释采帛》中就有明确解读："青，生也。象物生时色也。"

值得注意的是，狩猎图（图3）上部为滩地，下部为山地，中部有水塘，地貌、山形与今周边极为相似（图4）。山间出现多个动物形象，遥相呼应，场面格外生动。与其它汉墓不同，选择表达诸多动物形象，可大胆推测当时环境较今已大相径庭。同时整个场景以黑色勾勒、少量青色罩染，唯骑黑马朱衣猎人，引箭欲发。使颜色对比强烈，人物形象尤为突出。射猎者被山坡遮挡一半，若隐若现。此种露头藏尾的含蓄表达方式，恰给人更宏大场面的联想。

与南壁和东壁的主题不同，西壁和顶壁完整营造了墓主人向往的神仙生活场景，包括升仙图、西王母宴饮图（图5）、二十八宿图和仙人游天图等。用散点式的构图方式，错落有致的色彩组合，使画面呈现跳跃、奇幻的视觉效果。

在有限的墓室空间内，画匠用不同图像单元的组合，完整构架了墓主人生前、死后诸多理想场景。通过图像单元的精心布置，既能凸显墓主人所在南壁的视觉中心，又使形象相互呼应、图像单元紧密联系。营造出整个空间自右向左、顺时针旋转的图像分布模式。

二、壁画的色彩类分概述

谈及汉墓壁画色彩的种类，《周礼·冬官孝工记》载孔注曰："五色，谓青、赤、黄、白、黑，据五方也"。"五色"又在《释名·释彩帛》中具体解释为："青，生也。象物生时色也。赤，赫也。太阳之色也。黄，晃也。犹晃晃象日光色也。白，启也。如冰启时色也。黑，晦也。如晦冥时色也"。可见，汉代人亦将以上五种色彩视为"正色"，处重要地位。

但依出土壁画的实际情况，按使用频率由多及少排列为黑、红、白、赭、黄、绿、青、紫8种主要色彩[3]。现就其分类、材料来源、化学成分、文献记载统计如下（表1）：

表1 主要色彩及化学组成

主要色彩	分类	材料来源	化学成分	备注
黑色	石墨（黑石脂）	大理岩、片岩、片麻岩	碳（C）	西安交大附小壁画墓中黑色由蒙脱石基料加入树脂类物质（或焦煤类粉末）。河南永城芒砀山柿园汉墓中黑色由红色朱砂和绿色孔雀石调和而成。[4]
	松烟	松烧烟、胶、药料		

续表 1

红色	朱砂（辰砂、丹砂）	石灰岩	硫化汞（HgS）	
主要色彩	分类	材料来源	化学成分	备注
黑色	石墨（黑石脂）	大理岩、片岩、片麻岩	碳（C）	西安交大附小壁画墓中黑色由蒙脱石基料加入树脂类物质（或焦煤类粉末）。河南永城芒砀山柿园汉墓中黑色由红色朱砂和绿色孔雀石调和而成。[4]
	松烟	松烧烟、胶、药料		
红色	朱砂（辰砂、丹砂）	石灰岩	硫化汞（HgS）	
白色	白垩（白土粉）	方解石、文石	碳酸钙（$CaCO_3$）	西安交大附小壁画墓中白色是蒙脱石加入少量铅白。河南永城芒砀山柿园汉墓中白色是白云母。
	铅粉（胡粉）		盐基性碳酸铅（$2PbCO_3 \cdot Pb[OH]_2$）	
	蛤粉（珍珠粉）	蛤壳		
赭色	赭石（土朱、代赭）	赤铁矿	赤铁矿（Fe_2O_3）	
黄色	石黄、雄黄、雌黄、土黄	雄黄矿	二硫化二砷（As_2S_2）	石黄为正黄色，雄黄是橙黄色，雌黄是金黄色，土黄是土的黄色[5]。另一种黄色是黄色赭石，由褐铁矿加陶土而成。
绿色	石绿	孔雀石	盐基性碳酸铜（$2CuO \cdot CO_2 \cdot H_2O$）	石绿（$2CuO \cdot CO_2 \cdot H_2O$）、石青（$3Cu \cdot 2CO_2 \cdot H_2O$）
青色	石青			
紫色	青莲色（"汉紫"[6]）		硅酸铜钡（$BaCuSi_2O_6$）	另一种紫色由蓝、红、白三色调制而成[7]。

汉墓壁画的色彩大多使用矿物质颜料，质重且覆盖力强，且具有极好的稳定性。因此，也称"石色"或"重色"。可以看到，同种色系下仍出现不同的色彩差异，譬如黄色系就出现石黄、雄黄、雌黄、土黄等不同色相变化。可见通过对不同原料的选取及对颜料稀释等手段，汉代人对色彩使用已趋于多样化，使画面更具层次。因属同种色系，故仍将主要色彩归纳为8种。

三、基底色

定边郝滩汉墓冷色调表达极具特色。而壁画底色由于面积巨大，直接影响整幅画面的色调，且影响其它颜色的呈现效果。绿色基底的选择是否有意而为之，这点值得思考。有关绿色基底的来源，《定边郝滩东汉壁画墓绿色底层颜料分析研究》进行了化学分析，确定为绿土[8]，并非常见的孔雀石。可以想象定边周边的绿土资源为其提供保障。

定边郝滩汉墓的绿色基底是否为特例？还是有一定共性？应对这一问题，选择与处于中心区域的长安与洛阳汉墓进行比较（表2）。

通过对基底色彩取样比较，可见陕北地区汉墓基底色均使用不同深度的绿色，形成明显区域共性；而长安地区与洛阳地区选取白色、黄色等暖色基底，似一脉相承。

从色彩规律看，白色用作底色，其它色彩往往能够更好的呈现，且色彩不会受干扰。蔡质《汉官典职》："尚书奏事于明光殿，省中皆以胡粉涂壁，紫青界之，画古烈士"。可以看出汉代人已意识到这点。而定边郝滩汉墓的地仗也采用麦草泥抹平，白灰涂壁的方法[9]。色彩良好呈现载体虽已具备，画匠仍选择不易色彩显现的绿色整体刷绘壁面，再施彩。可以推断，绿色底色的选取绝非偶然。笔者推断其原因有二：一是由于壁画图像中大量动物、瑞兽图像的出现，可料想当时周边自然环境样态，正是通过色彩再现其气氛；二是绿色代表生命、永恒、希望及对自然的向往，可以推想其对永恒生命延续的追溯。

四、色彩的组配分析

定边郝滩汉墓壁画中用色彩表达众多不同题材时，其组配是否遵循一定规律。为讨论这一问题，我们尝试选择轮廓线、人物头部、男女人物服饰、庭院、动物、车马、瑞兽、龙形图案、游鱼、祥云、星象12种主题单元，将色彩的组配规律与所表达图像对位统计如下（表3）：

在壁画色彩的组配中，为使壁画内容在仅有的几种色彩下，充分发挥色彩在对比中的特点，使主题图像得以凸显，究其现象讨论如下：

（1）完整图像单元基本均由黑色、红色、青色、白色几种"正色"构成。则每个单体图像主色突出，其它色彩起点缀作用；

（2）为突出主体图像，常采用黑与红、红与青等强烈组配效果。如墓主人坐像中男性和女性服饰色彩分别采用此法。而白色常起提亮、点缀作用。如大面积铺设白色，则基本不与其它色彩

表 2　汉墓壁画基底色取样比较

区域	陕北地区			长安地区				洛阳地区			资料来源	备注
名称	③陕西定边郝滩东汉墓	③陕西靖边杨桥畔杨一村东汉壁画墓	③陕西靖边杨桥畔二村东汉壁画墓	②西安曲江池1号汉壁画墓	②西安交通大学西汉壁画墓	②西安理工大学西汉壁画墓	④陕西旬邑县百子村东汉壁画墓	②洛阳卜千秋壁画墓	③洛阳金谷园新莽壁画墓	④洛阳朱村壁画墓	基底色取样采自贺西林、李清泉：《中国墓室壁画史》。北京：高等教育出版社，2009年。徐光冀：《中国出土壁画全集》。北京：科学出版社，2011年。定边郝滩东汉墓资料采自三边博物馆馆长孙世宏先生收藏。	①西汉前期；②西汉后期；③新莽至东汉前期；④东汉后期。图片色彩应与实物资料有细微偏差，只做趋势比较故选用，在此说明。
基底色取样												

表3 定边郝滩汉墓壁画色彩组配统计

图像内容	I式	II式	III式	IV式
轮廓线	黑色	红色		
人物头部	黑色			
男性人物服饰	黑色、红色	黑色、白色		
女性人物服饰	青色、白色	青色、红色	青色、红色、白色	
庭院	黑色、白色			
动物	黑色、青色	黑色、白色		
车马	黑色、赭色	黑色、赭色、白色		
瑞兽	黑色、红色	黑色、白色	黑色、青色	黑色
龙形图案	黑色、白色、红色	黑色、红色	红色	
游鱼	黑色、红色			
祥云	黑色、青色、红色	白色		
星象	红色			

组配，可推测铺色顺序白色似最后；

（3）南壁下部完整图像中，唯追猎者身着红衣，其余部分均使用黑、绿、青、白绘制而成，颇具万绿丛中一点红的意味，使主体人物格外突出。而西壁升仙图和西王母宴饮图，红色使用跳跃纷呈，给人热闹、奇幻的视觉效果；

（4）墓主人服饰色彩使用严谨，均使用"正色"，基本遵循男性黑色、红色，女性青色的规律；

（5）赭色使用相对独立，不与其它色彩组配，主要表现固有色彩。如分隔画面的条带、马的鬃毛色等。

依上所述，可见古人亦重视色彩的组配，《周礼·冬官·考工记》说："画缋之事，杂五色，东方谓之青，南方谓之赤，西方谓之白，北方谓之黑。天谓之玄，地谓之黄。青与白相次也，赤与黑相次也，玄与黄相次也。青与赤谓之文，赤与白谓之章，白与黑谓之黼，黑与青谓之黻，五彩备之谓之绣。土以黄，其象方，天时变，火以园，山以章，水以龙，鸟兽蛇，杂四时五色之位以章之，谓之巧。凡画缋之事，后素功"。可见古人以"五色"为根本，同时注意几种"正色"的相次相生关系及组配观念，并遵循"凡画缋之事，后素功"的色彩组配顺序，以上均与定边郝滩汉墓壁画可谓对应。

另外，关于建筑的色彩，《西京赋》与《汉书·元后传》均有"青琐丹墀"、"赤墀青琐"的描述。由此可见，"青"与"赤"搭配似乎已成规制，正如女性墓主人服饰常以青、红为主的搭配习惯。

关于服饰的色彩组配，《礼记·玉藻》中又有"衣正色，裳间色"的说法，又如《礼记·礼器》"玄衣纁裳"的描述，足以印证汉代人在色彩搭配与物象对应中，已形成自己的组合观念。

关于赭色，《汉书·楚元王传》说到："二人谏，不听，胥靡之，衣之赭衣，使杵臼雅舂于市。"赭色非"正色"，可见"赭衣"与犯人同列，其地位显而易见。定边郝滩汉墓中赭色不与其它色彩组配的方式，体现了该观点。

五、色彩组配与图像单元的对应

汉墓壁画在表达内容上虽不尽相同，但是无外乎源自天象升仙、历史故事和现实生活三大主题。因此，相同图像在不同汉墓中的频繁出现，恰为色彩组配规律研究找到参照。正是这种参照存在时间性、空间性的异同，往往可以看出色彩组配在表达同一图像的演变。天象升仙、历史故事和现实生活亦是通过题材区分汉墓壁画的图像。望能够建立某种色彩标系来区分、甄别图像。故尝试将图像单元以色彩为主体观测角度，分为主观性色彩组配和再现性色彩组配两大类进行比较讨论。

（一）主观性色彩组配比较

主观性色彩就是在汉代色彩观影响下，对图像思维认知的色彩表达。因汉墓壁画相关图像众多，仅以定边郝滩汉墓中出现的图像为参照系选取了10种主体内容，进行色彩比较分析（表4）：

以定边郝滩汉墓的图像为基点，观察图像线性发展轨迹。可以看到，主观性色彩组配图像主要集中在西汉后期和新莽至东汉前期，东汉后期较少。对图像单元的图式和色彩比对如下：

1.二十八宿：图式上均为星象线图和人物、动物组合。由于底色不同星象线图为红色、黑色两种；

2.月：图式上均为月轮廓、蟾蜍和兔组合（旬邑百子村无兔形象）。月轮廓分Ⅰ单线勾勒、Ⅱ双线套色、Ⅲ无轮廓。蟾蜍分Ⅰ坐式、Ⅱ爬动式、Ⅲ直立式，兔形态近似。色彩上，月底色分Ⅰ无色、Ⅱ白色、Ⅲ黄色，蟾蜍和兔分Ⅰ无色、Ⅱ青色；

3.祥云：图式上均为云气纹，但呈现由单一向复杂转变。色彩上均墨线在外色染其内；

4.青龙：图式上分Ⅰ侧式、Ⅱ俯式、Ⅲ立式，均呈"s"形。色彩上分Ⅰ墨线勾勒、Ⅱ红、青组配；

5.白虎：图式上分Ⅰ侧式、Ⅱ立式。色彩上分Ⅰ墨线勾勒、Ⅱ白色涂染；

6.朱雀：图式上分Ⅰ站立式、Ⅱ飞跃式、Ⅲ俯冲式。色彩上分Ⅰ白色、Ⅱ红色；

7.西王母：图式上均西王母高坐仙台、兔首羽人在其左右。色彩上用红、白、青三色；

8.天门：图式上均为天门、飘带、人物组合。色彩上由外至内为黑、白、红三色组配；

9.墓主人升仙：图式上分Ⅰ驭云车式、Ⅱ乘仙兽式。色彩上分Ⅰ墨线勾勒、Ⅱ红色涂绘；

10.飞鹤：图式上极为近似均引颈高飞。色彩上分Ⅰ红线勾勒、Ⅱ墨线勾勒加白色涂染、Ⅲ红色涂绘。

通过对图像单元比对，主观性色彩在表达图像时，并非随意而为之，包括以下3个特点：

（1）选取的图像单元，在不同时间、空间的区位中频繁出现，但其图式元素稳定，具有同一性。

表4　定边郝滩汉墓主题色彩组配与相关汉墓色彩元素比较

题材	陕西定边郝滩汉壁画墓单元图像色彩组配	其它汉墓相关题材色彩组配比较　①西汉前期；②西汉后期；③新莽至东汉前期；④东汉后期（从左到右依次排列）	资料来源	备注
二十八宿		②西安交通大学西汉壁画墓　③靖边杨桥畔二村东汉墓　④陕西旬邑百子村东汉壁画墓	图片资料采自《中国出土壁画全集》，北京：科学出版社。	依目前掌握资料，定边郝滩汉墓壁画尚未发现"日"的图像，故选择"月"作为参照标系进行比较。2011年，定边郝滩东汉墓图片资料来自三边博物馆馆长孙世宏先生收藏。
月		②西安交通大学西汉壁画墓　③清边杨桥畔二村东汉墓　②洛阳卜千秋壁画墓　②西安理工大学汉壁画墓　③河南偃师辛村新莽壁画墓		
祥云		②西安交通大学西汉壁画墓　②洛阳卜千秋壁画墓　③靖边杨桥畔二村壁画墓　④陕西旬邑百子村东汉壁画墓		
青龙		①河南永城柿园西汉梁王墓　②西安理工大学西汉壁画墓　②西安交通大学西汉壁画墓　④山东东平县物资局壁画墓　③洛阳金谷园东汉壁画墓		

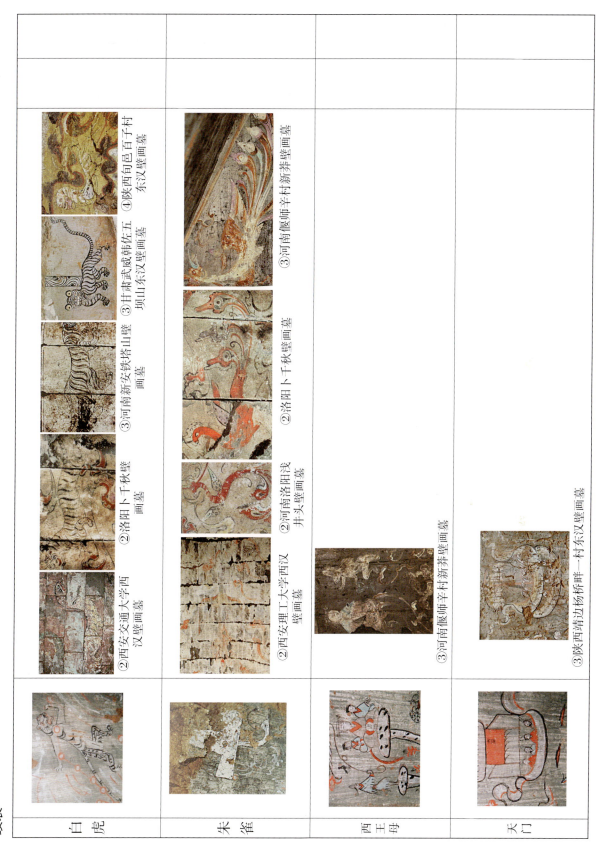

续表

白虎	朱雀	西王母	天门

墓主人升仙	②洛阳卜千秋壁画墓　③陕西靖边杨桥畔一村东汉墓　③陕西靖边杨桥畔二村东汉墓　④山西夏县王村壁画墓
飞鹤	②西安理工大学西汉壁画墓　②西安理工大学西汉壁画墓

续表

可见汉代人的图式概念由来已久。如月中蟾蜍形象，早在隶属于龙山文化的石峁遗址中，就发现椭圆型蟾蜍刻石[10]，猜测可能为此形象的渊源。再如西王母的形象，在《山海经·西山经》中就有"西王母其状如人"、"蓬发戴胜"等描述，在绥德汉画像石中亦可找到对应（图6）。因此，汉代似已形成稳定的图像符号模式。

（2）图像组成元素虽无诸多改变，但由于基底色及色彩组配的不同，图像呈现出丰富的色彩效果。其色彩变化区间仍遵循汉代色彩观，即"五行"、"五方"、"五色"等对应关系，如下所示：

东	青	木	青龙	震卦	木	太皞	圆规	春天	句芒	岁星	甲乙
南	赤	火	朱雀	离卦	火	炎帝	曲尺	秋天	祝融	荧惑	丙丁
中	黄	土	腾蛇			黄帝		季夏	后土	镇星	戊己
西	白	金	白虎	兑卦	泽	少昊	秤锤	冬天	蓐收	太白	庚辛
北	黑	水	玄武	坎卦	水	颛顼	秤杆	夏天	玄冥	辰星	壬癸

从图像单元比较可获印证，譬如白虎图像均由墨线勾勒，色彩仅选用无色和白色；月的底色只为无色、白色和黄色，不用其它色彩；朱雀图像均由红色绘制，仅定边郝滩汉墓使用白色，为特例。笔者认为，绿色基底的使用，营造出和谐、统一的冷色调画面。该朱雀图像较大，如大面积使用红色涂染，势必造成画面色调紊乱。

（3）时间由早至晚、空间由边郡到中心，图像表达呈现由率性、粗放到客观、细腻的转化。如青龙图像和色彩，由西汉早期永城柿园西汉梁王墓如漆器般装饰化风格，到西安交通大学汉墓中率意的表达，再到洛阳金谷园东汉墓中复杂、细致的双龙图像出现。可以清晰印证这一轨迹。

（二）再现性色彩组配比较

再现性色彩即是墓主人对现实生活图像的色彩表达。由于墓主人身份地位、时代差异等多方面因素，其对应的现实生活必定不同，这点同样可以在图像色彩中得以佐证。选择5组单元图像比较分析如下（表5）：

可以看到，再现性图像色彩多集中在新莽至东汉后期，西汉时期较少。从直观图像的线性分布，印证了因生活富足，再现现实生活欲望增大的演变趋势。对图像单元比对如下：

1. 墓主人：图式上分Ⅰ单人式、Ⅱ夫妇并坐式、Ⅲ墓主加二侍从式；色彩上，人物服饰以黑、红二色为主；

2. 车马出行：图式上分Ⅰ辎车、Ⅱ轩车、Ⅲ辐车（因以郝滩汉墓为参照系，故只选择小车型）；人物均坐乘，分Ⅰ单人、Ⅱ双人；色彩上，马分Ⅰ黑色、Ⅱ白色、Ⅲ赭色；车以黑色为主；

3. 庭院建筑：图式上分Ⅰ四合式、Ⅱ立面式、Ⅲ复合式；色彩上以黑顶白壁为主；

4. 狩猎：图式上分Ⅰ隐藏式、Ⅱ全景式；色彩上，马分Ⅰ黑色、Ⅱ白色、Ⅲ赭色；人物颜色以红、青二色为主；

表5　定边郝滩汉墓主题色彩组配与相关汉墓色彩元素比较

其它汉墓相关主题材色彩组配比较

①西汉前期;②西汉后期;③新莽至东汉前期;④东汉后期(从左到右依次排列)

题材	陕西定边郝滩汉壁画墓单元图像色彩组配	其它汉墓相关主题材色彩组配比较	资料来源	备注
墓主人坐像		   ③陕西靖边杨桥畔一村东汉墓 　④辽阳北园3号壁画墓　③河南新安铁塔山汉墓 　④山西夏县王村东汉墓 　④河北安平逯家庄壁画墓 　④河南洛阳朱村壁画墓	图片资料采自《中国出土壁画全集》,北京:科学出版社,2011年。定边郝滩东汉墓图片采自三边博物馆长孙世宏先生收藏。	
车马出行		  ③陕西靖边杨桥畔二村壁画墓 　③陕西靖边杨桥畔杨一村壁画墓 　④陕西旬邑百子村东汉墓 　④山西夏县王村东汉墓 　④河北安平逯家庄壁画墓 　④内蒙古和林格尔壁画墓　④内蒙古鄂托克凤凰山1号东汉墓 　④河南荥阳王村乡苌村壁画墓 　④河南洛阳朱村壁画墓		

续表

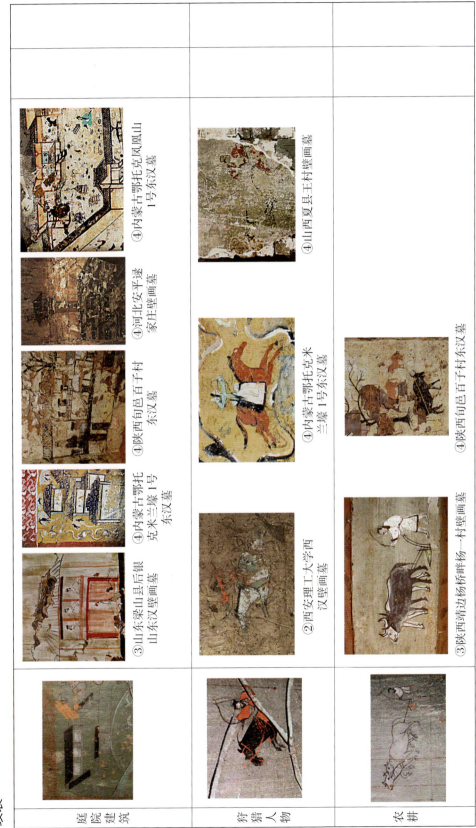

庭院建筑	③山东梁山县后银山东汉壁画墓	④内蒙古鄂托克米兰壕1号东汉墓	④陕西旬邑百子村东汉墓	④河北安平逯家庄壁画墓	④内蒙古鄂托克前旗凤凰山1号东汉墓
狩猎人物	②西安理工大学西汉壁画墓	④内蒙古鄂托克米兰壕1号东汉墓			④山西夏县王村壁画墓
农耕	③陕西靖边杨桥畔杨一村壁画墓	④陕西旬邑百子村东汉墓	④内蒙古鄂托克米兰壕1号东汉墓		

5. 农耕：图式上分Ⅰ单牛、Ⅱ二牛；色彩上分Ⅰ无色、Ⅱ白色、Ⅲ黑色。

通过以上5个图像小单元的比较，我们基本可以总结以下3个特点：

（1）主体图像及色彩组配真实再现了现实生活，即实物与文献籍此获得了形象的对位。

譬如墓主人坐像中，男性服饰色彩多为黑色、红色。案汉人服饰用色均有严格规定，色彩亦同样与现实生活严谨对应。《汉书·萧望之传》曾记："敝备皂衣二十余年，尝闻罪人赎矣，未闻盗贼起也。"颜师古曰："虽有五时服，至朝皆著皂衣（黑衣）"[11]。由此可以看到，汉代人将"五行"与"五季"对应起来，形成"春著青，夏著赤，季夏著黄，秋著白，冬著玄"的基本色彩观，服从这一色彩观限定，至正式场合，诸士方固须服"皂"衣。

又《后汉书·蔡邕传》："臣自在宰府，及备朱衣，迎气五郊，而车驾稀出。"此种"朱衣"，依李贤注："朱衣，谓祭官也"[12]。关乎对位"朱衣"主题的组配，《汉书·外戚传》曾有"朱衣而素裳"记载以为阐释。如是，"朱"与"素"，冷与暖，由是形成鲜明的色彩视觉对应，造成强烈的视觉效果。汉人多以"正色"为"衣"，无色或白色为"裳"的色彩搭配习惯，这点与定边郝滩墓主人服饰色彩搭配吻合。另外，《尚书·大传·帝告》："未命为士者，不得乘朱（赤）轩。"可见红色一直处于较高地位。而《秦会要·舆服》中说："庶人白袍，皆以绢为之。"亦可彰显色彩与严格等级观念的对应，因此，定边郝滩汉墓壁画农耕图中的人物均着白色服饰，得到了合理的解释。

除却上述，洛阳朱村壁画墓主人坐像、河南密县打虎亭2号东汉墓[13]等均出现幄帐。关于幄帐的记载，文献颇多见及。如《汉书·王莽传》："未央宫置酒，内者令为傅太后张幄"[14]。

（2）在表达单元图像上，已形成固定图像符号，但图式和色彩组配呈现出各自特点。如车马出行，均选取正侧面图像，远端马蹄高跷，行进方向多向左，与汉画像石图式极为相似，形成固定图式。但仍有差别，在图式上，陕北地区马身形明显较大，似北方马种，人物较小，而中心区域马身形与人物比例更趋于真实。而色彩上，陕北地区色彩浓烈夸张，中心区域色彩客观现实。

（3）时间、空间的区位的不同，图式和色彩呈现出由单一、写意向复杂、写实的演变。如庭院建筑图像，定边郝滩汉墓与内蒙古鄂托克凤凰山1号汉墓均为四合式，但后者无论色彩上，还是图像内容上，均加入了更多构成元素。

五、小结

通过对图像分布、壁画的色彩类分、基底色、色彩的组配分析和色彩组配与单元图像的对应几方面的初步探讨，可以得出以下结论：

（1）通过图像分布的观察，可以看到，定边郝滩汉墓壁画选取生前、死后诸多理想场景图像，以不同时间、不同空间的连缀组合方式。在有限的空间内，完整表达了最美好的生、死需求。并通过精心布置，达到既凸显墓主人，又使图像连贯、紧凑的视觉效果。可见其已形成成熟的图像分布模式；

（2）定边郝滩汉墓色彩的使用，仍符合传统文化礼制下的色彩程式及色彩观，且呈现出多姿多彩的视觉样式；

（3）推想其出于对生命、永恒、希望及自然的向往，色彩组配中绿色基底的选择，达到了独具特色的视觉效果，形成区域性特点，与中原地区有明显区别；

（4）通过色彩组配的统计比较，可看出汉代人已形成成熟的色彩组配观念。不同色彩兼具相克相生的关系，且有明确的等级之分，而"正色"与"间色"在使用中亦遵循严格的使用规范。定边郝滩汉墓的色彩组配虽呈现多种丰富样态，但仍符合汉代色彩观影响下的色彩变化区间；

（5）经主观性色彩组配单元的比较，可发现图像元素恒定，色彩扮演了使图像赋予变化的重要角色，呈现出多样的视觉效果。而时间由早至晚、空间由边郡到中心，图像表达呈现由率性、粗放到客观、细腻的转化；

（6）再现性色彩组配真实再现了现实生活，与实物、文献相对应。为我们研究汉代人生活的诸多方面，提供了直观图像及色彩的体验。总体上因时间、空间的区位的不同，图式及色彩呈现出由单一、写意向复杂、写实的演变。

（指导教师：罗宏才）

参考文献

［1］（梁）萧统编、（唐）李善注：《昭明文选》，上海：上海古籍出版社，1986 年。

［2］见明嘉靖三年（1524）《重修万寿寺记碑》，碑文载："金碧丹青足以眩人之心目，巍然壮丽，焕然一新"。

［3］李泽厚：《美的历程》，北京：中国社会科学出版社，1989 年。

［4］见孙大伦：《汉墓壁画色彩及设色法概说》，《文博》2005 年第 6 期。

［5］河南省商丘市文物管理委员会、河南省文物考古研究所、河南省永城市文物管理委员会：《芒砀山西汉梁王墓地》，北京：文物出版社，2001 年。

［6］见于非闇：《中国画颜色的研究》，北京：人民美术出版社，1955 年。

［7］美茵兹罗马 – 日耳曼中央博物馆、陕西考古研究所编：《考古发掘出土的中国东汉墓（邠王墓）壁画》，2002 年。

［8］陕西考古研究所、西安交通大学：《西安交通大学西汉壁画墓》，西安：西安交通大学出版社，1991 年。

［9］付倩丽、夏寅、王伟锋等：《定边郝滩东汉壁画墓绿色底层颜料分析研究》，《文物保护与考古科学》2012 年 2 月。

［10］陕西省考古研究所、榆林市文物管理委员会：《陕西定边县郝滩发现东汉壁画墓》，《考古与文物》2004 年第 5 期。

［11］罗宏才：《陕西神木石峁遗址石雕像群组的调查与研究》，《从中亚到长安》，上海：上海大学出版社，2011 年。

［12］（汉）班固：《汉书》卷七十八，《萧望之传》，北京：中华书局，2005 年。

［13］（宋）范晔：《后汉书》卷六十，《蔡邕传》，北京：中华书局，1965 年。

［14］河南省文物研究所：《密县打虎亭汉墓》，北京：文物出版社，1993 年。

［16］（汉）班固：《汉书》卷九十九，《王莽传》，北京：中华书局，2005 年。

"色挂形象穷神变——中国古代壁画源流展"展品赏析

梁　宏（西安曲江艺术博物馆　主任）

内容提要： 西安曲江艺术博物馆于 2012年推出"色挂形象穷神变——中国古代壁画源流展"，汇聚了全国 11个省、市、自治区的 19个博物院（馆）、考古院（所）、文保中心的 90余件壁画精品，时间跨度从新石器时代一直到清朝末年。这些壁画都具有较高审美艺术价值。

　　本文选择了此次展览的 10组 15幅壁画，其中包括红山文化的《三角形与勾连纹装饰图》、郝滩乡汉墓出土的《车马出行图》、鄂尔多斯地区汉墓出土的《双鹅独角兽图》、魏晋时期的画像砖等等，从图像审美的角度进行赏析，以供读者参考。

关键词： 壁画　西安曲江艺术博物馆　赏析　鄂尔多斯壁画　历朝壁画

　　壁画作为一种独特的绘画形式，借助于岩石、建筑壁面而存在，在中国有着悠久的历史，伴随着中国绘画艺术风格的初创、形成、确立与发展。壁画也在不同的时代展现了它不同的风貌，发挥了不可替代的作用。

　　由于早期纸本、绢本绘画的缺失，不免给那些喜欢寻根溯源的人们造成遗憾，而充满了先民们丰富的想象力和创造力的壁画作品最能展现原始的绘画风貌，满足人们的好奇心理。鉴于此，西安曲江艺术博物馆推出"色挂形象穷神变——中国古代壁画源流展"，汇聚了全国 11 个省、市、自治区的 19 个博物院（馆）、考古院（所）、文保中心的 90 余件壁画精品，时间跨度从新石器时代一直到清朝末年。在壁画作品难挖掘、难保存、难陈列的条件限制下，这个展览就具有了特别的意义。

　　整个展览按由古至今的时间顺序分为五个章节，第一章是原始先秦壁画——回眸一瞥（Looking at a glimpse），第二章为秦汉壁画——天上人间（Heaven and earth），第三章是魏晋南北朝壁画——多元融合（Multi-integration），第四章为隋唐五代壁画——巅峰时刻（Peak moment），第五章是宋至清朝壁画——夕阳晚照（Late sunset）。现介绍一些主要展品，与大家共赏。

　　1.《三角形与勾连纹装饰图》，8.4×10 厘米、7×12 厘米，1983 年在辽宁省凌源、建平两县交界处牛河梁女神庙遗址出土，辽宁省考古所藏。这两块壁画是距今约 5000 多年前的红山文化后期遗物，一块由赭红色画出的勾连纹图案，一块由赭红间黄白色彩绘组成三角纹图案。当地的先

三角形与勾连纹装饰图

民们在农耕生活中长期与动物、植物和山水打交道，获得了艺术灵感，形成了创作能力。从这两幅图我们可以看到，先民们已经能够将植物形象简化为抽象的图案，最后演变为几何图形。与欧洲发现最早的壁画法国的拉斯科洞窟、西班牙的阿尔塔米拉洞窟壁画中刻画的野牛、驯鹿、等动物题材相比，我们的祖先似乎更早地拥有了征服大自然的能力，在绘画中减少了原始的野性，开始以人类活动和生活环境为主要描绘对象。这种艺术的抽象概括能力，孕育了后来工艺美术的发展。

2.《车马出行图》，187×147厘米，2003年陕西省定边县郝滩乡汉墓出土，陕西省考古研究院藏，西汉晚期及新莽前后作品。描绘了女主人乘坐马车出行的场景。画面中绿衣女主人安坐辎车中，黑衣男人御车前行。马昂首挺背翘尾，前蹄作奔跑状，给人一种雄赳赳、气昂昂的神态。前方有两只红笔单线勾勒的飞鸟叽叽喳喳地引路。人物形象相对较小，与硕大的车轮形成鲜明对比。此画用线精炼，粗细线条对比、提按顿挫的形式，增强了画面的节奏感，使艺术形象鲜活。借助于沉稳的重彩颜色，画面呈现出一种雄健、奔放、生机勃发的风格。汉代流行厚葬习俗，人们事死如事生，花费巨资修建装饰庙堂、陵墓，促进了壁画的发展。题材面逐渐扩大，一方面意识形态中强烈的幻象和浪漫成分托之丹

车马出行图

青。另一方面，继承了原始先秦壁画逐步形成的写实传统。真实而生动地反映了当时的社会生活方式。技巧有了很大的提高。此图增强了对现实的描绘，说明西汉末年的统治者已慢慢淡化了对神仙幻境的沉迷，回到了人生享乐和维护既得利益的现实中来。是当时儒家思想盛行的见证。

　　3.《双鹅独角兽图》，32×110厘米，鄂尔多斯青铜器博物馆藏，汉代壁画。描绘了独角兽及双鹅的情趣场景。独角兽即文献中记载的用来镇墓辟邪的神兽"兕（sì）"，这种神怪灵异的动物，

双鹅独角兽图

具有保护墓主、驱魔逐疫、守卫家园的作用。整幅画以横幅画卷式构图，平视角度处理空间，整个趋势向右。独角兽走在前，低头瞪眼将触角对准前方，耸起的脊梁正憋足了劲头，作准备向前冲之势，颇具动感。两只鹅摇摇摆摆地紧随其后，腹部做圆点花纹状，与独角兽身上的花瓣纹相呼应。画师巧妙地运用了点、线、面的方法来组织画面，右侧留出空间，形成前松后紧统一富有变化的构图形式，因此显得舒畅、透气。该壁画内容在其他地区的汉代墓葬中罕见，具有浓郁的地域特征，是汉代鄂尔多斯地区社会生活的反映。

　　4.《双驼图》，34×17×5.3厘米；《畜牧图》，34.5×17×4.8厘米；《宴居图》，36×18.7×5.2厘

双驼图

畜牧图

扬场图

耕种图

米；《扬场图》，37×18.5×5 厘米；《耕种图》，37×18.5×5 厘米；《烤肉煮肉图》，33.5×16.5×6 厘米。1972 年发掘于嘉峪关市东北 20 公里处的新城乡戈壁滩上，甘肃省博物馆藏，魏晋时期彩绘画像砖。砖画内容取材于现实生活，生动而形象。六块画像砖画法统一，砖面一律用白粉涂底，丹砂饰边，中间用墨线、丹砂作画。一块砖为一个完整的画面。《双驼图》描绘了一大一小两只骆驼在吃树叶，似乎是骆驼母亲在为小骆驼采取鲜美多汁的树叶，小骆驼在树下焦急地等待着；《畜牧图》再现了魏晋时期河西地区畜牧业的发达，水草茂盛、牛羊成群的盛况；《宴居图》中人们围绕在一起，享受着烹煮的佳肴，畅饮谈笑；《扬场图》表现了农民用扬铲扬起谷物，旁边的小鸡趁机啄食散落的颗粒；《耕种图》表现了繁忙的农耕景象；《烤肉煮肉图》中两人正在为怎样把肉食做的鲜美可口而忙碌着。一人切肉，一人在锅里搅拌，飘动的衣衫显示出忙碌的景象，几条弯曲的线条描绘出煮肉的香味四溢。这些彩绘砖在表现手法上承袭了秦汉发展的线描技法，多为圆弧线，类似与草书书法的写意性线条，加上色面与线形常常不合，致使艺术效果朴拙生动。彩绘砖画的作者很可能是民间画工，熟悉现实生活，所绘出的画具有自由又浓郁的乡土风情。

烤肉煮肉图

5.《仪仗图》，167×110 厘米，1979 年山西太原市南郊王郭村娄睿墓出土，山西博物院藏，北齐时期壁画。娄睿墓是北齐右丞相东安王的墓室，其彩绘壁画主要描绘主人生活图景和门卫仪仗等内容，共有 71 幅，规模宏大，技艺成熟。

此图描绘了几个仪卫的形象。服饰统一，正面、侧面角度都有刻画。以墨线勾勒具体形象，用朱砂点着人物的额、颊、额等部位，再浅淡晕染以表现肌体起伏，使物象具有立体感。此时，顾恺之的"传神"论盛行，这幅画的画师明显受到这种画论的影响，通过抓住人物外在的典型特征，

仪仗图

来表现人物内在的精神世界，以达到神行兼备的艺术效果。画作对众多人物的精神气质刻画栩栩如生，眉眼的细微变化，使人物显露出不同的气质，有的机警、有的谦恭、有的沉着。此画既沿袭了汉艺术的博大气势，融入了魏晋南北朝的绘画理念，又吸纳了外来色彩的明暗晕染对比等方法，代表着中国壁画艺术的一个新阶段。

6.《山石风景图》，129.5×120.5厘米，1995年陕西省富平县宫里乡南陵村唐节愍太子墓出土，陕西省考古研究院藏，唐代壁画。此幅《山石风景图》以线描造型，山石、树木轮廓清晰。线条的穿插避让组织成画面的层次感，尤其是后层右一大树的线条组织极为灵活生动，树干的短粗线条显示出老树粗糙皴皮的质感，而嫩枝细叶的线条则显示出其柔软娇嫩。

此画面中只见山石和树木，却不见天空和流水。用遒劲简练的线条勾勒出山石树木的结构和

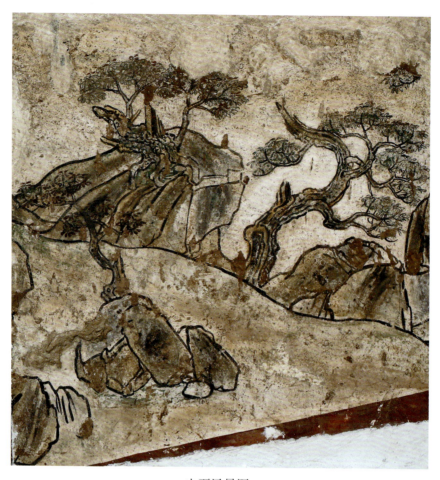

山石风景图

纹理，惜墨如金。这体现了中国传统绘画的构图特点，其大胆地在画面上留出空白，不着笔墨或只寥寥几笔淡墨带过，这在山水花鸟画中最常见，给观赏者留出了想象的空间。

7.《门吏图》，212×74.5×4厘米，1990年陕西省礼泉县烟霞镇陵光村韦贵妃墓出土，昭陵博物馆藏，唐代壁画。门吏头戴山形冠，高大威猛，面东正立、眉毛、胡须根根分明，丰鼻厚唇大耳，给人一种富态佛陀的感觉。最有意思的是眼神的刻画，眼珠斜视右下角，似乎在鄙视某物，亦或是对世俗的不满，右手在上、左手在下于隐袖中握仪刀。

此画用笔用墨非常细腻，虽画在壁面上，却有着在纸面、绢面上的细致效果。骨法用笔，似不经意，而飞动飘逸。自南朝谢赫六法论提出后，"骨法用笔"则成为判断画家用笔功力高下的重要标准。骨法强调了用笔的艺术性，包括用笔的多变、力量感、结构表现等等。"骨法用笔"是中国画特有的材料工具和民族风格所产生的相应的美学原则，此画线描刚劲有力，形象筋肉丰美，功力深厚应非一般画师所画。有人推测或为唐著名画家阎立本所作。

8.《供养菩萨立像之一》，158×79厘米，故宫博物院藏，五代壁画。画面描绘了一站立供养菩萨形象。供养菩萨实际上为佛陀和宣扬佛法服务的菩萨，常画在佛座下面或胁侍菩萨、佛弟子的两边。姿势有站、坐、蹲、跪等，形象众多。

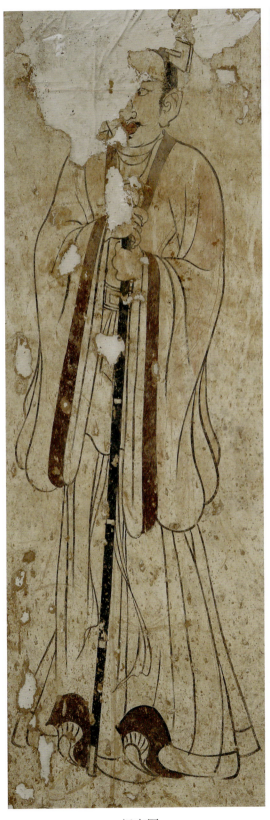

门吏图　　　　　　　　　　　　　　　供养菩萨立像之一

此菩萨面部表情生动，姿态婀娜，身体呈"S"形。衣纹繁复，铁线描稠密重叠、一气呵成，长裙博带如行云流水，颇有吴带当风的特点，继承了唐以来传统壁画风范。技法不俗，应非泛泛之辈所绘。

9.《庖厨图》，70×279 厘米，2007 年湖北省襄阳市襄城区檀溪墓地 196 号墓出土，襄阳博物馆藏，南宋壁画。描绘了庖厨间紧张忙碌而又有序的劳作场面。画面最右端有一个男侍者正蹲在炉灶前烧火，炉灶上蒸着 5 笼屉包子；炉灶的案上放了一把水瓢，旁边有水缸，水缸上方挂着猪肝、鸭、猪肉，旁边还放着切肉的桌案和碗；再往左的案桌旁，三个侍者正热火朝天的包包子，桌子上的面、盆一应俱全。一人双手擀面，另外两个人包包子。左端的 6 个仕女端着酒、餐具正匆匆忙忙的上菜。画中最有趣的则是一条黑狗被庖厨的香味吸引，闻香而来。

此画勾线平涂，近似"白描"的形式。对墓主日常生活的描绘可谓精致细腻！人物的衣、帽、动作、神态造型准确简练。

进入宋代，水墨画逐渐成为主流。但壁画创作数量开始减退，壁画的绘制逐渐变为民间画师的行业，墓室壁画越来越趋向于对民俗日常生活的描写，庖厨图、杂剧散乐图、宴饮图等题材常见。从某种意义上来说转变了汉唐墓室绘画的表现方向。此幅《庖厨图》便是宋壁画的典型代表。

10.《宗喀巴师徒三尊相》，116.5×130 厘米，1984 年内蒙古呼和浩特市大召寺揭取，呼和浩特市博物馆藏，明清壁画。绘制宗喀巴师徒三尊相，正中月座上为藏传佛教格鲁派（黄教）创始人宗喀巴大师，右为弟子贾曹杰，左为弟子克珠杰，合称"宗喀巴父子三尊"或"师徒三尊"。宗喀巴本名罗桑扎巴（1357–1419 年），青海湟中县人。绘制宗喀巴师徒三尊相的目的一般都是为了建立藏传佛教格鲁派在蒙古地区的法统地位。

此幅《宗喀巴师徒三尊相》由天然石色绘制而成，虽历经数百年之久，至今依然色泽艳丽。

庖厨图

人物造型丰润、饱满、气度非凡，师徒三人的形象构成最稳定的三角形，在勾染细致的云气环绕下形成鲜明的中心式构图。云气的上方绘有楼阁、白象、植物等形象，勾画细腻。人物形象的程式化描绘，融合了画工艺术和想象力及世俗的感情。设色鲜艳浓厚，色调热烈浓重。动态微妙，将姿态控制在寓动于静之中，极为生动、优雅，代表着明代绘画艺术的高超水平。

　　大召寺壁画作为一种宗教艺术品，更是蒙古统治阶层解决民族内外矛盾、稳定民心、维系部族团结的内容体现。是探究当时蒙藏关系史、蒙藏宗教史、蒙古文化史、民族史的重要文化遗存。

　　能够随时地欣赏如此众多的壁画原作，对美术爱好者来说无疑是一种幸运，而且也为研究工作提供了最直观有力的材料。记得鲁迅先生曾说过："壁画最能尽社会的责任，因为这和保藏在公侯邸院内的绘画不同，是在公共建筑的壁上，属于大众的，从敦煌壁画、阿旃陀壁画、意大利文艺复兴时期壁画、墨西哥的壁画运动、美国的街道壁画都可以看出壁画的艺术史并不仅仅是一部技术不断进步的历史，更是一部观念变化的历史。"在艺术上，壁画所发挥的作用不可轻视，壁画所体现的民族风格、时代风格、地域风格、流派风格、乃至个人风格等，都以或明或暗，或隐或显的方式表现出来，因此，对壁画艺术进行深入的调查研究可以反映中华民族古老的文化遗产和艺术成就，保护修复壁画，挖掘、发扬壁画的内涵是美术工作者和文物工作者责无旁贷的任务。希望越来越多的人加入到壁画的研究、保护、修复、陈展行列中来。

敦煌莫高窟藏经洞壁画问题再探

沙武田（敦煌研究院文献所　副所长　研究员）

内容提要：王冀青教授在《关于敦煌莫高窟藏经洞壁画问题》一文中认为藏经洞壁画非唐代原作，而是张大千"仿古新作"。本文试从斯坦因、伯希和的记载、张大千与谢稚柳在敦煌工作实录以及藏经洞壁画与敦煌其他窟唐代高僧影堂的壁画内容对比否定王教授的结论。

关键词：莫高窟藏经洞壁画　斯坦因　张大千

《敦煌学辑刊》2010 年第 4 期发表王冀青教授大作《关于敦煌莫高窟藏经洞壁画问题》（以下简称王文）[1]，王教授在整理斯坦因笔记中发现，斯坦因在 1907 年 5 月彻底腾空藏经洞后对洞内现状和壁画作了记录，但在他的记录文字中没有今天所存壁画近侍女与比丘尼像，而在其后进入藏经洞作过长时间工作过的伯希和同样没有留下任何藏经洞壁画文字与图像资料，之后又有一些几无价值的记载，到了张大千来莫高窟之后，在他的资料中首次出现现存壁画内容，结合画面旁边（藏经洞西壁）的张大千对该人物画的评论性文字，最后王文认为藏经洞现存的这两身人物是张大千的"仿古新绘"游戏之作，非为与洪辩影堂同时之唐画。此文一出，被人们一直视为敦煌唐代人物画代表的这两身人物像所代表的藏经洞壁画一下子迷雾重重。

王文之所以对藏经洞壁画提出质疑，主要是因为在斯坦因有关藏经洞内状况的笔记中没有记录现存两身人物比丘尼和近侍女。在此，为了讨论方便，我们转引王文作为重要证据的斯坦因有关藏经洞记载的两条资料。

资料一：斯坦因 1907 年 5 月 28 日日记中对藏经洞的记录：

经测量，藏书室东西长 9 英尺，南北宽 8 英尺 8 英寸。除了北侧的墙壁外，其他墙面都是空白无画的灰泥。北壁的上半部分残存有彩绘窗花格（coloured tracery），显然是绿色、红色相间的。没有任何人像或彩绘背后圆光的痕迹。在北壁的前面，有一个基座，高 1 英尺 8 英寸，长 5 英尺，宽 2 英尺。这个基座也许曾被用来储存物品。在西壁上，有一个壁龛，现存放在甬道里的那块石碑便是从这个壁龛中移出去的。[2]

资料二：斯坦因第二次中亚考察报告《塞林底亚》中的相关记录：

在很短暂的一段时间里，这个石窟被彻底清理干净了。当时我能够观察到很少的一点点考古学迹象，可以说明该石窟的原始特征。关于该石窟的平面精确测量数据，从东向西长 9 英尺，宽度是 8 英尺 8 英寸。在人口的对面，也就是在北壁的前面，抬升起一座涂有灰泥的台基，长 5 英尺，宽 2 英尺，高度是 1 英尺 8 英寸。该台基的形状和位置都表明，它肯定是用来当作一个塑像基座的。找不到泥塑像或浮塑圆光的任何遗迹。至于壁画作品，只是在北壁的靠上部分，还残存下一些色彩暗淡的装饰性窗花格作品（decorative tracery work）。而在其他地方，涂有灰泥的墙面上是空白无画的。门口只有 3 英尺宽，因为很窄的缘故，小室里的光线在任何时候肯定都是非常弱的。[3]

的确，按照斯坦因的记录，藏经洞内仅北壁上半部分有壁画"彩绘窗花格（coloured tracery）"（或谓"装饰性窗花格作品（decorative tracery work）"），"而在其他地方，涂有灰泥的墙面上是空白无画的。"斯坦因的记录是对藏经洞"被彻底清理干净"后所为，从理论上来讲是可信的，而对北壁下放置塑像台基的描述，也让我们确信期坦因看到包括北壁在内窟内的整体状况。因此，王文以此为据，提出"藏经洞壁画问题"，认为斯坦因所记是真实可靠的，并进而经过详细的推论认为藏经洞现存壁画为张大千于 20 世纪 40 年代的"仿古新绘"，也是有道理的。

至此，如果依期坦因所记及王文所论，"藏经洞壁画问题"一案当可成立，张大千所绘之说也可在理。但是，问题似乎远非如此简单。

一、斯坦因记载的疑点与初步的结论

首先，斯坦因记载本身就有值得怀疑之处。

1. 关于"彩绘窗花格"：

斯氏描述藏经洞北壁上半部壁画为"coloured tracery"或"decorative tracery work"，王文译作"彩绘窗花格""装饰性窗花格作品"，翻译本身没有问题。但是我们从壁画可知，斯氏所记实为双树的树枝、树叶部分，极易认识分辨（图 1），非"装饰性窗花格"，周围也没有相关的建筑类壁画，因此理解为装饰性窗花格，颇为蹊跷，难于理解。另，按期氏日记中记载这些壁画色彩为"绿色、红色相间"，更不科学，因为现存壁画色彩保存完好，双树树枝为墨绘，树叶用两种表示绿叶的浅绿色和浅蓝色画成，未见半点红色。作为考古学家的斯坦因，如果说把常见的树枝、树叶看成"窗花格"可以理解，或许是属他考虑壁画用途的结果，而无中生有地在壁画记录中添加色彩，就不好理解了。

2. 是否有重层地仗：

王文认为，期氏之所以把极易辨认的树枝树叶误读成窗花格，推测期氏当时没有看到下半部分的树干，并进一步推测认为当时双树树干没有显现出来，具体原因："斯坦因没能看到树干，合理的解释只能是，北壁下半部分的树干部位当时可能处于泥层的覆盖之下。我们今天仍能看出北壁下半部分有粘损痕迹，损毁程度也比上半部分严重，尤其是北壁东侧，可能就是泥层涂抹的缘故。至于近事女像和比丘尼像当时是否存在，就不好妄加猜测了。"斯氏既然腾空了藏经洞，同时也看到了北壁上半部分壁画（树枝树叶），却只字不记如此明确的双树，难道果如王文所推断，树干被泥层覆盖？莫高窟壁画中重层乃至多层的情况比比皆是，历代都有在前代壁画上覆泥再绘的现象。但是我们仔细观察藏经洞内地仗，整窟地仗为一次性完成，且属典型的唐代地仗结构，没有出现任何重层地仗的现象，在北壁有壁画的地方，也没有重层地仗。至于王文所说，北壁下半部分（特别是东侧）地仗的损毁现象（图2），确实存在，但是显系地仗病害酥碱所致，系崖体

图 1　藏经洞正壁壁画

图 2　藏经洞壁画地仗

图 3　藏经洞内塑像台基

渗水作用的结果。经过保护专家的现场多次确认，该处地仗为窟内整体地仗的一部分，表层也没有任何曾经上泥的痕迹。如此说来，斯氏当时看到了树枝、树叶，也至少应该看到了树干，不存在因不见树干而误记树枝树叶的问题，更何况此双树枝叶描绘很形象、很生动，无奇特之处。

3. 像台尺寸：

斯氏对窟内塑像台基（图 3）尺寸的记载为"长 5 英尺，宽 2 英尺，高度是 1 英尺 8 英寸"，以米计算则为"长 152.4 厘米，宽 60.96 厘米，高 50.81 厘米"，经我们现场核实，有误，正确的是：东西长 178 厘米，南北宽 89 厘米，高 45 厘米。

因此，斯氏的记载本身是有疑点的，不能全信。

其次，伯希和资料的启示和佐证。

摄于 1908 年的记录伯希和在藏经洞工作的那张照片（图 4），一直以来是人们了解藏经洞藏经与最初开启时面貌的唯一一份珍贵的图像资料，对于本文的讨论有同样重要的意义。

斯坦因之后不到 9 个月时间，伯希和进入藏经洞（伯编第 163 窟），他是这样记载藏经洞的：

这就是藏经洞，于 1900 年重修过。

在过道的右部，便是收藏写本的龛（带有一条短小的藏文题记和背屏画，需要拍摄）。其藏文题识很可能是近代的，出自那些阅读过藏文写本的人（诸如蒙古王子）之手。[4]

该藏文题记，伯希和有照片记录，现仍清晰保存，但他所记"背屏画"，却无图片留存下来。藏经洞座北朝南，因此伯希和所记"背屏画"显系北壁壁画，与那张照片的记录是一致的。而那张照片所能看到北壁上部壁画显示的树枝树叶，又与今天壁画内容完全吻合，至少告诉我们这部

图 4　1908 年伯希和在藏经洞内工作照

分壁画的真实性。斯氏和伯氏之间仅差不到9个月时间，期间藏经洞一直堆放藏经，王道士精心管理，加上内藏文物文献的关系，断不会有人在这期间新绘壁画。

既然在伯希和照片中出现与今天壁画可以完全吻合的双树枝叶，我们的思路"顺藤摸瓜"，被经卷写本遮挡部分的枝叶、树干都可确定为原作。

双树为原作，那么双树上分别悬挂的头陀袋、净瓶（澡瓶）也会是原作。因为双树的树干上用于悬挂此二物品的断折的枯枝明显是特意绘画，与盘虬、纠结、粗糙的树干浑然为一整体，线条之间的结合非常自然（图5），造型也别具匠心；挂带与枯枝线条的结合天衣无缝（图6）；头陀袋、净瓶与其中垂下来的新枝叶的立体空间感处理非常得当，均显示出画面的整体观念。

双树及其所挂头陀袋、净瓶为原作，接下来讨论王文所论主要对象，即双树两侧所立比丘尼和近侍女像的问题。王文的主要观点，基本肯定双树为原作，而这两身人物像则是张大千的仿古之作。

按照这个思路，在绘画的时间上明显双树要远早于人物画，因此如果画面上有重合现象，必会有在线条和色彩上早晚的叠压关系。观察壁画，唯一一处画面重合相交处即是东侧比丘尼所持团扇与该侧的树枝树叶，比丘所持团扇遮挡掉边缘一小部分枝叶（图7），完全符合王文所论各自绘画的时间叠压关系。但是果如此，作为近作的团扇必定覆盖了该处的枝叶。一般这种情况必须是要处理底层原来的壁画：或刮掉底层壁画、地仗，或上新泥地仗，至少是要简单粉刷一层白灰或澄板泥，作为新绘壁画的光面。无论如何，都会对原壁画与地仗产生或多或少的刮擦磨损痕迹，

图5　藏经洞壁画树干

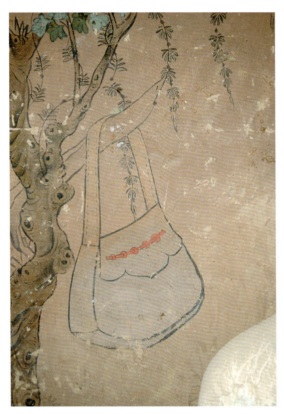

图 6　藏经洞壁画局部

图 7　藏经洞壁画细部

正常光线下用肉眼完全可以看到。这种后期重修、重绘壁画的现象，在敦煌石窟中比比皆是，不一而足，无须在此举例说明。但是该处壁画我们看不到任何有对壁画或地仗即使是产生轻微磨损的现象，更不会有重层的地仗，同时团扇与树枝叶相交处看不到任何上下层位关系，或重合现象，线条接合自然融洽，明显为一次性完成。

为了更加彻底解决疑问，我们在窟内采用多光谱拍照，分别拍摄了红外和紫光照片，都没有看到团扇下面有重层壁画或线条的任何痕迹，也没有地仗刮擦磨损痕迹。高科技观察的结果，同样表明该处壁画为同时期一次性完成，没有早晚之区别。因此，可以断定团扇与双树一样，亦属原作。

有团扇就必定画有持扇的人，因为团扇是无法悬挂在树枝上的，更何况团扇本身是主人身份地位的象征，必有随侍持之。既然团扇为原作，那么此处所画持扇的比丘尼也属原作无疑。作为表现高僧写真内容的双树一侧画一持扇的比丘尼，那么无论从画面对称角度考虑，还是从主人身份关系考察，双树另一侧树下必定画一随侍持物侍立才合情理。此处所画为一持朱杖的近侍女，与情与理也为原作。

至此，我们对所谓的"藏经洞壁画问题"一案作了初步的结论。

二、张大千仿古新绘质疑

王文把藏经洞两身人物像归为张大千之作，是因为经过作者对 20 世纪初期国内各家记录的梳理后发现，认为这两身人物出现在近代人记录中，最早即是《张大千居士遗著漠高窟记》，之前各家的记载均不可用，十分混乱，毫无价值。

就张大千《漠高窟记》及其对藏经洞的记录，有值得再梳理的地方。

我们知道，与张大千同时在敦煌考察的有他的好友画家谢稚柳，谢氏早在 1955 年就出版了他在敦煌的考察记录《敦煌艺术叙录》，其中所记藏经洞壁画即为今天所见内容。

藏经洞洞口北壁，南向。盛唐。

洞口：高五尺一寸，深一尺八寸，广一尺八寸。

洞内：高七尺六寸，深八尺三寸，广八尺四寸，顶上藻井。

佛台：北壁佛台一座，高一尺六寸，长二尺六寸，阔五尺三寸，残毁。

塑像：不存。

画记：

东、南、西三壁及窟顶藻井均无画。西壁中即原砌碑处。

北壁：

比丘尼一身，红袈裟，持凤扇，西向立。旁老树一株，枯干上悬一长壶。树梢两端，飞鸟二壁东。

近事女一身，下半稍有剥落，高约三尺七寸，双环（鬟），绛衣，左手持朱杖，右臂披一红巾，东向立。旁老树一株，枯干上悬一白包方形长带壁西。

僧鞋一双佛台下东面。

鹿二头，口？莲花佛台下北面。

（北壁画用笔敦厚，情调自然，盛唐高手之作。）[5]

该记载早于张大千著作发表，但王文之所以坚持认为张大千是第一个记载藏经洞壁画中两身人物者，是因为王文认为："张大千于1943年2月在莫高窟撰成《漠高窟记》，但却迟迟不公布于世，而是借给谢稚柳，致使谢氏首先在大陆出版《敦煌艺术叙录》。而《漠高窟记》迟至1985年才以张大千遗著的形式在台北出版，这也是一件奇怪的事情，其中也应有隐情。"此说来自张大千著作后附苏莹辉先生的《张大千居士遗著漠高窟记点校后记》[6]，事实是否如此，需作些澄清。

王文所引是苏莹辉先生的说法，苏氏仅从二著内容多雷同这一点出发，没有详究当时二人在莫高窟洞窟考察的详细情由，简单以为谢氏晚到，又是张氏请他来敦煌，因此以为洞窟调查之事是由张氏主导，谢氏辅助完成的。事实并非如此，谢氏在他的回忆性文章《我在敦煌》一文中对他在敦煌的工作是有交代的：

我在敦煌，回首已是四十五年前的事，时在一九中二年的夏初，离开敦煌在次年的春暮，那时故人张大千先已在敦煌，我之所以去，可以说是受到了他的引导。

当时，张大千请了四位青海画画的喇嘛，和他的子侄门人等，在那里进行大规模的壁画临摹。这无导是一个组，凡制布、制笔、制色及勾摹、赋色等等，从头至尾在张大千指挥下紧张地进行着。

而我，独自一人进行着石窟的调查，从石窟的洞口、通道、四壁、佛龛，度量了高低尺寸和各个方位的佛画，供养人像与发愿文、题记、题名以及塑像等等作了详尽的记录。我记录的石窟共为三百零九窟。先是，张大千已为石窟编了号，很多自然，为了便利，我只能采用他所编的窟号。

石窟为东向，在下午，阳光就西下，石窟黑暗下来，我的记录工作，只能在上午进行。在下午，除了偶尔有客人和有时骑马在沙漠中狂奔一阵而外，主要在整理记录和考证工作中度过。[7]

显然，张大千和谢稚柳在敦煌期间的分工是明确的，张氏主临摹，谢氏主石窟调查记录。

谢氏也透露出了他有关敦煌的两本专著《敦煌石室记》、《敦煌艺术叙录》与张大千的些许关系：

提到拙著《敦煌艺叙录》，当时有一经过。在记录之际，我对张大千说："我这份叙录完成了归你。"我并代他作了序言。回四川后，张大千表示此叙录他不打算出版了。因此我在一九四九年二月出版了《敦煌石室记》，并寄与张大千。直至一九五五年，才正式出版了详细记录，就是《敦煌艺术叙录》，但其中缺少了自第一百零一窟至第一百五十窟的详细叙录，则是因为这五十窟的叙录张大千没有退回。[8]

至此，真相几可明了。谢氏《敦煌艺术叙录》之记第101窟至第150窟缺实非常简略，而张氏《漠高窟记》该部分确颇为详尽，原来事出有因。苏莹辉先生在在张大千遗著点校后记中也透露出重要信息："原稿用毛笔端楷书写，并非大千先生墨迹，但部分增、删、修改之处，则多出先生手笔。"[9]说明原稿确非张大千所作，实为谢氏原稿，考虑到曾退回大多数，则藏于中研院手稿或为张大千请人另行抄录，后由他作了些修订。

或许有人会对谢氏一面之词产生疑问，但是张大千来敦煌的主要工作以临摹为主，这点是可以肯定的。另一方面，谢氏明确表示他在敦煌的洞窟记录工作是替张大千作的，只是最后他们二人之间有了新的口头协议，他才出版《敦煌艺术叙录》。谢氏在文章中多次表达对张大千的真挚感情，很是怀念一起在敦煌的日子，丝毫没有埋怨或其他之意，可以看出谢氏所说是诚实的、真挚的，当可信。至于谢氏之为人、为学、为艺，是大家熟知的[10]，他不大可能作出把友人张大千的东西先行出版这样的事情的。至于后来台北中央研究院以遗著的形式出版《漠高窟记》，不知是否有张大千生前的遗愿。但是我们从张大千生前一直没有出版该著作，似乎表明确如谢氏所说，他不愿意出版该作而尊重谢氏劳动。

因此，早于谢氏离开敦煌12年后即1955年正式出版的《敦煌艺术叙录》，才是首次全面记载藏经洞壁画者，而不是张大千的遗作《漠高窟记》。

谢稚柳对莫高窟进行全面的记录，是非常认真和科学的，对我们今天研究敦煌艺术有很高的借鉴意义，他对藏经洞壁画的评价也非常的高："北壁画用笔敦厚，情调自然，盛唐高手之作。"如果是张大作仿古之作，以谢氏与张氏之交情，以及谢氏国画鉴定艺术造诣，又是张大千新画（按：不晚于他题壁的1941年10月20日至11月18日间），即使再高的仿古手段，大概也逃不过谢氏之眼睛，是断不会作如此记录与评价的。更何况谢氏记录时近事女"下半稍有剥落"，与今天略残情形一致，显然非张氏新画之状况，在当时已属古画无疑。

我们回过头来再看《漠高窟记》中对藏经洞壁画的记载：

藏经洞　洞口、北壁　盛唐

洞口　高五尺二寸，深一尺八寸，广一尺八寸。

洞内　高七尺六寸，深八尺三寸，广八尺四寸。顶上藻井。

佛龛　北壁、佛台，高一尺六寸，纵二尺六寸，横五尺三寸，残毁。

塑像　不存。

画记：

北壁，东端比丘尼一身，红袈裟，持凤扇，西向立。前，老树一株，枝上悬一长壶，壶有白色络。树梢右，飞鸟二。西端，小女子一身，双鬟，绛衣，左持朱杖，右臂披一红巾，东向立。前，老树一株，枝上悬一白色方形长袋。树梢西，飞鸟二。高约三尺七寸。此画下半，稍有残毁。

东、西、南三壁，及窟顶、藻井，均无画。西壁中毁，即原砌碑处。

佛台边、北面，鹿二头，并伏衔莲花。

东面，僧鞋一对。

（后记藏经洞发现经过）[11]

即使是张大千本人，在其曾多有改订的遗作中对藏经洞的壁画也作了断代："其窟原为唐窟，窟内壁画俨然唐人之作也。"[12]仔细比较谢氏和张氏著作中的文字，二者相差无几，顺序上略作调整，可证谢氏追记二者渊源关系非假话。而张著中所记北壁壁画"此画下半，稍有残毁"，亦是今天整幅画的状况。如果此画中二人物为张大千自己仿古新作，他在自己的著作中会作何处理：按常理推断，或只字不提，留给后人想象的空间；或一定会大书特书，断然不会出现"此画下半，稍有残毁"之类影响人们判断的词语。另一方面，如果此画确为他新作，在全篇都是科学记录的专著中，收入这段文字，他自己心知肚明，与情与理都无法泰然处之，更与他作为艺术大师的身份地位极不符合。此种情缘，我们在进行严肃思考时，不得不作些考虑。

至于他题于藏经洞西壁的那段评价性文字，更显示出他对这幅画的赞叹：

此莫高窟壁画之白眉也，是士大夫笔。后来马和之得其一二爪，遂名家。辛巳九月，蜀郡张爱大千来观，赞叹题记。

明确表示他是"来观"后有感而发后题壁于此。王文认为"根据张大千在莫高窟活动的习惯看，凡张大千题记处，必有与他相关之新鲜事。张大千在近事女像旁的异常举动，暗示该画与他有关。"张大千的确在莫高窟留有很多的题名，但均没发现有伴随题名的仿古之作或其他的"新鲜事"，像莫高窟第9窟主室东壁门上供养题名框中、第323窟南壁华尔纳剥离画面上部、榆林第25窟后甬道北壁等处均有张大千的信手题记，但别无新画之作。王文又据李永翘《张大千全传》上卷第200页注释31指出，在藏经洞西壁这条题记稍南侧，张大千留下了第二条题记："光绪二十六年五月二十五日，为道人王圆箓发现之藏经洞。"并补充到："这条题记没有张大千落款，但系张大千笔迹，题记时间和第一条题记相距不远。"我们今天在藏经洞西壁及各壁仔细察看，均没有发现张大千的第二条题记。

张大千确有仿制古画、以假乱真的嗜好，便需要我们注意的是，张大千的这一嗜好，其目的性非常强，就是以高仿的赝品卖给一些大收藏家，是为了获取高价的利益为主要目的，也有故意卖弄自己艺技之嫌。但在莫高窟这样一个中国古代绘画艺术的海洋中，自十六国北朝以来至宋元千余年的古画琳琅满目，身处敦煌中古艺术的海洋，他本人也对敦煌艺术倍加赞叹，于是每日忙于观摩临绘，人手不够，又从青海的塔尔寺请来几位画唐卡的喇嘛帮他临摹。在这样的心情下，恐怕没有心思要仿古新绘，无异于班门弄斧，完全没有这个必要。

三、从藏经洞壁画本身入手考辩其真假

藏经洞建于洪辩的功德大窟莫高窟第16窟"吴和尚窟"的甬道左侧（北壁），具体是作为晚唐张氏归义军时期河西都僧统洪辩的影堂、影窟[13]，该性质的判定，有助于我们进一步理解窟内的壁画内容及其组合关系，为最终判定其真假有重要的参考价值。

洪辩影窟，实即他的纪念堂。类似的高僧影堂，文献记载常见，在此不一一列举，学界的研究成果丰富，可供参考[14]。既然作为高僧纪念性影堂，其内必有相应的画像、塑像、碑石，以为"标范奉祀"，洪辩影窟也不能例外。窟内现存的塑像虽然是在1965年10月崖面加固时从第362窟移入的，但是综合考察该像的艺术风格、时代性，与藏经洞内像台的尺寸大小关系，以及与藏经洞正面北壁壁画的切合性，再结合像内发现的骨灰袋文物的印证，基本上可以肯定该像是为洪辩的写真像，原本置于此处，藏经时为了节省空间被人为移出。而窟内西壁所立大中五年《洪辩告身敕牒碑》，结合藏经洞发现P4660《吴僧统碑》，以及藏于敦煌研究院藏成作于951年的《腊八燃灯分配窟龛名数》记载，可确认第16窟为洪辩功德窟"吴和尚窟"，甬道北壁附属小室即为洪辩影窟[15]。作为高僧影窟，必有写真像，或塑像或画像，此室内有像台，可知洪辩写真像为塑像一身。

　　张善庆、张景峰二学兄分别对高僧写真与莫高窟的影窟影像作过研究[16]，张景峰总结莫高窟影窟时讲道："对曾对影窟内塑绘有高僧的影像（有的影像已毁），影像处于中心地位。窟内背景画菩提树，树上悬挂净瓶和拎包，两侧画比丘（尼）和近事女；有的画侍童、供养比丘和供养人像；有的以山峦为背景，小鹿供养，鹿颈挂拎包；有的背景画坐禅和云游僧人。其意在表现僧人的修行生活、道行高深和地位崇高。"洪辩影窟及影像符合以上特征。

　　对于专设于影堂或影窟内的高僧写真像，除本人写真像之外，还要画随身用具如净瓶、头陀袋、持杖、方巾、念珠、团扇、拂尘等等。《全唐文》卷917清昼（皎然）之《大云寺逸公写真赞》记高僧写真像的特性：

　　画与理冥，两身不异。渊情洞识，眉睫斯备，欲发何言，正思何事。一床独坐，道具长随，瓶执堪泻，珠传似移。清风拂素，若整威仪。

　　正所谓"道具长随"。藏经洞洪辩彩塑写真像后比较全面，其中最丰富者要数莫高窟第443窟高僧影窟后双树所挂道具，计有8件（图8）。莫高窟其他影窟如第137、139、174、357、364、476等窟，也均有相应道具随侍，数量不等，物品齐全不一。至于随侍的两身人物近事女和

图 8　莫高窟第 443 窟壁画

比丘尼，另在第 139 窟有相同的两身人物画像，可资比较。第 139 窟为河西都僧统阴海晏的影窟，窟内海晏影像不存，现存塑像为一尊佛像，非第 139 窟像台原有彩塑像，应该是从别处移来或后补塑作品。窟内北壁背景东侧绘比丘尼，双手持杖；西侧绘近事女，梳两个小抓髻，用红丝带扎起，身穿男式衣服，一手持巾，一手持净瓶（图 9）[17]。在其他的几个洞窟虽然没有如此布于两侧的

图 9 莫高窟第 139 窟壁画

图 10　莫高窟第 476 窟前室西壁高僧写真

近事女、比丘尼像，却有数量不等的比丘僧人供养，均持高僧随身"道具"。

第 174 窟，位于第 172 窟的前室北侧。窟内北壁背景画菩提树、树上悬挂一包、有侍童及供养比丘。第 443 窟，位于初唐第 444 窟的前室北壁，976 年三界寺等僧众对其重修，在前室北壁修建某位高僧的影窟（第 443 窟）。[18] 窟内塑像不存，只存一方形佛床。北壁背景画双树，树上悬挂 8 件道具，左右两侧壁画有侍童、供养比丘和供养人像多身。第 476 窟西壁北侧第一身为高僧写真画像，面朝南斜坐于带帐的胡床之上，禅定状。僧人身下有略小于胡床床面的垫毯，垫毯有连续的半团花（茶花）边饰；胡床东侧面有 3 个壸门，中间的壸门中画出双履，履尖朝南，……胡床西面画有树木，其中西北面一棵树的树枝上挂着一个挎袋。帏帐南面有一绿地榜题，榜题头有华盖式的装饰。坐僧身后自南而北依次侍立三身僧人，自南而北，第一身僧人双手持举团扇，绿地榜题；第二身僧人双手持举弯头杖，灰黄地白字榜题："弟子释门法律□……"；第三身双手持举拂尘，灰黄地榜题（图 10）。[19] 另有一件藏经洞纸画，S.painting163 白描画，画一高僧坐禅像（图 11）：一高僧身着通肩袈裟，作禅定状，坐于一方毯上。前侧画双履图，右侧画净水瓶，身后一老树，树枝上挂念珠、头陀袋，当为一高僧写真像粉本画稿无疑。[20]

比较的结果，我们可以看到，藏经洞洪辩塑像身后北壁所画双树、树上悬挂的净瓶、头陀袋、随侍于两侧的近事女、比丘尼及二人所持团扇、朱杖、方巾均为高僧影堂影窟内配合写真像的常

图 11　藏经洞绢画 SP163 高僧写真

见搭配形式，合乎规范，是敦煌地区高僧影堂影窟内画像的传统样式。

不仅仅是高僧的影窟影堂内的写真像如此，即使是洞窟中常见的一些高僧供养像，身后随侍人物及其所持高僧随身道具，同样有类似的情形。如同时期第 156 窟张议潮功德窟龛下供养人像，中心南侧北向面第一身为一高僧持香炉胡跪于一方几上供养，身后两身侍立的俗装人物像（男女不辨），分别持一团扇、朱杖及方巾、净瓶。早在中唐吐蕃期第 361 窟南北两侧的供养高僧像后即已出现俗装侍立者的类似情形。

更为有趣的是，洪辩像后出现的双树、头陀袋、净瓶的形制与略晚的第 443 窟同类物品非常相似，当为敦煌地区晚唐五代宋时流行高僧道具的基本形制的写真。至于像近侍女和比丘尼的服饰用色，亦为晚唐壁画特色。而近事女与同时期第 139 窟内的近事女除头饰略有区别外，服饰完全一样，女着男装，而第 139 窟内比丘尼持弯头的朱杖与藏经洞内近侍女持朱杖形制完全一样。这样的朱杖我们在晚唐五代宋归义军时洞窟中常见，有上述第 156 窟龛下高僧像后侍从、第 139 窟比丘尼，另有晚唐第 144 窟、138 窟东壁门上男供养像后的侍从亦持一弯头杖，晚唐第 196 窟弥勒经变剃度图中的僧人也有持此类杖者，几者形制与洪辩像后近事女持杖完全一致。

洪辩像后比丘尼所持的团扇，熟悉敦煌洞窟者肯定非常了解该类物品的流行和使用情况。到了晚唐五代宋归义军里，在大量的张氏、曹氏节度使及大家族、高僧功德窟中，主要功德主男女供养人身后侍从几乎都会出现持此类团扇者，极为常见，代表如第196窟甬道北壁。事实上，供养人后侍从持团扇图像，早在莫高窟北朝洞窟供养人画像中就已出现，说明这种反映现实社会中人物身份等级的传统出现的时间比较早。而且我们认为僧人影窟中出现持团扇人物，似乎表明该人物身份非同一般，正合洪辩作为都僧统的情况。此类团扇，最常见即是对凤纹，正是藏经洞壁画中团扇的基本样式。更为有趣的是，此比丘尼所持团扇的画法，经过我们现场的仔细观察发现，使用的是归义军时期画此类壁画流行的"雕空"类画稿。因为使用了现成的雕空画稿，以硬物在地仗表现刻划，立体感很强，以手电光从下往上照射，团扇处表面凹凸不平，正是使用了雕空类画稿的缘故，此类画法笔者已有专论，[21]在此不赘。

图12　1943年罗寄梅拍摄照片

没有资料表明张大千在敦煌临摹绘画使用了此类画稿。因为这种画稿是为了大批量画壁而发明的一种一稿多用的简洁省事的画壁方法，张大千为了画一幅如此小面积的团扇，专门制作一幅画稿，完全没有必要。

另外，洪辩像台基西向面画双履图，王惠民有研究[22]，梅林则指出，双履图实际上反映了供养人的一种观念，即将影堂高僧视为圣僧供养。[23]也合洪辩影堂及其身份特征。

如果说藏经洞的人物壁画属张大千的仿古之作，那洪辩像后只能有双树与树上挂二道具，显然与他作为都僧统的身份地位极其不合。

就整体绘画而言，古意很浓，特别是近事女衣服使用黄色，是吐蕃及稍后敦煌壁画中较多使用的色彩，时代特征也比较明显。总体上丝毫看不出是60年前的仿古作品，不要说是今天的我们，就连几个月后的谢稚柳，两年后考察洞窟内容编写《莫高窟各洞内容之调查》的李浴也没有看出有任何问题，再检索两年后与常书鸿一起来莫高窟进行专业拍摄的罗寄梅氏所拍照片（图12）[24]，发现当时藏经洞所存壁画与今天一样，没有区别，下半部同样有残损现象。仿古之作不能成立。

　　事实上我们现在回过头来再看张大千在敦煌的临摹品，几乎没有一件完全意义上的临摹之作，因为他的临品全都复原了色彩，显得非常鲜艳（图13），非我们今天所倡导之客观临摹。以他这样的理念，是不大可能如此逼真地仿作出此两身人物像的。

　　小结

　　经过以上之辨析，所谓"莫高窟藏经洞壁画问题"命题不确，张大千"仿古新绘"之说更不能成立。系唐人之作无疑，从画风和用笔等观察，当出自敦煌晚唐丹青高手"士大夫笔"，似可归入张大千所言"莫高窟壁画之白眉也"。

　　作者附记：本文关系敦煌壁画辨伪问题，在壁画考察、科学分析及写作过程中得到敦煌研究

图13-1　张大千临摹敦煌壁画 之一　　　　图13-2　张大千临摹敦煌壁画 之二

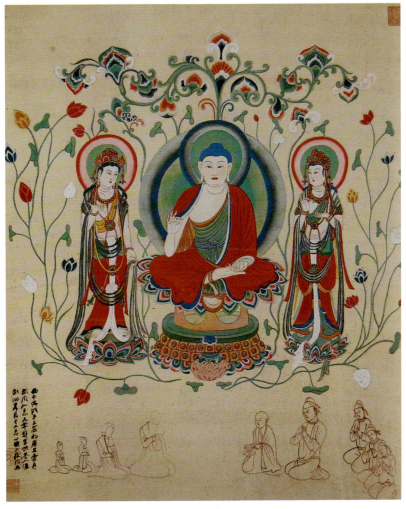

图 13-3　张大千临摹敦煌壁画 之三

院保护所和王旭东副院长的大力支持。其中涉及壁画多光谱拍照、显微分析、墨色分析等现代保护和科学手段，均是在敦煌研究院保护研究所于宗仁、柴勃隆、崔强等同仁的帮助下完成任务的，但是由于时间等原因，保护科学分析部分文字一直没有完成。但相关的分析结果我在 2013 年 10 月"曲江壁画论坛"演讲时已给与会专家学者作过展示。后续的文字部分我们会在完成后再单独发表。

参考文献

［1］该文另发表于包铭新主编《丝路艺术、图像与历史研究论文集》，东华大学出版社，2011 年 3 月，第13—18 页，本文是作者参加 2010 年 8 月在东华大学召开的中国敦煌吐鲁番学会理事会议的论文。后引此文不再逐一作注。

［2］斯坦因 1907 年 5 月 28 日日记，牛津大学包德利图书馆，斯坦因手稿第 204 号，第 318 张。

［3］Aurel Stein, Serindia: Detailed Report of Explorations in Central Asia and Westernmost China, Oxford: Clarendon Press, 1921, Vol. II, p. 821.

［4］伯希和著，耿昇、唐健宾译《伯希和敦煌石窟笔记》，兰州：甘肃人民出版社，1993 年，第 365—366 页。

［5］谢稚柳《敦煌艺术叙录》，上海出版公司，1955 年 11 月；上海古典文学出版社，1957 年；上海古籍出版社，1996 年，第 192—193 页。

［6］张大千《张大千居士遗著莫高窟记》，台北中央研究院，1985 年 4 月，第 681 页。

［7］谢稚柳《我在敦煌》，载氏著《中国古代书画研究十论》，复旦大学出版社，2004 年，第 102—103 页。另见郑重《与大师谈艺：壮暮堂谢稚柳》，上海古籍出版社，2004 年，第 22—23 页。

［8］谢稚柳《我在敦煌》，载氏著《中国古代书画研究十论》，复旦大学出版社，2004 年，第 103 页。

［9］张大千《张大千居士遗著莫高窟记》，台北中央研究院，1985 年，第 681 页。

［10］郑重《与大师谈艺：壮暮堂谢稚柳》，上海古籍出版社，2004 年。

［11］张大千《张大千居士遗著莫高窟记》，台北中央研究院，1985 年。

［12］张大千《张大千居士遗著莫高窟记》，台北中央研究院，1985 年，第 315 页。

［13］马世长《关于敦煌藏经洞的几个问题》，《文物》1978 年第 12 期，第 21—33 页。

［14］姜伯勤《敦煌的写真邈真与肖像艺术》，《敦煌艺术宗教与礼乐文明》，中国社会科学出版社，1996 年，第 78、79 页。郑炳林《敦煌写本邈真赞所见真堂及其相关问题研究——关于莫高窟供养人画像研究之一》，《敦煌研究》2006 年第 6 期，第页。沙武田《敦煌写真邈真画稿研究——兼谈敦煌人物写真肖像艺术》，《敦煌学辑刊》2006 年第 1 期，第 64—73 页。

［15］贺世哲《由供养人题记看莫高窟部分洞窟的营建年代》，载敦煌研究院编《敦煌莫高窟供养人题记》，文物出版社，1986 年。金维诺《敦煌窟龛名数考》，《文物》1959 年第 5 期，第页。马德《敦煌莫高窟史研究》，甘肃教育出版社，1996 年，第 98 页。

［16］张善庆《高僧写真传统钩沉及相关问题研究》，《敦煌学辑刊》2006 年第 3 期，第页。张景峰《莫高窟的影窟与影像——由新发现的第 476 窟谈起》，《敦煌学辑刊》2006 年第 3 期，第页。

［17］张景峰《莫高窟第 138 窟及其影窟的几个问题》，《2004 年敦煌学国际学术研讨会论文集》，上海古籍出版社，2007 年。

［18］敦煌研究院《敦煌莫高窟供养人题记》，文物出版社，1996 年。

［19］张小刚、王建军《莫高窟第 476 窟考古清理报告》，《敦煌研究》2004 年第 3 期，第 93—103 页。

［20］沙武田《敦煌画稿研究》，中央编译出版社，2007 年。

［21］沙武田《敦煌画稿研究》，中央编译出版社，2007 年，第 299—308 页。

［22］王惠民《敦煌"双履传说"与"双履图"本源考》，《社科纵横》1995 年第 4 期。

［23］梅林《469 窟与莫高窟经藏的方位特征》，《敦煌研究》1994 年第 4 期，第 191 页。

［24］照片现藏美国普林斯顿大学东亚艺术研究中心图书馆，笔者曾于日本东京大学东洋文化研究所情报中心看到复制品，另在敦煌院资料中心电子阅览室可检索到美国梅隆基金会相关网页所公布的照片。

曲阳修德寺塔新发现壁画考察

郝建文（河北省博物馆　主任　副研究员）

内容提要： 本文通过河北省曲阳县修德寺塔三层佛龛壁画的临摹拓稿记录，试从壁画的分布和内容、壁画的地仗层以及壁画的绘制技法和艺术风格等方面对壁画的绘制年代进行分析和推测。

关键词： 修德寺塔佛龛壁画

修德寺塔位于河北省曲阳县城西南隅，在北岳庙南约100米处。因上世纪五十年代，在塔的北侧出土了2200余件北魏至唐代的白石造像而闻名于世。

修德寺塔建在一方形台基上，平面呈八角形，通高34米，共六层。它始建于隋仁寿元年（601年），现存塔身为宋代建筑（图1）。根据塔身镶嵌的碑刻可知，在北宋天禧三年（1019年），对修德寺塔进行过修缮。1954年，在寺址内还发现有明嘉靖十九年、清乾隆三年、咸丰九年重修塔的碑文。

近几年，河北省文物部门对修德寺塔进行了维修保护。曲阳县文物保护管理所在为制定维修方案做塔体的测量时，在三层佛龛发现了壁画、造像和经卷。2012年10月底，维修工程即将结束，根据河北省文物局的指示，馆领导派我前去施工现场，做壁画的临摹拓稿工作。我对壁画进行了认真的观摩并做了记录，拍摄了大量照片。在此基础上，我把壁画的绘制年代做了一些分析和推测。在这里向大家做一介绍，不妥之处，望同行们批评指正。

图1　修德寺塔外景

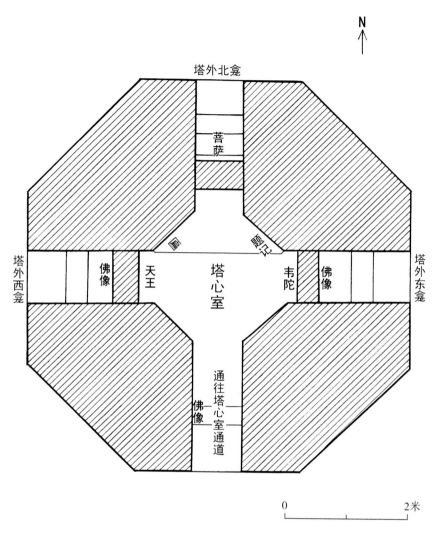

图2 修德寺塔三层壁画分布示意图

一、壁画的分布和内容

壁画主要分布在塔心室东壁、西壁、通往塔心室通道的西壁以及塔外东龛、西龛和北龛（图2）。

从现场的情况看，三层佛龛内部曾进行过粉刷。从通往塔心室通道两壁及顶部开始一直向里，粉刷了塔心室的西南壁、东南壁之后，跳过东、西两壁，继续粉刷其他各壁及券顶。在东北壁这层粉刷的白灰上，有明嘉靖十四年的墨书题记（图3）。

白灰脱落处，可看到原壁泛黄，有壁画的色块及墨书题记。

例如：在通往塔心室通道西壁，可看到一尊半身佛像，绘头光，高约40厘米。其北侧绘一人物面部，仅画了眼睛、鼻子、嘴和胡须，看上去应是对半身佛像的摹绘，勾勒很随意（图4-1、图4-2）；塔心室西北壁绘有一牌匾，上有"北岳"二字，其造型与北岳庙元代至元七年的"德

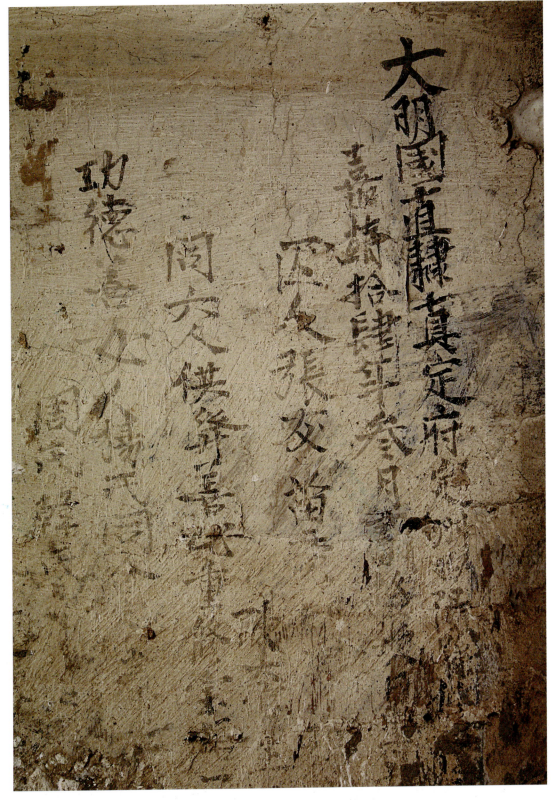

图 3　塔心室东北壁白灰上的墨书题记

图 4-1 通往塔心室西壁佛像

图 4-2 通往塔心室西壁佛像局部

宁之殿"牌匾有些相似（图5-1、图5-2）；东北壁隐约能看到横条状的红色和绿色。此外，在通往塔心室通道东壁和塔心室的东南壁、西南壁上，可见墨书题记。

图5-1　塔心室西北壁牌匾

图5-2　德宁之殿牌匾

图 6-1　塔心室东壁天王　　　　　　　　　　图 6-2　塔心室西壁天王

塔心室东壁，绘有持金刚杵的韦陀像，高 128 厘米，宽 85 厘米。西壁绘持戟天王，高 130 厘米，宽 85 厘米（图 6-1、图 6-2）。

塔外东龛，西壁壁画高 130.5 厘米，宽 85.5 厘米；西龛，东壁壁画高 127 厘米，宽 85 厘米。每壁各绘一尊端坐佛像，身后绘头光和背光，背景绘云纹（图 7-1、图 7-2）。

塔外北龛，南壁壁画高 135 厘米，宽 81 厘米，绘一端坐的菩萨，身后也绘头光和背光（图 8-1、图 8-2）。

二、壁画的地仗层

塔心室东、西两壁壁画都很完整。白灰层很结实，壁面泛白，和另外几壁（是指原壁）明显不同。从墙体表面裸露的情况看，墙壁的地仗层是用白灰掺杂少许麦秸混成，东壁掺杂的麦秸少，西壁麦秸多。白灰直接抹到了砖墙上（图 9-1、图 9-2）。

塔外东龛。西壁壁画，毁坏严重，墙皮有被凿的痕迹，原以为人为破坏，经仔细观察和深入了解，才知是鸽子和其他禽类为之。在塔外西龛和塔身其他部位，有的砖上都留有禽类的抓痕，它们爪

图 7-1 塔外东龛壁画

图 7-2 塔外西龛壁画

子有如此威力，是我原来所没有想到的（图 10-1、图 10-2）。

墙皮表面呈暗色，破损处可看到墙皮内部颜色比表面浅，亦可看到白灰小块、麦糠粒，还有小木棍。应是用黄土、白灰和麦糠（有少量麦秸）混拌而成，厚近 1 厘米（图 11-1、图 11-2）。

塔外西龛。东壁壁画，毁坏更加严重，惨不忍睹。壁画保留下来的极少。地仗层的掺杂物和塔外西龛几乎相同（图 12）。

塔外北龛。南壁壁画保存较好，墙壁鲜有脱落，除了它处于背光位置，受光的折射小有关外，也与壁画的地仗层有关。从壁画上的几个小坑看，墙壁有很明显的沙性，主要由黄土、白灰、麻刀混成，个别部位能看到麦秸梗脱掉的痕迹，且白灰不匀，有不少白灰块。颜色脱落处多呈白色，似在绘制前涂刷过一层白色。因小坑没有深及砖墙，所以墙皮的具体厚度不知，从小坑看，至少在 8 毫米以上（图 13-1、图 13-2、图 13-3）。

三、壁画的绘制技法和艺术风格

通往塔心室通道西壁的半身佛像，面部刻画较细，有须，头下两侧用宽笔各画了一条由细到

图 8-1　塔外北龛壁画

图 8-2　塔外北龛壁画局部

图 9-1　塔心室东壁壁面

图 9-2　塔心室西壁壁面

图 10-1　受损的壁画

图 10-2　鸽子等禽类的"杰作"

图 11-1　塔外东龛壁面

图 11-2　塔外东龛壁面

图 12　塔外西龛壁面

图 13-1 塔外北龛壁面

图 13-2 塔外北龛壁面

图 13-3 塔外北龛壁面

粗的红线，呈八字形，似在表现佛的肩部和上臂，挺有写意性，颇有宋代梁楷减笔画的意味。

塔心室的韦陀和持戟天王壁画，没有施色，为人物白描画。因为光线的原因，刚开始，我并没有看到壁画中有起稿线的痕迹，认为这两幅壁画或许有原大的粉本。但在观察东壁韦陀像细部时，在画面左下侧发现有两道淡墨痕，紧接着，我通过调整灯光的角度，发现在天王的胳膊、手和腰部有起稿划痕。手和胳膊的划痕是用细棍，或者是用毛笔杆划出来的，腰部划痕更粗、更深、更明显（图 14-1、图 14-2、图 14-3）。

图 14-1　起稿划痕较细。

图 14-2　起稿划痕较粗，可能是毛笔杆的划痕。

图 14-3　塔心室东壁天王手部起稿划痕

原来，古代画师是用毛笔在墙壁上直接勾勒的，线条多用重墨表现，在墙壁上的起伏或局部的凸起面前，用笔也不迟疑，干净利落，笔笔相生，气韵生动，飘带飞舞，满壁生风。西壁壁画没有看到起稿的痕迹，但画得比东壁还要生动，尤其是面部的刻画非常传神，那圆睁的怒目，让人恐惧。

韦陀的甲胄以及手持的金刚杵与塔心室出土的《佛顶心大陀罗尼经》上的韦陀像很相似，经卷上虽然没有印着年号，但它与明代其它经卷上的风格很一致，这为年代的判断也提供了依据（图 15）。

图 15　修德寺塔佛经与壁画中的韦陀比对

　　塔外东龛壁画。西壁绘一尊结跏趺坐于蒲团上、有头光和背光的佛像。初看上去，以为没有施色，仔细观察，在其鼻子、嘴、下巴等处，以及胸部和足部，可看到淡淡的白色覆盖着部分墨线，那白色应是肉色变浅后的色彩。佛足周围有浅绿色和深褐色，但在佛像身后的云纹上，没有看到施色痕迹（图 16-1、图 16-2、图 16-3）。

　　塔外西龛壁画。东壁也绘一尊佛像，破坏很严重。剩下的画面，不足原画面三分之一。和塔外东龛西壁的佛像一样，在头光和背光轮廓内侧，有宽宽的一道深褐色，似是桐油的颜色，这个

图 16-1 塔外东龛壁画局部　　　　　　　　　　　图 16-2 塔外东龛壁画局部

图 16-3 塔外东龛壁画局部

部位或许贴过金箔，现在呈现给我们的深褐色，应是金箔脱落后的色彩。

从残存的壁画看，无论是画面布局、线条色彩以及表现手法，几乎完全一致，应是同一时期同一人所绘。从这两幅壁画看，画师是在非常虔诚的心态下绘制完成的。线条沉稳，画面庄严肃穆。

塔外北龛壁画。南壁绘一尊结跏趺坐于蒲团之上的菩萨，其面部颜色呈深褐色，原以为是白或粉色返铅所致，仔细观察，发现这种颜色在眉毛、鼻子等部位，和线条有一定距离，应是贴金的粘合剂桐油的颜色。画面上还绘有一只站立在石头上回首张望的小鸟，墨色较淡，应是大鹏金翅鸟（图17-1、图17-2、图17-3、图17-4）。

菩萨头光先用重墨勾勒轮廓，然后满涂淡绿色，最后用重绿色复勾。可能是工作空间太小，画家不能放开手脚尽情挥洒，所以无论是墨线还是复勾的色线，线条稚拙，粗细不一，看上去画得随意。背光施淡赭色，颜色的边缘距背光轮廓线还有1.5-2厘米的距离，在和菩萨的衣纹、飘带相接的部位，多处被淡赭色覆盖，显得很粗糙。这幅壁画无论色彩还是线条保留的都很完整，只是下半部分泛白，拍摄出来的照片都被它反射的白茫茫一片，让我感到有些不解。

我经过仔细观察和分析，认为这种上重下轻的色彩效果可能是这样造成的：在绘制壁画前，墙壁整体上刷了一层白色（或许就是白垩土，上部在颜色的脱落处，可看到那层白色）。然后开

图17-1　塔外北龛佛像局部

图17-2　塔外北龛佛像局部

图 17-3　塔外北龛佛像局部

图 17-4　塔外北龛佛像局部

始勾线上色，有的部位还贴了金箔，可能是金箔质量或时间太久的原因，到现在全部脱落，只剩下贴金箔的那层呈深褐色的粘合剂。下半部分经过雨浸的墨线和颜色渐渐变浅，便有了这种特殊的效果。

初看下部那些衣纹，除了有的线条呈淡墨色外，还有的呈墙皮色，也有的呈白色，感到有些奇怪。我用手指轻轻地触摸，那些淡墨色和墙皮颜色处的衣纹是凹下去的，这种感觉十分明显。我这才明白，那墙皮色的线条，是墨色线条及下面那层后刷的白色脱落所致。那白色的线条，则是后刷的白色随线条的造型保留住的结果（图18-1、图18-2、图18-3）。

其实，这种颜色明显高于墨线的现象在北岳庙德宁之殿壁画中也存在。

我初次看到北岳庙德宁之殿壁画上的这种效果，感到很神奇，曾以为若不是画家功力深厚，那么，就是多个朝代修缮时，颜色多次堆积所致。现在看来，这种凹下去的线条，并非笔力深厚力透墙壁，也并非多次施色颜料堆积的原因。它与施色时用色较厚有关，一层厚厚的矿物质颜料就可达到这种效果。

四、壁画的时代分析

塔心室壁画让我困惑了好久。考虑到牌匾被白灰浆覆盖，而覆盖的白灰上有明代题记，所以，我曾认为，牌匾的年代应该是宋代的。接着，我在西壁天王像右下侧发现了一个红点，那个红点像是用笔沾着颜色不小心戳上去的，它和那"北岳"牌匾上的红色看上去很一致。于是，我觉得有可能是画师画牌匾时，一不小心，粘着颜色的画笔戳到了绘有天王像的墙壁上（图19-1、图19-2）。

图18-1　塔外北龛壁画局部

图 18-2 塔外北龛壁画局部之二

图 18-3 德宁之殿壁画局部

图 19-1　中心龛西壁红点与西北壁红色牌匾位置关系

图 19-2　中心佛龛西壁红点局部之一

如果是那种情况，那么，在绘牌匾时，这面绘有天王的墙面就已存在了。而从东壁韦陀的起稿线和墨线来看，壁画是在墙面还没有干透时画的，西壁的壁画和它一样。所以，如果说，牌匾壁画是宋代的，那么，这两幅壁画也无疑是宋代的。

后来，我发现了西壁上的白灰点子，那是粉刷塔心室西北壁时甩过来的。我很激动。分析线条和白灰点的叠压关系，便可判断壁画年代。

观察后发现，那些壁画线条是压着白灰点的，很显然，壁画是在粉刷完墙壁后完成的。而且，那些白灰点和壁面连接非常紧密，几乎成一体（图20-1、图20-2、图20-3）。

依据塔身上的碑刻和塔心室东北壁题记看，从宋代天禧三年（1019年）到明嘉靖十四年（1535年）这两次修缮，跨了520多年。明代时粉刷墙壁的白灰点和宋代的墙面是不会连接的如此坚密的。由此看来，墙面抹完不久，遇上粉刷西北墙壁，灰点甩了过来，西壁这个有灰点的墙面也应该是明代的。

既然在绘牌匾时，西壁这面墙已经存在了，那么，反过来说，这个牌匾，也只能是明代修塔时画的，随后，根据"大局"需要用白灰覆盖了，它只是比其它几处明代壁画绘制的时间略早而已。

此外，这几处壁画从地仗层分析看，塔外北龛南壁墙面掺有麻刀，而其他几壁均未发现。在河北地区，掺麻刀的墙面多在宋元时期，掺麦秸的多在明或明以后。再从塔身主体与塔心室东、西壁结合部的情况看，似乎可以做出以下推测：建塔之时，塔外东、西两龛之间是通透的，并没有砌墙，三层中心佛龛也未考虑绘制壁画（那通往中心佛龛的西壁的半身佛像是画家随意画的）。因放置佛像需要，仅将塔外北龛砌了墙（图21-1、图21-2、图21-3）。

图20-1 墨线在白灰点的上面

图 20-2　墨线在白灰点的上面

图 20-3　墨线在白灰点的上面

图 21-1　塔外东龛壁面与塔体
　　　　结合部

图 21-2　塔外东龛壁面与塔体结合部

图 21-3　塔心室西壁壁面与塔体结合部

　　这两面墙应该是明代维修时，封堵东、西佛龛时才砌成的（塔心室东、西两壁墙面比其它几处略白也是一个佐证。这与墙面白灰内的掺杂物和墙面的制作时间晚都有关系）。然后，粉刷了中心佛龛内壁，绘制了塔外三个佛龛及塔心室东、西两壁的壁画。塔外北龛壁画，因原来的墙面保存状况较好，所以，只在表面做了涂刷白粉等简单处理后，绘制了壁画。

　　有一个情况值得注意：塔心室东、西两壁与塔外东龛壁画形象的最底处，和墙面底部的距离均为 20 厘米左右（塔外西龛下部被毁，不知其详，估计也是这个尺寸），北龛壁画形象，最底处和墙面底部的距离约 21 厘米，也非常相近。塔外东、西龛与北龛画面布局也很相似，都是主体人物结跏趺坐于蒲团之上，身后绘头光和背光，后有祥云相衬（北龛壁画没绘祥云）。这说明它们应该是在同一次设计下完成的。

　　综合起来分析，可以做出以下结论：塔心室东、西壁画上的韦陀和天王像风格一致，壁画的时代应是明代；塔外东、西龛佛像从保存情况、佛像的造型以及壁画的线条、颜色和艺术风格来看，完成年代也应该是明代。

　　北龛菩萨像，用线很活，菩萨身上的缨络，部分画到了北龛的东、西两壁上，相比之下显得比较随意，但壁画保存较好，感觉较新，这主要是所处的位置受太阳光折射非常弱和墙面结实的原因，壁画完成年代应该也是明代。

　　而通向中心佛龛西壁的被白灰覆盖而又暴露出的佛像，与修德寺塔地宫宋代壁画佛像造型和神韵非常相似，而与塔外东、西龛明代壁画佛像风格迥然不同（图 22）。由此看来，它的绘制时代非常有可能是宋代。

　　曲阳文物保管所王丽敏所长应允使用照片，并在工作上给予了大力支持，在此深表感谢！

图 22-3　地宫

图 22-1　塔外东龛

图 22-2　通往中心佛龛西壁

"叉手"礼图像考

黄剑波（上海大学美术学院　博士生）

内容提要："叉手"礼，系揖礼的一种，分佛教"叉手"礼和世俗"叉手"礼两种表现形式。佛教"叉手"礼，历史文献多有记载。关于世俗"叉手"礼图像信息，诸多学者认为见于宋元以后。本文通过对晚唐（829）赵逸公墓、五代（924）王处直墓以及宋、辽、金壁画墓中的"叉手"人物图像进行梳理和比较分析，同时结合历史文献与传世绘画作品图像信息进行考证，认为世俗"叉手"礼最早出现于宋代的结论欠妥。"叉手"礼图像应该在唐和五代时期就已经出现，并已经成为当时流行的常用礼仪。

关键词："叉手"礼　图像　赵逸公墓　王处直墓

一、魏晋六朝之前"叉手"礼多见于权贵之礼

中国自古为礼仪之邦，《礼记》载："夫礼者，自卑而尊人"。其中有一种"叉手"礼，古老而独特。许慎《说文解字·又部》说："叉，手指相错也。从又，象叉之形。"[1]顾野王《玉篇·又部》："叉，指相交也。"[2]

《汉语大词典》解释"叉手"是佛教一种敬礼方式，"两掌对合于胸前且交叉手指"。[3]《禅宗词典》认为："手掌相合，手指交叉，表示心诚专一的礼貌动作。"[4]

西晋竺法护于泰康七年（286）于长安翻译《正法华经》10卷，其中《正法华经·应时品》："于是贤者舍利弗，闻佛说此欣然踊跃，即起叉手白众祐曰：今闻大圣讲斯法要，心加欢喜得未曾有，所以者何？"。[5]

《持心梵天所问经·明网菩萨光品》："于是明网菩萨，即从坐起，偏袒右肩，长跪叉手，稽首佛足。"[6]

蒋宗福、李海霞译注禅宗史书《五灯会元》认为："交叉手指合十。"[7]

以上可见，佛教"叉手"礼的主要特点是手掌相合，手指交叉。

"叉手"不仅是一种佛教礼仪，也是一种世俗常用礼仪，属揖礼的一种。[8]特别在汉末魏晋，"叉手"礼多次见于史册。《后汉书》卷二十四《马援传》记载当时隗嚣割据陇右，马援给其部将杨广写信说："春卿事季孟，外有君臣之义，内有朋友之道，言君臣也，用当争谏；语朋友也。应有切磋。岂有知其无成，而但委腰咋舌，叉手从族乎？"[9]《后汉书·灵帝纪》载："（张）让、

（段）珪等复劫少帝、陈留王走小平津。尚书卢植追让、珪等，斩数人，其余投河而死"。[10]李贤注引《献帝春秋》资料说："（张）让等惶怖，叉手再拜叩头，向天子辞曰：'臣等死，陛下自爱。'遂投河而死。"

《三国志》卷八《公孙度传》注引《魏略》曰："故公文下辽东，因救之曰：'告辽东、玄菟将校吏民：逆贼孙权遭遇乱阶，因其先人劫略州郡，遂成群凶，自擅江表，含垢藏疾。冀其可化，故割地王（孙）权，使南面称孤，位以上将，礼以九命。权亲叉手，北向稽颡。……'"同书卷二十八《邓艾传》议郎段灼上疏曰："……艾受命忘身，束马县车，自投死地，……使刘禅君臣面缚，叉手屈膝。"[11]"叉手"礼在魏晋六朝也相袭用。见于《隋书·经籍志》的《孔丛子·论势》云："游说之士挟强秦以为资，卖其国以收利，叉手服从，曾不能制。"[12]

图1　江苏江宁县张家山西晋墓陶俑（采自：南京博物院：《江苏江宁县张家山西晋墓》，《考古》1985年第10期。）

上述史料中反复出现"叉手"礼，可见此礼在东汉及魏晋时期为常见礼仪，多见于权贵之礼。除李贤注引《献帝春秋》资料描述（张）让行的是实礼，其他主要为书信、诏书、文章等记录的虚礼。通过分析，见于文献中的"叉手"，其含义亦有区别，除表示敬、服从之意的特定握姿外，有合掌（此义多见于佛经）、垂拱（两手相交于下）、高拱（两手相交于上）、交手诸义。[13]

探究这些史料中描绘"叉手"礼手形、动作的具体样式，因具体解说文字和直观图像资料的匮乏，难以窥见一斑。

有意味的是，1982年底，江苏江宁县张家山西晋墓出土"叉手"女陶俑一件。高19.6厘米、最宽10.4厘米。头发向后梳成小髻，目圆鼓，塌鼻，瘪嘴，耳垂上有饰，衣对襟长裙，曳地，不露足，宽袖，小臂裸露，双手置胸前。[14]似作恭敬的"叉手"礼。但细致观察，该陶俑右手拘谨地半压在左手上方，双手紧贴在胸前衣襟上。从陶俑的装束、神情看，陶俑眼睛略圆，眼珠鼓起，突在眼睑之外，满脸惊恐之态，应该是受到训斥或受罚的仆从，不像是自然行礼之态。与后世唐宋时期能见到的"叉手"图像也迥然不同。因此，不能断定此动作就是魏晋时期"叉手"礼手法（图1）。

二、唐、五代"叉手"礼形式成熟，普遍流行

（一）柳宗元、杨牢作诗与晚唐赵逸公墓壁画

北宋王谠的《唐语林》卷三载："华阴杨牢，六岁入杂学，归误入人家，乃父友也，二丈人弹棊，戏曰：'尔能为丈人咏此局否？'杨登时叉手咏曰……"。[15]一个六岁孩童，作诗前很自然"叉手"施礼，充分说明这种礼仪已经非常普及，妇孺皆知。

"唐宋八大家"之一的柳宗元，在唐顺宗永贞元年（805）到唐宪宗元和十年（815）被贬永州期间，生活穷困窘迫。《新唐书·柳宗元传》记载："宗元为邵州刺史，在道，再贬为永州司马，即罢窜逐，涉履蛮瘴，崎岖堙厄，蕴骚人之郁悼，写情叙事，动必以文"。[16]在《同刘二十八院长寄澧州张使君八十韵》诗中柳宗元写道："入郡腰恒折，逢人手尽叉。"叙述他被贬永州屈身事人，低调生活的情况。永州之所以当时为流放戴罪官员之所，因其蛮荒偏僻，即"涉履蛮瘴，崎岖堙厄"。柳宗元在此地"逢人手尽叉"，一方面说明他不得不见人施"叉手"礼，到处摧眉折腰的窘境。同时也说明"叉手"礼即便在永州这种流放之所，也成为当时社交的常用礼仪。

柳宗元生于唐代宗大历八年（773），唐宪宗元和十四年（819）病逝。杨牢生于唐文宗大和五年（831），卒年不详。二人所行"叉手"礼具体动作样式如何？

2000年3月，在河南安阳发掘一座晚唐墓葬，据墓志记载，墓主为赵逸公。此墓建于唐文宗大和三年，即公元829年，也就是柳宗元去世后的第十年。应该说赵逸公和柳宗元基本是同时代人，他去世时间和杨牢出生时间也相差无几。

赵逸公墓中有近30平方米壁画，壁画共有八组人物画和一组花鸟画，人物部分绘有十四女、四男共十八个人物，内容主要有更衣、训仆、侍女、劳作、休憩场面等。[17]赵逸公墓室壁画中，出现了一站一跪两个仆从形象，对墓主人行礼，从手形及动作看，正是后来宋人所说"叉手"礼（图2）。

图2 河南洛阳晚唐赵逸公墓"叉手"人物图像（拍摄于河南古代壁画馆）

从此图可以看出，两人施礼动作与江宁张家山西晋"叉手"陶俑手式完全不同。左手成掌型，左掌外包右手，以左手紧把右手拇指，其左手小指则向右手腕，右手四指皆直，拇指向上。而且手很自然置于胸前，与前胸之间留有距离。

（二）"温八叉"雅号与五代王处直墓等墓室壁画

晚唐著名诗人温庭筠（约812 — 866），精通音律，其诗辞藻华丽，与李商隐齐名，有"温李"之称。词风浓绮艳丽，语言工炼，格调清俊，与韦庄齐名，并称"温韦"。

晚唐进士王定保（870-954）在《唐摭言》中记载温庭筠轶事说："温庭筠烛下未尝起草，但笼袖凭几，每赋一咏一吟而已，故场中号为'温八吟'。"[18]北宋孙光宪在《北梦琐言》写得更详细："温庭筠才思艳丽，工为小赋。每入试，押官韵作赋，凡八叉手而八韵成，时人号'温八叉。'今人徵典，但知有'八叉'，罕知有'八吟'矣。"[19]宋代尤袤《全唐诗话·温庭筠》记载也相同："庭筠才思艳丽，工於小赋，每入试，押官韵作赋，凡八叉手而八韵成，时号'温八叉'。"[20]

不管"八吟"还是"八叉"，都是形容温庭筠才思泉涌，诗词创作速度快，可以比美曹植"七步诗"。

温庭筠的"八叉"一般认为是"叉手"，也有人认为是"笼手"、"抄手"，是把双手笼到衣袖里，就如同《唐摭言》中说的"凭几笼手"。但如果是"抄手"、"笼手"存在两个问题：

第一是不符合实际情况。温庭筠"八叉"成名是"每入试，押官韵作赋"，均在考试时用，考试时不会时而双手笼袖，时而写字，显得过于琐碎杂乱。而且抄手在衣袖，时间节奏就不快，突出不了温庭筠才思敏捷的特点。

第二与杨牢的"叉手"旧事矛盾。前文提及王谠的《唐语林》记载杨牢故事，杨牢在吟诗前"叉手"，应该是施礼，绝不可能和后来的温庭筠不约而同，是抄手笼在衣袖里。因此，当时文人在作诗前，"叉手"施礼可能是一种修养和习俗，是对听众和考官的一种恭敬和尊重。

所以说，温庭筠的"叉手"应该是"叉手"施礼，以八次"叉手"礼来显示温庭筠成文时间之短，也说明这种"叉手"礼已经是大众熟知的礼仪。温庭筠"叉手"礼动作具体样式是怎样呢？从和他时间前后不远的五代王处直墓室壁画中，可以找到图像印证。

1995 年 7 月，河北省文物研究所会同保定市文物管理处、曲阳县文化局、曲阳县文物管理所组成的考古队发掘了五代王处直墓（924）。墓前室南壁下栏墓门东、西两侧各有男侍像一幅，头戴黑色翘脚幞头，身着圆领缺胯袍，腰束带，"叉手"侍立（图3）。[21]东耳室北壁绘侍女童子图 1 幅，侍女梳高髻，额前插花，鬓部插

图3　河北曲阳五代王处直墓前室南壁下栏东侧男侍图（采自：河北省文物研究所、保定市文物管理处：《五代王处直墓》，文物出版社，1998年，彩版四。）

白色梳子，身着红色短襦裙，内穿抹胸，下穿白色长裙，脚穿高头履。童子着圆领缺胯袍，腰系红带，着长裤，脚穿线鞋，"叉手"而立（图4）。

　　另外，1994年，山西省太原市第一热电厂发现一座北汉墓（961），甬道西壁绘一门吏，侧身面向墓外站立，双手拱手于胸前，怀抱一条两端露白的黑色杖杆（图5）。[22]甬道东壁绘一门吏，其构图、服饰、动作、所持器物与西壁近似（图6），二者均施"叉手"礼。河南省新郑市陵上村后周恭帝柴宗训墓（973）也发现了"叉手"人物图像（图7）。

图4　河北曲阳五代王处直墓东耳室北壁侍女、童子图（采自：河北省文物研究所、保定市文物管理处：《五代王处直墓》，文物出版社，1998年，彩版四。）

图5　山西太原市第一热电厂北汉墓"叉手"人物　图6　山西太原市第一热电厂北汉墓"叉手"人物图
图像（采自：徐光冀主编：《中国出土壁画全集·山　　像（采自：徐光冀主编：《中国出土壁画全集·山西卷》，
　　西卷》，科学出版社，2012年1月。）　　　　　　科学出版社，2012年1月。）

图7 河南省新郑市陵上村后周恭帝柴宗训墓"叉手"人物图像（采自：徐光冀主编：《中国出土壁画全集·河南卷》，科学出版社，2012年1月。）

2012年，洛阳孟津县新庄村发现一座晚唐五代贵族墓，由于墓志丢失，墓主人很难确定。但从墓葬形制、壁画内容及出土器物推断，应为晚唐五代时贵族墓。[23]该墓在甬道、墓室中均绘有壁画，墓道壁画保存完好。很清晰地看到两名侍者行"叉手"礼（图8）。

（三）内蒙古赤峰宝山辽"天赞二年"墓室壁画

1994年10月，内蒙古文物考古研究所会同阿鲁科尔沁旗文物管理研究所对赤峰宝山辽壁画墓进行发掘，此墓有"天赞二年"（923）明确的题记纪年。在1号墓前室南壁绘吏仆图，甬道入口两侧各绘一人。左为男吏，勾鼻，戴黑色幞头，着圆领紧袖紫褐色团花长袍，腰系白带，穿浅色便靴，"叉手"而立。[24]从面容看，明显是契丹或是其他少数民族。另在石房内南壁东侧绘有男侍图，戴黑色幞头，面白，朱唇，着黑袍，白色中单，系红色锦带，白裤，"叉手"于胸前（图9）。[25]

"天赞"是922年二月到926年二月间辽太祖耶律阿保机的年号，907年唐朝被朱温的后梁取代，离"天赞二年"不过短短十余年时间。而923年又是朱氏后梁灭亡的"龙德三年"，也是后唐李

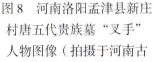

图 8　河南洛阳孟津县新庄
村唐五代贵族墓"叉手"
人物图像（拍摄于河南古
代壁画馆）

图 9　内蒙古赤峰宝山辽壁画墓"叉手"人物图像（采自：内蒙古文物考古研
究所、阿鲁科尔沁旗文物管理所：《内蒙古赤峰宝山辽壁画墓发掘简报》，《文
物》1998 年第 1 期。）

存勖的"同光元年"，属于中原五代开始的早期。这个时期正是北方各个割据政权混战最激烈的时候，北方各民族正常的文化交流受到严重阻碍。因此，"叉手"礼传播到内蒙古阿鲁科尔沁旗偏远之地，一定是远远早于这个时期。这也证明了"叉手"礼出现的成熟性和广泛性。

　　结合前面资料看，柳宗元的"逢人手尽叉"是在湖南永州。依照《新唐书》、《旧唐书》、《唐才子传》等书记载，温庭筠一生的活动轨迹主要是在京师长安，间或在湖北襄阳和淮南一带，两者距离跨度数省。

　　从发掘的几座墓葬看，赵逸公墓建于 829 年，位于河南洛阳附近。王处直墓建于 924 年，位于河北曲阳县灵山镇西燕川村。两者时间上相差近百年，距离也相距五六百里，与山西太原北汉墓（961）、内蒙古"天赞二年"（923）阿鲁科尔沁旗的壁画墓相距更远。但三座壁画墓中出现的"叉手"礼图像和手式完全一致。

　　此外，我们还可从传世绘画作品中找到对应的图像信息。五代南唐顾闳中《韩熙载夜宴图》中也出现了"叉手"礼人物图像（图 10）。

　　研究以上文献和考古资料涉及到的时间跨度、地域跨度不难看出，在这一时期，"叉手"礼已经是完全定型化的成熟礼仪，且已广泛流行。可以充分说明，"叉手"礼在唐、五代就已经在全国、甚至边远的民族政权普遍流行，不是地域性礼仪。

图10 五代 顾闳中《韩熙载夜宴图》"叉手"人物图像

三、宋代"叉手"礼动作样式最早的文字记载与图像解读

关于最早描绘"叉手"礼手形及动作具体样式的史料，可见以下两则：

南宋初年，王虚中《训蒙法》首次记载了"叉手"礼动作姿势："小儿六岁入学，先教叉手，以左手紧把高手，其左手小指指向右手腕，右手皆直，其四指以左手大指向上。如以右手掩其胸也"。

南宋末年，陈元靓编撰《事林广记》也记载了叉手礼的动作结构要领："凡叉手之法，以左手紧把右手拇指，其左手小指则向右手腕，右手四指皆直，以左手大指向上。如以右手掩其胸，手不可太着胸，须令稍去二三寸许，方为叉手法也。"[26]（图11）

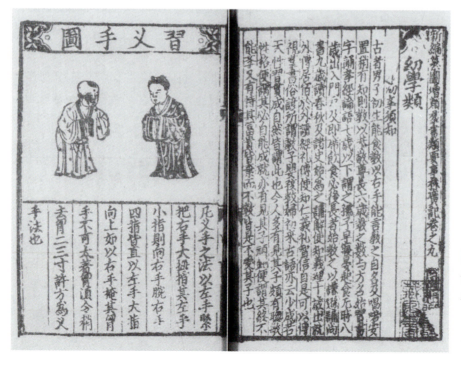

图11 南宋 陈元靓《事林广记》丁集卷上幼学类记载"叉手"礼手式要领（采自：（宋）陈元靓：《事林广记》，中华书局影印本，1963年。）

表 1　唐、五代"叉手"礼图像信息统计表

年代	图像来源	人物身份	图像样式	动作特点
晚唐（829）	河南安阳赵逸公墓	侍从		左手紧把右手拇指，左手小指则向右手腕，右手四指皆直，以左手大指向上。
晚唐（829）	河南安阳赵逸公墓	侍从		左手紧把右手拇指，左手小指则向右手腕，右手四指皆直，以左手大指向上。
晚唐五代（年代不详）	洛阳孟津县新庄村晚唐五代贵族墓	侍从		左手紧把右手拇指，左手小指则向右手腕，右手四指皆直，以左手大指向上。
五代（924）	河北曲阳王处直墓	侍从		左手紧把右手拇指，其左手小指则向右手腕，右手四指皆直，以左手大指向上。
五代（924）	河北曲阳王处直墓	侍从（童子）		左手紧把右手拇指，其左手小指则向右手腕，右手四指皆直，以左手大指向上。
五代（961）	山西省太原市第一热电厂北汉墓	门吏		左手紧把右手拇指，其左手小指则向右手腕，右手四指皆直，以左手大指向上。

续表

五代（973）	河南省新郑市陵上村后周恭帝柴宗训墓	文吏		左手紧把右手拇指，其左手小指则向右手腕，右手四指皆直，以左手大指向上。
五代（973）	河南省新郑市陵上村后周恭帝柴宗训墓	文吏		左手紧把右手拇指，其左手小指则向右手腕，右手四指皆直，以左手大指向上。
五代	顾闳中《韩熙载夜宴图》	侍从		以左手紧把右手拇指，其左手小指则向右手腕，右手四指皆直，以左手大指向上。
五代	顾闳中《韩熙载夜宴图》	僧人		以左手紧把右手拇指，其左手小指则向右手腕，右手四指皆直，以左手大指向上。
五代	顾闳中《韩熙载夜宴图》	侍从		以左手紧把右手拇指，其左手小指则向右手腕，右手四指皆直，以左手大指向上。
五代	顾闳中《韩熙载夜宴图》	侍从		以左手紧把右手拇指，其左手小指则向右手腕，右手四指皆直，以左手大指向上。

通过对上述资料的分析，可得出以下三点：

第一，此时"叉手"礼已经是很流行、很成熟的常用礼仪；

第二，"叉手"礼关键动作要领是左手作掌型，右手四指皆直，左手包裹右手拇指。

第三，右手不可以太靠近胸口，至少隔着二三寸距离。

笔者认为，之所以要采取左掌包右拳的姿势，这里面包含"阴阳祸福"思想。

宋高承《事物纪原·天地生植·阴阳》说："《春秋内事》曰：'伏羲氏定天地，分阴阳。'"《礼记．内则疏》解释说："右，阴。"[27]

《礼记·檀弓上》："孔子与门人立，拱而尚右，二三子亦皆尚右。孔子曰：'二三子之嗜学也，我则有姊之丧故也。'二三子皆尚左。"郑玄注："丧尚右，右，阴也。吉尚左，左，阳也。"[28]

以上资料说明，从《礼记》开始的施礼习俗就是吉事尚左，凶事尚右。从后世发现的"叉手"礼史料与图像看，均采用左手成掌，右手握拳，左手包裹右手，表示的是把"阳"的一面，"吉"的一面，显示给受礼者，体现对受礼者的尊重，以达到"叉手示敬"目的。

五代十国特别是宋以后，随着卷轴画的盛行，"叉手"礼图像开始出现在绘画作品中。与此同时，在北宋、辽、金以及南宋，墓室壁画中也经常出现"叉手"礼人物图像，这两方面信息都给研究"叉手"礼带来丰富、可靠的实物材料。

南宋刘松年所作《中兴四将图卷》中，两位裨将行"叉手"礼，似乎是显示对自己主将的恭敬（图12）。

图12　南宋刘松年《中兴四将图》中"叉手"人物图像

　　1968 年发掘的辽宁北票季杖子辽墓中，东耳室券门左侧、西耳室券门右侧及主室甬道两壁前部分，各绘有双臂合拢，作"叉手"礼状男侍从者，左右两两相对，各与前仪卫者相接（图 13）。[29]

　　1972 年 6 月，吉林省博物馆、哲里木盟文化局会同库伦旗文化馆对库伦旗一号辽墓（约 1080）进行了发掘，墓道北壁墓主人出行图绘有五位汉人，装束相同，头戴交脚幞头、着窄袖中单，圆领宽袖外袍，左手握右手拇指，叉腿侍立，[30]五人均施"叉手"礼（图 14）。

　　1991 年 7 月，河南安阳县文管会发掘小南海宋代壁画墓，墓室东壁绘男仆二人，左手紧握右手大拇指，大拇指向上，二手握以胸前，作"叉手"礼，向主人致意（图 15）。[31]

　　此外，山西长子县小关村金代纪年壁画墓(1174)墓室北壁东侧也发现了作"叉手"礼侍从像（图16）。还有辽宁朝阳市建平县黑水镇七贤营子村水泉二号辽墓（907—1125）（图 17）、辽宁朝阳市龙城区召都巴镇辽墓（907—1125）（图 18）、山东淄博市博山区神头金墓（1210）（图 19）、河南登封市王上村元墓（1206—1368）（图 20）均出现了非常清晰的"叉手"礼的图像。

　　2003 年，由重庆大学人文艺术学主持的国家"十五"艺术课题"四川南宋墓葬群石刻艺术研究"中提到，泸县宋代石室墓葬中发现"叉手"礼图像（图 21）、（图 22），皆为男侍，头梳高髻，低眉垂目，表情恭敬，左手紧把右手拇指，左手小指则向右手手腕，右手四指皆直，以左手大指向上，如以右手掩其胸，作叉手礼状。[32]

图 13　辽宁北票季杖子辽墓"叉手"人物图像（采自：韩宝兴：《北票季杖子辽代壁画墓》，《辽海文物学刊》
1995 年第 1 期。）

图14　吉林哲里木盟库伦旗一号辽墓墓道北壁出行图"叉手"礼人物图像（采自：王泽庆：《库伦旗一号
辽墓壁画初探》，《文物》1973年第8期。）

图15　河南安阳县小南海宋代壁画墓东壁"叉手"礼人物图像（采自：李明德、郭艺田：《安阳小南海宋
代壁画墓》，《中原文物》1993年第2期。）

图 16   山西长子小关村金代纪年壁画墓"叉手"人物图像（采自：长治市博物馆：《山西长子县小关村金
代纪年壁画墓》，《文物》2008 年第 10 期。）

图 17   辽宁朝阳市建平县黑水镇七贤营子村水泉二号辽墓"叉手"人物图像（采自：徐光冀主编：《中国
出土壁画全集·辽宁 吉林 黑龙江卷》，科学出版社，2012 年 1 月。）

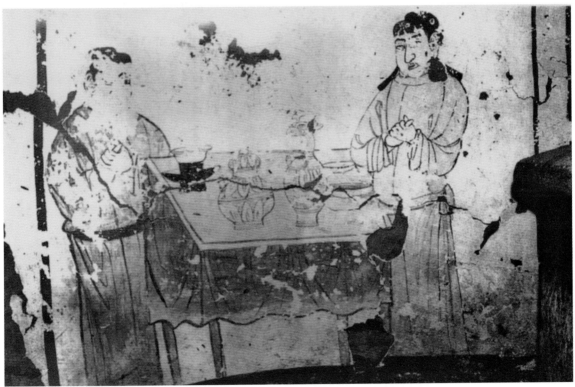

图18　辽宁朝阳市龙城区召都巴镇辽墓"叉手"人物图像（采自：徐光冀主编：《中国出土壁画全集·辽宁 吉林 黑龙江卷》，科学出版社，2012年1月。）

图 19　山东淄博市博山区神头金墓（采自：徐光冀主编：《中国出土壁画全集》，科学出版社，2012 年 1 月。）

图 20　河南省登封市王上村元墓（采自：徐光冀主编：《中国出土壁画全集·山东卷》，科学出版社，2012 年 1 月。）

图21　四川泸县福集镇针织厂一号墓"叉手"人物图像（采自：李雅梅、张春新：《泸县墓葬石刻的侍者服饰》，《文艺研究》2008年第3期。）

图22　四川泸县福集镇龙兴村二号墓"叉手"人物图像（采自：李雅梅、张春新：《泸县墓葬石刻的侍者服饰》，《文艺研究》2008年第3期。）

表 2 宋、辽、金"叉手"礼图像信息统计表

年代	图像来源	人物身份	图像样式	动作特点
宋代（年代不详）	安阳小南海宋代壁画墓	侍从		以左手紧把右手拇指，其左手小指则向右手腕，右手四指皆直，以左手大指向上。
辽代（年代不详）	北票季杖子辽代壁画墓	侍从		以左手紧把右手拇指，其左手小指则向右手腕，右手四指皆直，以左手大指向上。
辽天赞二年（923）	内蒙古赤峰宝山辽壁画墓	侍从		左手紧把右手拇指，其左手小指则向右手腕，右手四指皆直，以左手大指向上
辽代（约1080）	吉林哲里木盟库伦旗一号辽墓	侍从		以左手紧把右手拇指，其左手小指则向右手腕，右手四指皆直，以左手大指向上。
金代（1174）	山西长子县小关村金代纪年壁画墓	侍从		以左手紧把右手拇指，其左手小指则向右手腕，右手四指皆直，以左手大指向上。
金代（1210）	山东淄博市博山区神头金墓	侍从		以左手紧把右手拇指，其左手小指则向右手腕，右手四指皆直，以左手大指向上。

续表

金代（1210）	山东淄博市博山区神头金墓	侍从		以左手紧把右手拇指，其左手小指则向右手腕，右手四指皆直，以左手大指向上。
辽代（907—1125）	辽宁朝阳市建平县黑水镇七贤营子村水泉二号辽墓	侍从		以左手紧把右手拇指，其左手小指则向右手腕，右手四指皆直，以左手大指向上。
辽代（907—1125）	辽宁朝阳市建平县黑水镇七贤营子村水泉二号辽墓	侍从		以左手紧把右手拇指，其左手小指则向右手腕，右手四指皆直，以左手大指向上。
辽代（907—1125）	辽宁朝阳市龙城区召都巴镇辽墓	侍从		以左手紧把右手拇指，其左手小指则向右手腕，右手四指皆直，以左手大指向上。
辽代（907—1125）	辽宁朝阳市龙城区召都巴镇辽墓	侍从		以左手紧把右手拇指，其左手小指则向右手腕，右手四指皆直，以左手大指向上。
元代（1206—1368）	河南登封市王上村元墓	侍从		以左手紧把右手拇指，其左手小指则向右手腕，右手四指皆直，以左手大指向上。

南宋	四川泸县福集镇龙兴村二号墓	侍从		以左手紧把右手拇指，其左手小指则向右手腕，右手四指皆直，以左手大指向上。
南宋	四川泸县福集镇针织厂一号墓	侍从		以左手紧把右手拇指，其左手小指则向右手腕，右手四指皆直，以左手大指向上。
南宋	《中兴四将图》	裨将		以左手紧把右手拇指，其左手小指则向右手腕，右手四指皆直，以左手大指向上。
南宋	《女孝经图》	侍从		以左手紧把右手拇指，其左手小指则向右手腕，右手四指皆直，以左手大指向上。

四、唐、五代、宋、辽、金"叉手"礼图像比较与考证

关于这种左手作掌型，右手四指皆直，左手包裹右手，大拇指向上的"叉手"礼究竟何时出现，或者说何时流行，学界一直有着争议，学者大多认为最早出现在宋代。沈从文《中国古代服饰研究》一书阐述："'叉手示敬'是两宋制度，在所有宋墓壁画及辽、金壁画中均有明确记载。"他明确认定是："是流行于宋元时期的手礼，非五代所有。"[33]

还有几位学者也认为"叉手"礼最早开始于宋代。邵晓峰《<韩熙载夜宴图>的南宋作者考》一文将《韩熙载夜宴图》(图10)与宋《女孝经图》(图23)中"叉手"礼男子图像进行对比，也认为"叉手"礼出现在宋代而非五代，并用该类图像作为证明《韩熙载夜宴图》是宋人作品的有力证据。[34]屈婷、冯东东《"叉手"礼新考证》一文指出："我们查阅了众多的文献资料，其中在中国画史上的名作《韩熙载夜宴图》和《女孝经图》两幅画中发现了此'叉手'礼的最早图形描述。"[35]

图 23　宋《女孝经图》"叉手"人物图像

晚唐赵逸公墓侍从图　　　　王处直墓东耳室北壁壁画童子图　　　王处直墓前室南壁下栏东侧、
　　　　　　　　　　　　　　　　　　　　　　　　　　　　　　　　西侧壁画男侍图

男侍图

顾闳中《韩熙载夜宴图》（局部）

宋《女孝经图》（局部）

内蒙古赤峰宝山辽壁画墓吏仆图

山西长子县小关村金代纪年壁画墓侍从像

图24　唐—五代—宋、辽、金"叉手"人物图像对比示意图

　　但笔者依据前面文献和有明确纪年的考古图像资料，认为宋人施行的"叉手"礼，在唐和五代时期就已经出现，并已经成为当时流行的常用礼仪。

　　如果将已发现的唐、五代、宋、辽、金"叉手"礼图像作一个系统比较（图24），可以看出，"叉手"礼从唐到南宋,从中原汉族政权到辽金等少数民族政权,动作基本变化不大,手式几乎一致。

值得注意的是,在辽宁朝阳市建平县黑水镇七贤营子村水泉一号(图25)、二号辽墓(907—1125)(图26)、河北宣化下八里辽代张匡正墓(1093)(图27)、内蒙古库伦旗奈林稿公社前勿力布格村6号墓(907—1125)(图28)、陕西甘泉县柳河湾村金墓(1196)(图29)中出现的"叉手"礼人物图像,与陈元靓编撰《事林广记》记载的叉手礼动作结构略有区别,均系右手紧把左手拇指,至于出现此类图像的原因,是因画工在绘制壁画时粉本运用的失误,还是当时就已经并存有右手紧把左手拇指的叉手形式,还有待结合文献作进一步考证。

图25　辽宁朝阳市建平县黑水镇七贤营子村水泉一号辽墓"叉手"人物图像(采自:徐光冀主编:《中国出土壁画全集·辽宁 吉林 黑龙江卷》,科学出版社,2012年1月。)

图26　辽宁朝阳市建平县黑水镇七贤营子村水泉二号辽墓"叉手"人物图像（采自：徐光冀主编：《中国
出土壁画全集·辽宁 吉林 黑龙江卷》，科学出版社，2012年1月。）

图27　河北宣化下八里10号张匡正墓"叉手"人物图像（采自：徐光冀主编：《中国出土壁画全集·河北卷》，科学出版社，2012年1月。）

图28　内蒙古库伦旗奈林稿公社前勿力布格村6号墓"叉手"人物图像（采自：徐光冀主编：《中国出土壁画全集·内蒙古卷》，科学出版社，2012年1月。）

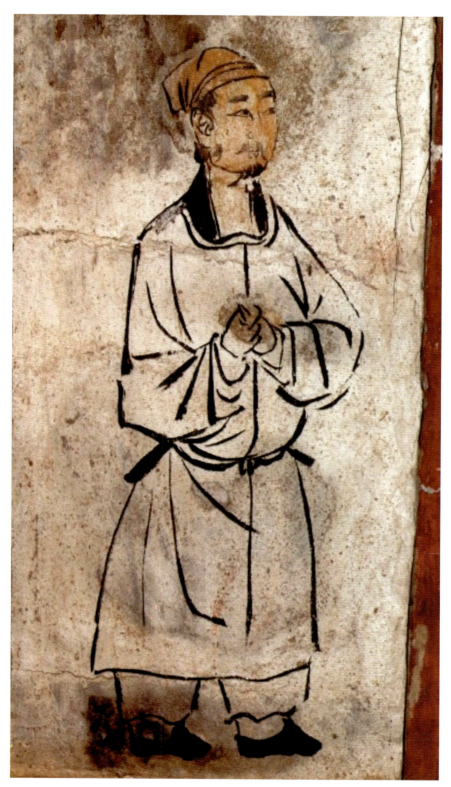

图 29 陕西甘泉县柳河湾村金墓"叉手"人物图像(采自:徐光冀主编:《中国出土壁画全集·陕西卷》,
科学出版社,2012 年 1 月。)

五、结　语

从"叉手"礼发展的源流看，作为佛教礼仪之外的世俗礼仪一种，于汉、魏晋南北朝时期十分流行。但在唐代之前，因资料和图像的缺失，已经无法知道这种礼仪的具体动作。从现已获知的唐、五代及宋代史料和图像看，"叉手"礼这种独特的礼仪，在唐、五代已经是当时很成熟的常用礼仪了，而并不是到宋代才出现与流行。

关于"叉手"礼的功能，根据图像生成的环境和场景不同，笔者认为主要有两种：

第一、仅作为世俗交往的一种礼节，没有体现尊卑关系功能；

第二、属于从宗族制度、贵贱等级关系中衍生而来的尊卑之礼，主要体现上级与下级、主人与仆人之间的层级关系。

此外，从"叉手"礼出现的时间及流行区域来看，可以认为，此礼早期为汉族常用的礼仪，南、北地区均流行。之后逐渐流传至边远的民族政权和少数民族地区。

本文只是尝试对"叉手"礼图像作了初步的研究，目的在于提出这一现象，许多细节性的问题还有待进一步展开，某些观点与结论还是暂时的，随着考古新资料的不断发现与更多学者的关注，相信能为本主题的深入研究带来新的契机。

（本文写作得到罗宏才教授的悉心指导与帮助，特此说明并致以谢意）

参考文献

[1]（东汉）许慎：《说文解字》（上、下），沈阳：万卷出版公司，2009 年 3 月，第 166 页。

[2]（南朝陈）顾野王：《玉篇》，北京：中华书局，1984 年 8 月。

[3] 李艳琴：《从 < 祖堂集 > 看"叉手"一词的确义及其他》，《宁夏大学学报（人文社会科学版）》2011 年第 5 期，第 7 页。

[4] 袁宾：《禅宗词典》，武汉：湖北人民出版社，1994 年。

[5]《正法华经》10 卷。西晋竺法护于泰康七年（286）译于长安。是一部早期大乘佛教经典。

[6] 汪祎：《从同经异译看"叉手"一词的确义》，《大庆师范学院学报》2005 年第 1 期，第 65 页。

[7]（宋）普济著 蒋宗福、李海霞译：《五灯会元》，重庆：西南师范大学出版社，1997 年 1 月。

[8] 刘勇波、徐传武：《揖礼考论》，《山西财经大学学报》2013 年第 1 期，第 163 页。

[9] 范晔：《后汉书》，北京：中华书局，1965 年。

[10] 范晔：《后汉书》，北京：中华书局，1965 年。

[11]《三国志·魏书》卷 8《公孙度传》注引《魏略》。

[12] 董志翘：《< 中国古代服饰研究 > 在名物训诂方面的价值》，《淮阴师范学院学报》2002 年第 5 期，第 622 页。

[13] 参见乐浪公的府第新浪博客《岳飞撒手，致遭吏辱》一文，该文提及"叉手"礼相关文献和图像资料，

并对资料进行了初步的整理。

［14］南京博物院：《江苏江宁县张家山西晋墓》，《考古》1985 年第 10 期，第 911 页。

［15］（宋）王谠：《唐语林》，上海：古典文学出版社，1957 年 4 月。

［16］（宋）欧阳修、宋祁撰：《新唐书》，北京：中华书局，1975 年 2 月。

［17］张道森、吴伟强：《安阳出土唐墓壁画花鸟部分的艺术价值》，《安阳师范学院学报》2001 年第 6 期，第 42 页。

［18］（五代）王定保：《唐摭言》，上海：上海古籍出版社，1978 年 1 月。

［19］（宋）孙光宪：《北梦琐言》，北京：中华书局，1960 年 1 月。

［20］（宋）尤袤撰：《全唐诗话》，北京：中华书局，1985 年。

［21］河北省文物研究所、保定市文物管理处：《五代王处直墓》，北京：文物出版社，1998 年，第 16 页。

［22］徐光冀主编：《中国出土壁画全集 2·山西》，北京：科学出版社，2012 年 1 月，第 110、111 页。

［23］程芳菲、张晓理：《古墓壁画上，好似"开"出牡丹花》，《洛阳晚报》A11 版，2012 年 3 月 28 日。

［24］内蒙古文物考古研究所、阿鲁科尔沁旗文物管理所：《内蒙古赤峰宝山辽壁画墓发掘简报》，《文物》1998 年第 1 期，第 77 页。

［25］内蒙古文物考古研究所、阿鲁科尔沁旗文物管理所：《内蒙古赤峰宝山辽壁画墓发掘简报》，《文物》1998 年第 1 期，第 81 页。

［26］（宋）陈元靓：《事林广记》，北京：中华书局影印本，1963 年。

［27］（宋）高承撰：《事物纪原》，北京：中华书局，1989 年 4 月。

［28］（汉）郑玄注，（唐）孔颖达正义：《礼记正义》，上海：上海古籍出版社，2008 年 9 月。

［29］韩宝兴：《北票季杖子辽代壁画墓》，《辽海文物学刊》1995 年第 1 期，第 151 页。

［30］吉林省博物馆、哲里木盟文化局：《吉林哲里木盟库伦旗一号辽墓发掘简报》，《文物》1973 年第 8 期，第 11 页。

［31］李明德、郭艺田：《安阳小南海宋代壁画墓》，《中原文物》1993 年第 2 期，第 77 页。

［32］屈婷、冯东东：《"叉手"礼新考证》，《理论界》2010 年第 1 期，第 118 页。

［33］沈从文：《中国古代服饰研究》，上海：上海书店出版社，2005 年 4 月。

［34］邵晓峰：《<韩熙载夜宴图>的南宋作者考》，《美术》2008 年第 3 期，第 98—103 页。

［35］屈婷、冯东东：《"叉手"礼新考证》，《理论界》2010 年第 1 期，第 118、119 页。

中国传统壁画的传承与发展

王颖生（中央美术学院壁画系　教授）

内容提要：继承与发扬中国传统壁画的精髓是我们的重大责任，本文结合历史背景概括论述了重彩壁画从石器时代到明清时期在不同地域的不同类别与呈现形式，并以王文斌先生、孙景波先生、唐晖先生等当代壁画艺术家的艺术实践激发我们传承壁画艺术传统的热情。

关键词：重彩壁画　岩画　墓室殿廷　寺庙

中国传统壁画艺术是我国艺术之瑰宝，无数先贤圣手，经年积累为我们留下了让人叹为观止的绚丽铺面，当你倘徉在四万五千平米，可连结成二十五公里之长的敦煌莫高窟。当你仰观衣褶飞扬，满壁风动的永乐宫，当你留连在笙歌四起，旌旗开道的章怀太子墓及克孜尔、法海寺壁画前感怀历史，追问先贤，传统壁画的承传与发展已是这些从事我们壁画教学和制作的后学们无法回避的课题。

壁画于我国起源甚早，分布亦广，最早之岩画距今已经 1—2 万年。中国壁画的形式，材料非常丰富，在众多材料绘制成的壁画中，重彩壁画应用最为普遍，技艺最为完善，也最具代表性。重彩壁画在不同时期及不同的地域有不同的类别和不同的呈现形式。

一、原始时期的岩画

摩崖壁画为原始时期的壁画作品。线刻、绘在岩石的图画，被称为"岩画"或"崖画"，为重彩壁画之雏形。从壁画的制作痕迹来看，其方法基本上有三种，初期为敲凿法磨制法，后期为线刻法，其具体刻制工艺是以坚硬的石器在石壁上敲凿出图形的大体轮廓，然后再进行仔细磨擦，使其宽至二厘米左右，底面光滑而平整的"U"字线来，在无铁器之前其制作工艺之难可想而知。

中国原始岩石壁画的发现，如内蒙的阴山、新疆的昭苏等地、西藏喀拉孜、江苏连云港（图1）、云南沧源（图2）、广西花山（图3）等。原始岩画是原始先民凭借着朴素的艺术想象力将其思想和情感具象化而形成的崖画。最早出现于旧石器时代晚期，而大量的以狩猎、渔猎、游牧、农耕为题材的岩画则出现于新石器时代。新石器时代的岩画作为整个原始岩画的典型，自身有着丰富而鲜明的审美特征。清晰、简炼而强烈的线条，主观的概括和略带夸张的稚拙的造型，古朴、

图 1 连云港将军崖岩画

图 2 沧源岩画

图 3 广西左江流域花山崖壁画

大胆的色彩所构成的史前岩画美感，以及原始神秘狞厉的审美氛围中所蕴含的原始生命冲力，均给我们带来了原始自由质朴的视觉冲击。中国原始岩画经历了一个由具象写实的摹仿向抽象写意的创造转变的艺术审美历程。这与新石器时期陶器、玉器的纹饰方式的演变过程不谋而合，共同展示了先民们原始思维方式在其发展历程中的审美特征。这些原始壁画的特点是构图饱满、场面宏大，形象类似剪影。制作方法多以赤铁矿的红色调入牛血或树胶、以手指或草苇捆扎进行涂抹，有的另配以敲凿刻线、刻影而成。这些或绘或凿的原始岩画充分体现了先民们纯真、稚朴的原始艺术表达魅力。

中国原始岩画根据其表现的内容和所处的文化地区，大致可分为北方、西南和东南三个系统：以北方和西北草原民族的狩猎和游牧文化为代表的黑龙江、内蒙古、新疆、宁夏、甘肃、青海等地区的岩画为北方系统；以黄河流域栗、黍等旱地农业和长江流域及其以南稻谷等水田农业文化为代表的云南、广西、贵州、四川等地区的岩画为西南系统；以东南沿海渔捞业海洋文化为代表的江苏、福建、广东、台湾、香港、澳门等地区的岩画则为东南系统。

二、先秦、汉时的殿廷、墓室壁画

壁画至秦汉艺术上进一步成熟，绘制技法已趋多样，色勒、平涂、晕染等方法都已使用，还采用了近于后世的没骨法和大笔涂刷定单的画法，并试图表现对象的凹凸感，色彩也开始丰富起来，使用了朱砂、绿、黄橙、紫等色调的矿物质颜料，能经久不变，线条的表现力有显著提高，人物个性，身份刻画得到重现，较之以前的壁画显得生动，传神，同时已开始注意到比例和透视关系，并显示把握这种关系的能力，标志艺术上已发展到一个新的水平，为三国两晋至隋唐时期中国人物画辉煌时代到来的前奏。

1. 先秦时期

先秦时期，建筑的内壁已大量使用壁画，以"成教化、助人伦"，并在门上画"神荼、郁垒"以御鬼、辟邪。从辽宁牛河梁女神庙及相当于夏、商、周的几处遗址中发现的彩绘图案壁画残片，可以推断当时神庙的墙壁已为线描彩绘所利用。据史籍记载，春秋时明堂里画有尧、舜之容，桀、纣之像，以"垂兴废之诫"。据说孔子、屈原都曾目睹过这类壁画，并被其魅力吸引，久之不去，其咏叹还见诸于文字，可见，春秋战国时期，壁画已很受统治者的重视，并成为一种不可缺少的艺术形式。

据史料记载，秦代建造了大量富丽堂皇的宫殿和庙宇，壁画绘制当不在少数，但由于战争原因，大都随建筑被毁，唯地下埋藏部分遗物中尚能见之一二。陕西咸阳故城遗址内曾发现有公元前三世纪的秦代彩绘壁画残片，这是中国现存最早的手绘重彩壁画真迹，残片中使用有石青、石绿、朱砂、石黄等矿物质颜色，和彩绘兵马俑出土时的颜色痕迹是一致的，具有相当高的艺术水平。战国时代诸侯国的宫室台榭壁画已相当普遍。刘向《说苑》中记载的画工敬君为齐王的九重台作壁画，穷年累月都不能完工，久未见妻的故事。说明壁画的规模是相当大的。在楚国的先王庙和公卿祠堂里，画有天地、山川、神灵、怪异及古圣贤等壁画，伟大的屈原观看时写下了瑰丽动人的《天问》。这些壁画早已不存在了，我们无法进行评价，但是，它能引起屈原"因书其壁，呵而问之，以泄愤慧，舒写愁思"（王逸《楚辞章句》），可以想象出那满壁飞动的艺术形象的感人魅力。

集战国建筑艺术之大成的秦代阿房宫，尽管毁于秦末兵火，我们无法再去审视那建筑的本来面目和壁画的艺术风貌，但是，近年来考古工作者在阿房宫遗址（1号宫、3号宫），发现了壁画残片，证明了"木衣绨绣，土披朱紫"的记载并非虚传。从残存的壁画来看，内容多为歌颂秦王朝的文治武功的（如《车马出行图》、《仪仗图》、《麦穗图》等），其表现形式，以圆润、豪放自由的线描为主。色彩有黑、蓝、红、黄等色，以黑彩为主，具有瑰丽肃穆的风格。这反映了统治阶级的审美观。秦始皇接受了战国流行的"五禧相胜"说，认为秦王朝以水德克胜了周代的火德而得天下，水德呈黑色，因此黑色成为象征秦王朝政权的颜色标志。此外还根据"昔秦文公出猎，获黑龙"的传说，作为秦得水德的象征。

2. 两汉时期

汉代的殿廷壁画和寺庙壁画虽多有史料文献记载，但因为年代久远，都随土木建筑的倾塌而消失殆尽，而墓室壁画则成为今天唯一能见到的汉代壁画形式。汉代墓室壁画分为绘制与石刻两种，其中，绘制壁画以河南洛阳烧沟村（图4）、甘肃武威五霸山（图5）、辽宁金县的营城子（图6）、

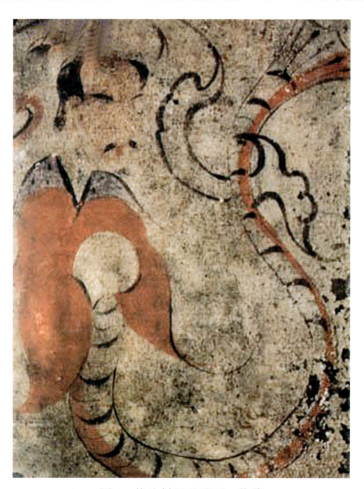

图4 烧沟村汉墓壁画，伏羲

图5　西汉甘肃武威五霸山7号墓舞蹈　　　　图6　东汉辽宁金县营城子墓室壁画门卫

河北望都、内蒙古和林格尔等地的墓室壁画为代表。汉墓中的绘制壁画，大都以朴实的墨线勾勒出形象的轮廓，再用朱、青、黄等明快的原色进行点染描绘而成。

汉代的壁画与适应"非以壮丽，无以重威"要求而建造的宫殿相随，是非常繁荣的。重要的宫殿、衙署墙壁常绘有壁画，充分发挥了其"重威"和教化的效能。如汉文帝刘恒就曾命人在未央宫的承民殿上画"屈轶草，进善旗，诽谤木，獬豸"。（《文苑英华》）鼓励他的臣民分别善恶，大胆向他提意见，以达到维护并巩固中央政权的目的。汉宣帝刘询"甘露三年，单于入朝，上思股肱之美，及图其人于麒麟阁"。（《汉书·苏武传》）壁画上主要表彰抗击匈奴有功的将领。灵帝"光和元年，置鸿都门学，画孔子及七十二弟子像"（《后汉书·蔡邕传》）对汉代宫廷壁画的艺术成就，我们通过这个时期帛画、墓室壁画等艺术形式是不难认识的。

三、魏、晋之后的石窟、墓室、庙宇壁画

1. 魏晋时期

魏晋南北朝继承和发扬了秦汉艺术，呈现出丰富多彩的面貌，一时人材辈出，如东吴曹不兴是有记载的第一位画家，继他之后，如卫协、顾恺之、陆探微、张僧繇等。尽管他们没有壁画作品传世，

但以自己独特的绘画样式和风格，在中国绘画史上有着突出的地位和重大的影响。绘画理论著作的出现是绘画艺术发展一定阶段的必然，顾恺之和谢赫的理论是这一时期的代表，而重气韵，重表现人物的风貌、气质、重人物的传神写照是同时期的理论精髓。对中国绘画包括壁画的造型、构图、设色、品评标准的建立产生了巨大、深远的影响。

魏、晋时期，顾恺之、陆探微、张僧繇、曹仲达等名家都曾大量参与重彩壁画的绘制。麦积山石窟第 127 窟重彩壁画和顾恺之的《洛神赋图》无论是造型样式、画面构图和表现手法都非常相像，具有较高的研究价值。北齐徐显秀墓壁画（图 7）和娄叡墓壁画（图 8）是这一时期重彩壁

图 7　北齐徐显秀墓室壁画

图 8　太原王郭村娄睿墓道西侧《仪卫出行图》

画的代表。除此以外，甘肃嘉峪关东北还发现有大量（约六百余幅）魏晋墓室壁画，这些壁画绘于白垩刷底的砖墙上，一般都用中锋勾勒，构图简练，用笔用色均挥洒率意，画面生动和谐，已经具有较为成熟的面貌。

2. 隋唐时期

隋唐时期，社会经济高度发展，国力强盛，重彩壁画迎来了它空前繁荣的时期。隋代历时虽不长，但自上而下复兴佛法、修复寺院，不少绘画高手参加壁画的绘制，如郑法士、董伯仁、杨契丹、展子虔等，使隋代的绘画及壁画艺术又一次呈现鼎盛之势。唐代是中国绘画走向成熟的时期，阎立本继承传统又有了进一步的发展，道释画方面出现了像吴道子这样富于变革精神而又影响深远的画家。"曹衣出水""吴带当风"这两句宋人的评语既概括了两个时代绘画风格的不同特点，又作为一种绘画样式被后世所追摹、奉为经典。

唐代重彩壁画绚丽华贵，色彩艳丽，造型丰硕，无论是廷殿寺观壁画、墓室壁画还是石窟壁画都达到了高超的艺术水平。廷殿重彩壁画至唐代发展为人物、山水、松竹、花鸟、走兽等，分类详细，竞放异彩，达到了黄金时期。寺观壁画也达到了东方宗教壁画史上的巅峰，当时京城及各地寺庙壁画不计其数，被视为画圣的吴道子一生曾做有三、四百铺重彩壁画，对后世影响深远。唐代墓室壁

画遗存较多，其中最具代表性的有陕西西安永泰公主墓、章怀太子墓（图9）、懿德太子墓和新疆吐鲁番阿斯塔纳唐墓壁画等。唐代石窟壁画更具代表性，目前存留的敦煌莫高窟四万五千平方米壁画中，唐代部分内容既多且手法多样。此时的重彩壁画构图饱满又均衡稳定，画面形象勾勒一般是通过起稿线、定形线、提神线和装饰线逐步完善的，勾线也更为多样，有铁线描、兰叶描等多种描法，充分发挥了毛笔的性能和变化，在颜色使用方面，无论植物颜色还是矿物颜料，种类都更加丰富，金、银、铝箔等材料的使用也更加成熟。另外，在设置底色和叠加晕染、厚薄色使用上，唐代重彩壁画都比前代具有更强的表现力。

图9　礼宾图（陕西乾县章怀太子墓）

3. 五代与宋

五代十国时期，重彩壁画持续盛行，虽然晚唐社会动荡，但南唐和西蜀相对稳定，在壁画风格上较好地继承了唐代的传统，当时著名画家荆浩、徐熙、黄居寀、周文矩等都曾绘制过壁画，并出现过不少壁画佳作。宋代，文人画兴起，充满诗书画意和文人气息的卷轴画作品渐成社会风尚，而"绘壁"一事，则被看作是民间匠人所为，这一风气直接影响了宋代重彩壁画整体的发展。从新发现的部分宋墓壁画和殿堂、宅第壁画看，较多沿用前朝粉本，缺少创新和变化。但和宋真宗赵恒、宋徽宗赵佶大力提倡道教对应的是，宋代的寺观壁画却出现有较高艺术水平的作品。作于公元1008年的玉清昭应宫壁画，工程最初应募画家多达三千多人，最后由武宗元、王拙、张昉等百余名画家集体完成。其中《五百灵官图》、《天女朝元图》等，都是成就斐然的巨作。山西高平开化寺大雄宝殿壁画也是我们今天能够看到的时代较早、规模较大且保存尚好的古代寺观重彩壁画上品，这些壁画对元、明两代的寺观壁画发展有着深远的影响。值得注意的是，当时中国北方的辽和金，吸收和融合了中原地区的传统文化，接受了汉族绘画的艺术形式和审美观念，也涌现出许多优秀的职业画家，并留下珍贵的重彩壁画遗存。库仑旗辽墓壁画描绘契丹贵族的《出行图和《归来图》，单纯质朴，手法上与唐宋重彩壁画一脉相承，但内容上体现出较强的民族特点。山西繁峙县岩山寺金代壁画，内容丰富、绘制精美，是研究金代社会生活和文化艺术的珍贵资料，绘画技法上也有重要的研究价值。朔州崇福寺壁画虽然和岩山寺风格不同，但也属金代壁画中的杰作。

五代、宋元是中国绘画史上继唐之后又一灿烂辉煌的鼎盛时期，皇家画院的创立，画学的举办，文人士大夫绘画的兴起、山水、花鸟画的成熟与地位的上升，水墨画的发展，各科画家对"真"的致力与"形似"能力的提高、诗歌、书法对文人画以至宫廷绘画的渗入，作品由偏重客体到有意识体现主体，在壁画上出反映出了这一时期的发展变异。宋代佛教信仰已没有唐代那样狂热，但仍有相当影响、宋代皇帝一方面宣扬儒家的纲常名教以维护其政权，另一方面尊崇道教，制造神仙妄说以美化粉饰其统治，故寺观建筑仍具有一定规模，高益、武宗元、李公麟的道释壁画及白描是这一时期的代表并对后世产生了巨大影响。

四、元、明、清

元代时期，汉族士大夫虽身在统治机构，政治上却难以施展个人报负，只能寄情于诗文书画，自此文人画大兴。从事壁画制作的民间画工处在社会的最底层，自此名家画手在壁画上如吴道子、李公麟般一试身手的历史不复再现。元代对宗教采取利用和保护政策，喇嘛教受到高度尊崇，道教亦有显赫的地位。寺观及石窟壁画似有着相当的规模、敦煌及山西一带尚有不少遗存，山西稷山兴化寺，赵城广胜寺的应王殿、永济永乐宫等。

元代重彩壁画保存较为丰富，其中山西境内留存最多，具有代表性的有大同华严寺、稷山青龙寺（图 10）、兴化寺、洪洞广胜寺（图 11）、水神庙、芮城永乐宫（图 12-1、12-2）等，新近发现的还有河南淅川香岩寺道教壁画。这些壁画都具有较高的艺术水平，无论是形式还是技法，都对前代的重彩壁画有所发展，其中，尤以永乐宫壁画最负盛名，体现了我国古代道教绘画发展的最高水平。

明清时期，与民间工匠关系最为密切的壁画由盛而衰，由于美术与商品经济发生了密切关系，也由于绘画的审美作用在人们心目中的地位超越了"成教化、助人伦"的职能，所以用作政治与宗教宣传的壁画渐为可供案头观赏的卷轴画所代替，无论在寺庙、廷堂、墓室壁画的数量与质量均已不太如以往。但因为制作者多是工匠艺术家，壁画又常依据流传粉本，故此保存了唐宋传统，所画宗教壁画中与世俗生活有关的部分也尚有发展。首先是随着清代统治者对喇嘛教的重视，承袭了元代藏密绘画传统的壁画在少数民族地区和汉族地区多有创作，其次，在宗祠、会馆等公共建筑中，出现了适应经商者需要而描写市俗、神祇、戏曲故事与民间传统的壁画，再者描写小说戏曲

图 10　山西稷山青龙寺壁画三界诸神图

图 11　山西洪洞广胜寺水神庙壁画园林梳妆图

图 12-1　朝元图诸神之一

图 12-2　纯阳殿西壁显化图—神化赵相公

故事的壁画进入了宫廷，并由于外国传教士来中国布道也带来了欧洲的古典主义绘画技法，西洋的透视法。为中国绘画所接受吸收，从而也影响到壁画创作。

明代重彩壁画一般由当时"画塑行"中的专业民间画工制作，而少文人士大夫参与，这时的壁画明显受到世俗风气和民间文学的影响，具有朴素的审美情感。但在一些豪华的寺院里，仍有较高水平的重彩壁画出现，如：河北毗卢寺（图13）、山西新绛稷益庙（图14）、繁峙公主寺（图15）、北京法海寺（图16）、四川蓬溪宝梵寺等，这些寺庙中的重彩壁画工细严谨、富丽堂皇，较

图13　河北毗卢寺壁画—四海龙王　　　　　　图14　山西新绛稷益寺壁画

图15　山西繁峙公主寺壁画

图16　明法海寺壁画帝释礼佛图

之前代毫不逊色。及至清代，重彩壁画基本处于停滞状态。全国各地少有高质量的壁画作品出现，有不少在前代壁画基础上重绘的重彩壁画，也大都不如前代。倒是太平天国运动中，由于领导者重视壁画的宣教功能，绘壁之风有所兴盛。可惜的是，这些壁画大都在太平天国运动失败后遭到焚毁，这一时期重彩壁画的代表作品有《江防望楼图》、《双鹿灵芝图》等。

北京故宫长春宫《红楼梦》壁画，以细腻的笔调，略参西洋画法，描绘了"四美钓鱼"、"醉眠芍药"等《红楼梦》小说中的故事情节。人物形象近于流行的仕女画，空间处理运用了焦点透视法，而且使用了油彩。它既是民间欣赏趣味渗入宫廷的例证，又是西洋画被吸收进壁画创作的代表性作品，体现了宫殿壁画方面中西画法融合初步尝试。

随着社会文明的发展，现代建筑的样式愈加多样，那种依托泥墙绘制重彩壁画的形式愈来愈少见，重彩壁画更多地需要考虑和现代建筑的墙体进行结合。内容上，重彩壁画也由传统描绘宗教题材转变为描绘新时代人们的社会生活和审美思想。如何更好地继承中国重彩壁画的优秀传统，在现代社会文明中焕发出这一东方艺术奇葩新的生机和活力，成为了新一代壁画工作者的责任。相信随着人们对东方传统艺术价值的日益重视，重彩壁画必将焕发出日久弥新的魅力。经过中国社会的一系列重大变革，以宗教题材为主的中国传统重彩壁画一度中断，具有千余年积淀的重彩壁画绘制技法也有濒于失传的危险。新中国成立后，中央工艺美术学院和中央美术学院先后成立壁画专业和壁画系，几十年来培养了一批从事现代壁画的创作人才。

1979年的机场壁画的绘制打破了中国壁画领域近百年的沉寂，也揭开了中国壁画的复兴时期。张仃、袁运生、祝大年等先生以自己熟悉的工具、造型语言倾力完成了作品，尔后佳作不断，王文彬先生的《山河颂》（图17）、袁运甫先生的《巴山蜀水》（图18）、孙景波先生的《凝韵图》（图19）。候一民先生更是功不可没，他不但在壁画创作上身体力行，还一手创建了大概是世界上第一个美术学院中的壁画系，把壁画教学创作系统化、知识化，壁画系成了当今壁画家的摇篮。在不久前结束的中国壁画百年的回顾展上，有近三分之一的作者或作品出自或毕业于壁画系。壁画系在

图 17　王文彬山河颂

图 18　《巴山蜀水》袁运甫

图 19　凝韵图

教学上把中国传统壁画与西方壁画两大体系总结、整理实施于课堂教学，形成了完整的系统的教学思想，影响和培养了大批的壁画家，各地美术学院也陆续有壁画系和工作室建立。形成了全国的多点开花的局面。

中国传统重彩从寺庙、厅堂走进了大学，在秉承传统以形写神、以线造型、分染、罩染、撞水、撞粉、撞墨、沥粉贴金、弹金、吹金、漏金等制作工艺的基础上，我们对传统的墙体加以分析，总结出它的长处和缺陷。长处是取材方便，制作上有自己的完整的工艺，在交通不便的古代、民间画工在边远的寺庙、洞窟、墓室、厅堂能就地取材。制作材料也轻便、快捷，以水、胶调色即调即画。但中国建筑大多为土木结构，壁画的载体也多为泥地钛白。为易损、易失之物。遇天气潮湿壁画失胶脱落严重，遇大火、水灾，建筑不存，壁画随毁。中国历史上政权更迭、兵乱，大火、水灾不断，许多传世名作只能在画论，史书上读到，作品已随历史化为尘埃，顾恺子、吴道子、李公麟只有千古的传说，留下了万世的遗憾。为了遗憾不再，我们对传统的颜料和载体进行了改进。以王文彬先生的《山河颂》为例，王文彬先生没有把壁画直接画在宾馆的墙体上，而是把油画布绷在统一的板子上，进行改进的胶封处理，然后绘制，并尝试把重彩与浮雕结合制作，取得较好并为大家认同的效果，搬运安装也轻松便捷，在画室完成，现场去安装也解决了壁画家随工程奔波与事必亲临现场而现场又工作条件恶劣之苦。

2006我与孙景波先生、唐晖老师共同完成《一代天骄》在材料上又作了新的尝试，作品完成后又进行了固封，安装上孙先生又把挂件作了改进，较过去又方便了很多，这种尝试虽不能妄下断言能有多少年的持久性，但有欧洲油画作依据，又经过科学的推断，传统壁画的龟裂、脱胶、墙体受损之弊可以得到克服。而建筑的折迁，也不直接影响作品，作品可以拆装自由，墙倒画亡的历史不复见矣！吴道子、李公麟诸大匠有灵若在可以此法告慰！

中国传统重彩壁画形式，历经几千年，随当时环境与时代的变迁，其每个阶段发展与完善是从不间断的。今天在这多元化，综合的时代，人们对环境艺术要求更为丰富多样，从而需要宏扬民族精神乃至地方色彩而区别于其他。中国重彩壁画从材料角度来说，是采用胶质颜料体系和东方绘制工具，绘制在泥底等墙面上的绘画形式。中国重彩壁画历史悠久、积淀深厚，它在东方有着自远古到现代不曾中断的完整体系，它的萌芽、形成及其发展、完善，承上启下的历史之悠久、内容之丰富，在中国美术史上编制了灿烂恢宏的篇章，在世界美术史上也独树一帜，有着举足轻重的地位。近二十年来，经济发展迅猛，城市建设的进一步提速，是几千年来从没有过的发展时期，大量的建筑和公共场合需要大量的壁画家的作品铺壁。壁画也从过去单一的社会功能走向了多元，这给了众多的壁画家千年不遇的良机，把握好机遇，创作出既符合社会，大众及专业的审美又能展现自己壁画创作才能的机会就在当下，就在面前。

西方壁画修复见闻

段　萍（深圳市中英街历史博物馆　主任）

一

在意大利罗马参加世界文化遗产保护与修复研究中心（ICCROM）文物保护科学理论与原则（SPC'99）研习班时，有幸考察了几处考古发掘现场和文物保护修复实验室，亲自参与了一些壁画的修复工作。从凡蒂冈国立博物馆壁画保护修复中心和意大利阿西西佛朗西斯克大教堂壁画修复实验室保护和修复过的大量壁画可以看出西方壁画在保护和修复方面已具有比较系统的科学理论和规范的操作方法，同时也反映出西方壁画保护修复的技术水平和美学观点。

二

阿西西（Assisi）是意大利北部山城，历史悠久，景色宜人，是著名的旅游圣地，位于城中的圣佛朗西斯大教堂以其拥有十四世纪意大利著名画家乔托（Giotto）绘制的壁画和天顶画而闻名于世，每年前来参观学习和旅游的人们络绎不绝。然而，1997 年的一场始料未及的大地震使教堂四周和天顶壁画毁于一旦，原本完好精美的壁画坠落满地，破碎成无数个小碎块，损失惨重。壁画修复实验室的工作人员和其它救护人员在余震还没完全停止的情况下不顾生命安危及时赶到教堂现场，奋力抢救破碎的壁画残片。经验丰富的修复人员按壁画坠落的相应位置划分出不同区域，分别收集抢救残片并装筐运至修复实验室进行编号、分类、装箱，之后将分好的壁画残片运至仓库保存以备后用。在参观的四个仓库里沿墙摆放着几十个两米多高的大柜子，每一个柜子又有两排小抽屉，上面都整齐清楚地标著着碎片的大致数量和原始位置，仓库的入库登记卡和文字记录资料卡上都附有壁画原始照片和原始所在确切位置。这些资料和记录为后人的检查和修复提供了方便和依据。据修复实验室主任介绍说，由于壁画破碎严重，拼对粘接十分困难，整个修复过程非常艰苦和漫长。修复前，修复人员将原始照片放大，尺寸与原作大小相同，然后再将原大照片平放在修复台上，按图索迹从存放碎片的柜子中寻找相应的残片拼对，位置确定后进行粘接，残缺较小的部分用相近材料补全并按原图用丙稀颜料补画上色。残缺较大的壁画，实验室还没有最后确定修复补全的方法和措施。

在参观实验室正修复的两幅两米见方乔托所绘的圣子像时，观察到其中一幅拼对比较顺利，大部分残片已找到自己正确的位置并使用环氧树脂粘接，修复人员正在使用丙烯颜料对残缺部分进行补画和上色工作。另一幅缺损严重的，拼对工作比较缓慢，拼对时每一块残片都需要经过反复观察和研究才能找到正确的位置，这幅壁画只完成了四分之一的拼对工作，余下的工作还需要很长的时间才能完成。实验室所有修复好的壁画都存放在恒湿恒温的库房里妥善保管。教堂原址壁画缺失的地方由画师按原貌重新恢复以供观众参观游览。

1999 年底，教堂还没有正式对外开放，壁画仍在修补恢复中，大量修复工作正在实验室里紧张有序地进行着。参观即将结束的时候，修复实验室主任告诉我们这是一项浩大的修复工程，壁画全部修复完毕需要相当长的一段时间甚至需要几代人的共同努力才能真正完成。

走出修复实验室，夕阳余辉下的圣佛朗西斯克大教堂，更加雄伟壮观，几名前来参观而未能如愿的游人仍徘徊在广场前不愿离去，相信在不久的将来，圣佛朗西斯克大教堂会迎接更多的游客，让更多的人欣赏到绘画巨匠乔托的杰作。

三

梵蒂冈是罗马教廷的所在地，位于意大利罗马城的西北部梵蒂冈高地东坡、台伯河的西岸，广场的西南面的圣彼得大教堂（Piazza San Pietro），是世界最大的天主教大教堂，罗马主教的官邸。梵蒂冈国立博物馆比邻大教堂，馆藏十分丰富精美，其中西斯汀教堂的天顶壁画更是稀世珍宝、举世闻名。艺术大师米开朗基罗（Michelangelo）在年逾六十花费了六年多时间创作的骇世杰作《最后的审判》，气势磅礴，恢弘壮观，绘画技巧精美绝伦，充分体现了艺术大师惊世的艺术魄力。每天前来参观的游客数以万计，世界各地的游客以能亲眼目睹米氏的杰作而自豪。但是，长期对外开放带来的许多负面影响，使壁画遭受了不同程度的损害。1989 年凡蒂冈国立博物馆壁画保护修复中心准备重新保护和修复西斯汀洗礼堂堂的壁画和天顶画。准备工作花费了一年多的时间，主要以查找历史文献和史料记载为主，收集整理所有与西斯汀洗礼堂壁画有关的历史、文化、艺术、宗教、保护、修复等方面的资料和记录，为制定和实施保护修复计划做准备。西斯汀洗礼堂壁画面积巨大，除天顶画外教堂四周还有巨幅壁画，工作量非常大。实验室负责人介绍说，在动手修复之前，修复人员对壁画的保存现状、病害类型、病害程度、分布位置以及范围和面积等进行了详尽的拍照、绘图和文字记录并使用红外线摄影仪对每一幅壁画进行拍照，在照片上可以清晰地反映出壁画的保存状况、内部受损情况以及画层颜色变化等情况。修复实验室里还有许多先进的设备和仪器，技术人员利用热释光判断壁画的绘制年代，用付丽叶红外气—质联用色谱仪分析壁画颜料的成份和种类等。通过使用一系列科学仪器分析研究得出的结果对壁画的保存状况可以作出科学的判断和评价，使修复人员对壁画的保存现况有更正确深刻地了解和认识，为制定和实施保护修复计划提供实物性资料和科学依据。梵蒂冈博物馆壁画保护修复中心在广泛征求历史学家、艺术家、化学家、物理学家、生物学家和工程技术人员的意见后，组建了西斯汀教堂天顶壁画保护修复工作组，制定了详尽的保护修复计划和方案。

保护修复工作分壁画修复和环境改造两部分进行。第一部分对壁画画面进行清洗和保护，修复人员在教堂中用脚手架搭建了一个数十米高的工作台，然后用毛刷、棉球、清洗剂等对壁画进行仔细清洗，清洗过程中，修复人员发现了许多不为人知的新信息。长久以来，学术界一直认为米氏画作颜色灰暗凝重是其作品的特色，但经过清洗的天顶壁画原始颜色鲜艳如新，色彩艳丽，并不象众人所认为的那样。经过科学分析和研究后，发现壁画表面的防护层既前人修复时所用的Paraloid 因时间长久其性质发生了变化，颜色已变的灰暗发黄，致使壁画在这层灰暗防护层的笼罩下失去了原有的光彩。清洗出来的壁画，明显可以看出有几处与大面积画作风格相近但绘画技法不尽相同的地方，非米氏一人所为，通过反复分析研究后认为当时米开朗基罗创作西斯汀大教堂天顶壁画的时候已有几位弟子和一些学生追随，这些绘画技法略有不同的画作很可能就出自这些弟子和学生之手。据说，当年年逾花甲的米开朗基罗创作天顶壁画时每天爬上几十米高的工作台，抬头举目，手握画笔，一工作就是几小时，粉尘和颜料还不时落入他的眼中，天顶壁画完成后，米氏的双眼几近失明，当时创作天顶壁画充满了艰辛和困难。修复工作也同样艰苦和繁琐，修复人员每天重复着相同的工作，爬上几十米高的工作台，仔细清洗着每一块壁画，非常辛苦。经过近十年的努力工作，教堂四周和天顶壁画已基本修复完毕，变色的防护层被彻底清除干净，壁画显现出原有的光彩面貌。由于防护材料年久性质都会发生变化，对壁画产生不良影响，所以，保护修复人员经研究决定不在壁画上涂抹任何防护剂，以免重蹈覆辙。没有防护层保护的壁画，对保存环境的要求更加苛刻和严格。保护修复工作的第二部分就是对教堂整体环境进行改造。每天数以万计的参观游客不仅带来大量水汽和热量而且使灰尘浮动游移，对壁画破坏很严重。凡蒂冈国立博物馆决定控制参观人数，每天每小时在西斯汀教堂参观天顶壁画游客不得超过 200 人，博物馆开放 5 小时，每天总人数不超过 1000 人，这样就比较有效地抑制了由于游客的增加而对壁画产生的危害。采用无紫外冷光源照明，保持恒温恒及洁净的环境，间歇关闭教堂等都是有效的保护措施。1997 年对外开放以来，保护修复后的壁画，性质一直比较稳定，保存状况良好。尽管每天参观的人数减少了，游客甚至需要等待几天的时间才能参观壁画，但是，壁画得到了良好的有效保护。文物是不可再生资源，只有精心的保护才能长久地保存，才能使更多的人，使子孙后代有亲眼目睹艺术大师杰作的机会。

四

阿西西圣佛朗西斯大教堂壁画和凡蒂冈西斯汀教堂天顶壁画是人类不可多得的艺术珍品，是世界人民共有的文化遗产。保护和热爱前人留下的历史文化遗产就是保护我们人类自己。让我们以保护历史文化遗产为己任，不断学习，不断努力，借鉴和学习西方先进的技术和理论，为祖国的文物保护事业做贡献。